乡村振兴战略研究丛书

北京乡村振兴系列研究报告集（上）

Collection of Research Reports on Beijing Rural Revitalization

龚　晶　李　瑾等◎著

中国经济出版社
CHINA ECONOMIC PUBLISHING HOUSE
北　京

图书在版编目（CIP）数据

北京乡村振兴系列研究报告集．上 / 龚晶等著．--
北京：中国经济出版社，2022.12
ISBN 978-7-5136-7178-1

Ⅰ．①北… Ⅱ．①龚… Ⅲ．①农村-社会主义建设-
研究报告-北京 Ⅳ．①F327.1

中国版本图书馆 CIP 数据核字（2022）第 231447 号

责任编辑 叶亲忠
责任印制 马小宾
封面设计 华子设计

出版发行 中国经济出版社
印 刷 者 河北宝昌佳彩印刷有限公司
经 销 者 各地新华书店
开　　本 710mm×1000mm 1/16
印　　张 18
字　　数 300 千字
版　　次 2022 年 12 月第 1 版
印　　次 2022 年 12 月第 1 次
定　　价 98.00 元
广告经营许可证 京西工商广字第 8179 号

中国经济出版社 **网址** www.economyph.com **社址** 北京市东城区安定门外大街 58 号 **邮编** 100011
本版图书如存在印装质量问题，请与本社销售中心联系调换（联系电话：010-57512564）

前言
PREFACE

推进农业农村现代化是全面建设社会主义现代化国家的重大任务，是解决发展不平衡不充分问题的重要举措，是推动农业农村高质量发展的必然选择。“十三五”时期，现代农业建设取得重大进展，乡村振兴实现良好开局：决战脱贫攻坚取得全面胜利；农业综合生产能力稳步提升；农民收入水平大幅提高；农村基础设施建设得到加强；农村改革纵深推进。农业农村发展取得新的历史性成就，为党和国家战胜各种艰难险阻、稳定经济社会发展大局发挥了“压舱石”作用；同时，为“十四五”时期加快推进农业农村现代化奠定了坚实基础。“十四五”时期，我国“三农”工作重心历史性转向全面推进乡村振兴，加快中国特色农业农村现代化进程，开启全面建设社会主义现代化国家新征程。

北京市作为首都，自第十二次党代会以来，按照“产业兴旺、生态宜居、乡风文明、治理有效、生活富裕”的总要求，全面实施乡村振兴战略。2022 年 5 月，北京市人民政府为举全市之力推进北京率先基本实现农业农村现代化，印发了《北京率先基本实现农业农村现代化行动方案》的通知，确立了“坚持农业农村优先发展、坚持城乡融合发展、坚持生态绿色低碳发展、坚持改革创新驱动、坚持农民主体地位”五大原则，志在通过接续部署阶段性任务，锚定目标、压茬推进、接力实施，蹄疾步稳迈向首善标准、首都特色的农业农村现代化。为全面了解北京全面实施乡村振兴战略进程，分析目前北京农业农村现代化发展不平衡不充分问题所在，课题组开展了相关研究。

本书聚焦于北京农业农村现代化发展，从“产业兴旺、生态宜居、乡风文明、治理有效、生活富裕”的总目标出发，分析了信息化促进乡村产业发展路径、信息技术促进现代种业发展路径；分析了下乡人才可持续流入的推进策略、北京农村基本公共服务水平、北京乡村公共文化服务数字化发展策略；等等。针对北京农业农村发展状况、特点及存在的主要问题，搜集、整理其他地区典型案例，总结各地具体做法，并借鉴经验，提出了适用于北京农业农村发展的可行性对策建议。

本书总共六章。第一章为信息化促进乡村产业发展路径研究，由李瑾研究员团队完成；第二章为信息技术促进现代种业发展路径研究，由李瑾研究员团队完成；第三章为下乡人才可持续流入的推进策略研究，由陈香玉副研究员执笔；第四章为提升北京农村基本公共服务水平研究，由王植副研究员执笔；第五章为北京乡村公共文化服务数字化发展策略研究，由冯献副研究员执笔；第六章为社会化服务支持北京农业多功能发展研究，由杜洪燕副研究员执笔。

尽管课题组成员做了很大努力，但受时间和水平所限，书中仍有许多不完善之处，一些内容有待今后进一步深入研究探讨，恳请读者对本书提出宝贵意见。

著　者

2022年5月于北京

目录
CONTENTS

第一章　信息化促进乡村产业发展路径研究

第一节　北京乡村产业发展现状与需求分析

一、乡村产业范围界定

乡村产业是根植于乡村，以农业农村资源为依托，以农民为主体，以一二三产业融合发展为路径，地域特色鲜明、乡村价值承载、创新创业活跃、利益联结紧密的产业体系。《国务院关于促进乡村产业振兴的指导意见》（国发〔2019〕12 号），提出突出优势特色，培育壮大现代种养业、乡土特色产业、农产品加工流通业、乡村休闲旅游业、乡村新型服务业、乡村信息产业等六大乡村产业。结合北京首都特色，本书将北京乡村产业类型划分为现代种养业、农产品加工流通业、乡村休闲旅游业、乡村新型服务业和乡村信息产业五大产业。其中，现代种养业主要包括现代种植业（设施农业、高效节水农业、有机种植等）、现代养殖业和现代种业；农产品加工流通业主要包括农产品加工业和农村物流业；乡村休闲旅游业主要包括休闲农业与乡村旅游、会展农业和特色民宿；乡村新型服务业主要包括农业生产性服务业和农村生活性服务业；乡村信息产业主要包括农村信息服务业、农村大数据产业和农村电商。

二、北京乡村产业发展现状

近年来，北京市深入贯彻党的十九大精神，认真落实党中央、国务院《关于实施乡村振兴战略的意见》《乡村振兴战略规划（2018—2022 年）》《数字乡村发展战略纲要》和《国务院关于促进乡村产业振兴的指导意见》等一系列决策部署，先后印发了《实施乡村振兴战略扎实推进美丽乡村建设专项行动计划（2018—2020 年）》《关于实施乡村振兴战略的措施》《北京市乡村振兴战略规划（2018—2022 年）》等政策文件，围绕促进农村一二三产业融合、农产品加工业、乡村休闲旅游、农村创新创业等，制定实施一系列涉及财政税收、金融保险、用地用电、科技创新、人才保障等方面的扶持政策，全力推进乡村产业发展。

（一）产业结构不断优化，农业服务业仍是短板

“三二一”的产业结构基本确立。改革开放 40 多年来，北京市一二三产业结构由 1978 年的 5.1∶71.0∶23.9 调整到 1984 年的 5.8∶45.1∶49.1，逐渐由第二产业主导转向第三产业主导。2018 年北京市三次产业结构占比为 0.4∶18.6∶81.0，第三产业得到快速发展，服务业在经济发展中发挥了主要带动作用，如图 1-1 所示。从第三产业内部结构看，呈现“高精尖”发展趋势，以金融业、信息服务业、科技服务业为主的现代服务业占 60%以上。

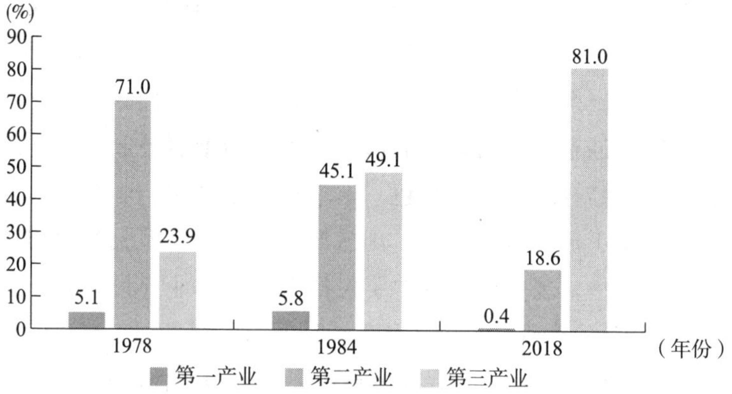

图 1-1　北京市 1978 年、1984 年和 2018 年三次产业结构变化情况

资料来源：国家统计局。

农业内部结构不断优化，传统农业整体缩减，都市型农业稳步发展。北京市自 2014 年实施《关于调结构转方式发展高效节水农业的意见》以来，全市粮食播种面积从 290 万亩调减到 85 万亩、规模养殖场从 2535 家调减到 394 家、农业年用新水量从 7.3 亿立方米下降到 4.18 亿立方米、化肥和农药施用量分别调减了 20%与 10%以上。2018 年全年实现农、林、牧、渔业总产值 296.8 亿元，林业产值增长 61.7%，农业生态服务价值从 9431 亿元提高到 10769 亿元，约提升了 14%，设施农业和种业分别实现收入 51.7 亿元和 12.4 亿元（见图 1-2、图 1-3）。

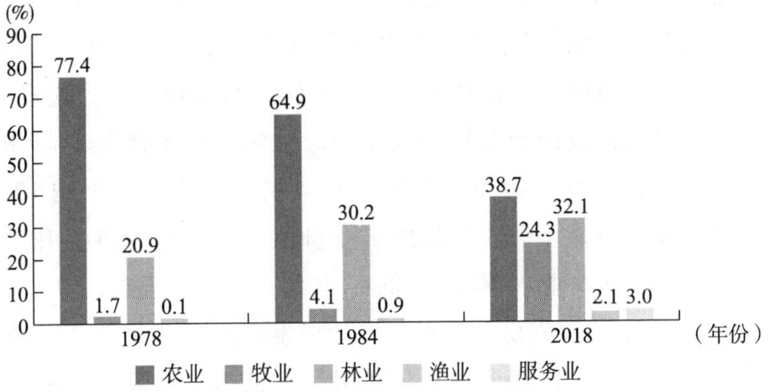

图 1-2　北京市 1978 年、1984 年和 2018 年农业内部结构变化情况

资料来源：国家统计局。

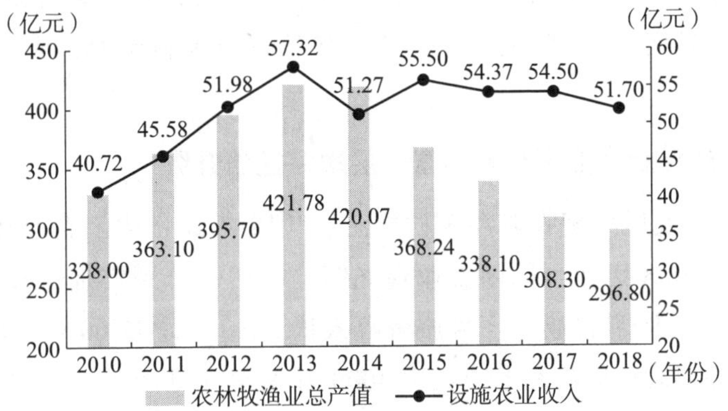

图 1-3　2010—2018 年北京农林牧渔业总产值和设施农业收入

资料来源：北京市统计局。

农业服务业仍是短板。2018 年北京市农业服务业占比仅为 3.0%，低于国际发达城市水平（一般为 8%以上），也低于上海（6.6%）、天津（3.5%）、广东（4.3%）、福建（3.6%）等发展都市型现代农业的城市，服务业引领现代农业水平有待提升。

（二）农产品加工业成为产业融合的重要基础，但价值链延伸不足

农产品加工业不断向高水平高质量发展，创新能力不断增强，质量品牌得到明显提升。2017 年北京市农产品加工业产值与农业产值比为 4.4：1，处于发达国家平均水平，位列全国前列（全国平均水平为 2.3：1）。北京市农产品加工业总体呈现出规模化、集聚化、品牌化、科技化和带动性等特征，

形成了以北京首农集团为代表的规模化、集团化发展型企业，以国家级农产品加工业示范基地、农产品加工创业基地和农产品加工业重点小城镇为代表的集聚区，以华都肉鸡、顺鑫农业、三元牛奶、燕京啤酒等为代表的品牌，以全国农产品加工企业创新机构和国家农产品加工技术研发专业分中心为支撑的科技力量，以及一批原料基地。各类农业龙头企业吸纳 12 万人就业，惠农带动效应明显。但农产品加工业价值链延伸仍有待提升。目前农产品加工业产值与农业产值比远低于上海（15）、天津（9.4）、浙江（5.8）、广东（4.5）等省份。北京市统计局发布的《北京市“实施乡村振兴战略建设美丽乡村”民意调查报告》显示，从事农产品加工的新型农业经营主体仅有 5.47%，产业价值链延伸不足。《京津冀农产品加工业发展规划（2018—2020）》提出，未来北京要以科技要素优势重点发展高端化、康养型、精致化农产品精深加工；组织开展公共关键技术装备研发和推广，支持应用互联网+、物联网、云计算、智慧物流等新手段，大力发展新兴业态。

（三）产业融合形态日益丰富，层次需提档升级

北京大力发展休闲农业和乡村旅游。2018 年北京休闲农业和乡村旅游总收入达到 40.3 亿元，休闲农业观光园、民俗游分别实现总收入 27.3 亿元和 13 亿元，休闲农业与乡村旅游收入比 2010 年增长 60%，年接待游客由 2010 年的 3328.5 万人次增长到 4000 万人次（见图 1-4）。目前，全市有农业观光采摘园区 1200 多个、农业观光园 1172 个，民俗旅游接待户 8300 多个，年接待游客稳定在 4000 万人次以上。累计有 7 个区被认定为全国休闲农业和乡村旅游示范区。其中，有 5 个村新获得了“中国美丽休闲乡村”称号，“美丽乡村”累计达到 25 个。通过与农业农村部共建北京农产品绿色优质安全示范区，全市已有 9 个村镇被认定为第八批全国一村一品示范村镇，结合农业示范乡大力发展农村休闲观光农业——“农家乐”。42 个村有组织地盘活闲置农宅 1035 套，培育了一批精品特色民宿，带动集体和农民年增收 2000 万元。连续举办了七届北京农业嘉年华活动，举办了世界马铃薯大会、世界月季洲际大会、世界园艺博览会等国际农业会展活动，扩大了农业国际交流。会展农业成为郊区农业文明和农村文化的展示窗口，成为农业和旅游业的结合点。

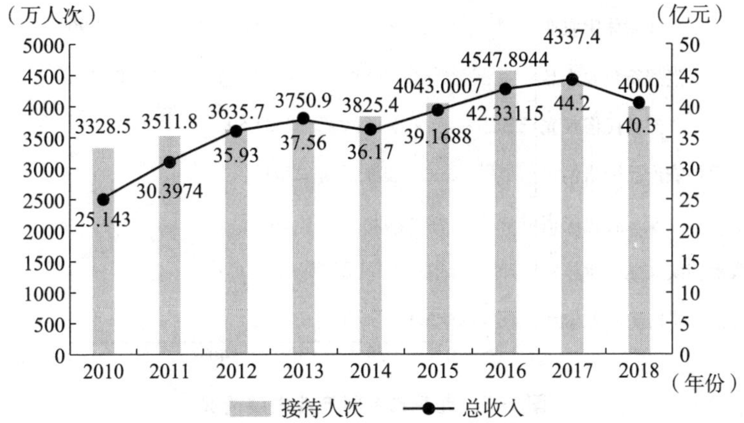

图 1-4　2010—2018 年北京休闲农业发展情况

资料来源：北京市统计局。

依托首都巨大的消费市场，积极推动“互联网+经营”发展，农产品、农业生产资料和休闲农业电子商务发展均走在了全国前列。《北京市第三次全国农业普查主要数据公报》显示，2016 年应用农产品电子商务的经营户（单位）有 8370 个，应用物联网技术的经营户（单位）有 212 个。北京市农业农村局数据显示，2017 年北京农业电商企业约为 3000 家，其中，中粮我买网、本来生活网等 10 家企业位于 2017 年度中国生鲜类电商排行榜 TOP 20。全市农业电子商务交易总额约为 129. 7 亿元，农产品电商交易总额为 116. 6 亿元，占全市农林牧渔业总产值的 34. 5%，占全国农产品电商交易总额的 5. 3%。农民合作社、农业生产企业“触电”比例不断提高，农业电商社会化服务机构迅速发展壮大。目前，全市 3900 多个村中，涉及农业电商的占比为 8%左右；农民合作社（全市 6613 家，市级示范社 216 家）涉及农业电商的占比为 25%左右。同时，在 100 余个村委会建立了村级益农信息社，建设放心购产销直供电商平台、京味商城，实现了全国优质产品直供农村，北京地产优质农产品直供城市，北京农村电商已迈入高质量快速发展阶段。北京市统计局发布的《北京市“实施乡村振兴战略建设美丽乡村”民意调查报告》显示，九成村民对产业发展满意，57. 6%的村村内有企业，45. 8%的村村内有农民专业合作社，45. 8%的村村内有现代休闲农业和新兴产业。整体来看，经营休闲农业和发展特色农产品的农户较多，分别占到 51. 9%和 46. 3%。此外，农户还经营民俗观光、发展农产品网络销售、发展特色民宿、发展传统文化传承体验，仅有部分农户从事绿色农业生产（见图 1-5）。

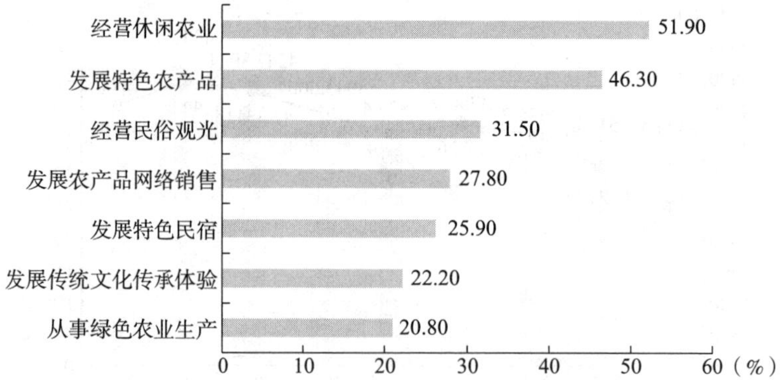

图 1-5　北京市乡村产业发展情况

资料来源：北京市统计局《北京市“实施乡村振兴战略建设美丽乡村”民意调查报告》。

（四）产业经营主体蓬勃发展，信息意识有待提升

新型农业经营主体数量大幅增加，农业科技园区不断创新发展，新型职业农民培育加速推进。《北京市第三次全国农业普查主要数据公报》显示，2016 年末，全市农业经营户为 42. 4 万户，规模农业经营户为 3282 户，农业生产经营单位为 1. 2 万个，农业经营单位数量与 10 年前北京市第二次全国农业普查相比，增长 111. 8%，主要源于农民合作社数量大幅度增加，以农业生产经营或服务为主的农民合作社数量达 4633 个，占农业经营单位的 40. 1%。2017 年末，农民专业合作社联合社已经达到 39 家，全市在工商登记注册的合作社达到 7447 个，辐射带动农户 46 万户。北京市已建设了 5 个国家农业科技支撑服务平台和 7 个国家农业科技园区。建成“星创天地”50 家，农业高新技术企业 605 家，农业标准化生产基地 1500 多家，已成为现代农业的集成创新平台、成果转化辐射源、双新双创策源地，有效提升了北京都市现代农业的发展水平，引领带动全国现代农业发展。出台了《北京市新型职业农民培育三年行动计划（2018—2020 年）》，从 2018 年起，全市平均每年培育新型职业农民 2 万人，其中市级开展骨干示范培育 2000 人。预计到 2020 年，全市新增新型职业农民 6 万人。但是，当前城乡居民可支配收入绝对差距处于历史最高位，解决农民收入持续增长的关键在于培育新产业、新业态，带动农民创业创新。60. 5%的被访村民希望进一步壮大集体经济；55. 6%的被访村民希望村内产业发展能给村民提供更多工作岗位。课题组开展的“北京信息进村入户行政村农户信息情况调查”数据显示，有信息服务支付意愿的农户不足 1/3，绝大多数的农户信息服务支付金额意愿为“10 元以下/月”。

三、北京乡村产业发展需求

（一）效益较低的传统种植业仍占主导地位，亟须发展现代种养业

北京市统计局数据显示，2018 年北京市农、牧、林、渔、服务业的产业结构为 38.7∶24.3∶32.1∶2.1∶3，种植业仍占主导地位。2017 年北京市农业劳动生产率为 24676.23 元/人，低于全国平均水平，远低于上海、天津、广东、浙江、海南、福建等地（见图 1-6）。在落实首都城市战略定位的前提下，亟须借助于信息化的力量，加快推进传统农业转型升级，积极发展现代种养业，有效解决农业生产效益低下等问题，积极培育乡村振兴新业态、新模式，打造新的农业经济增长点。

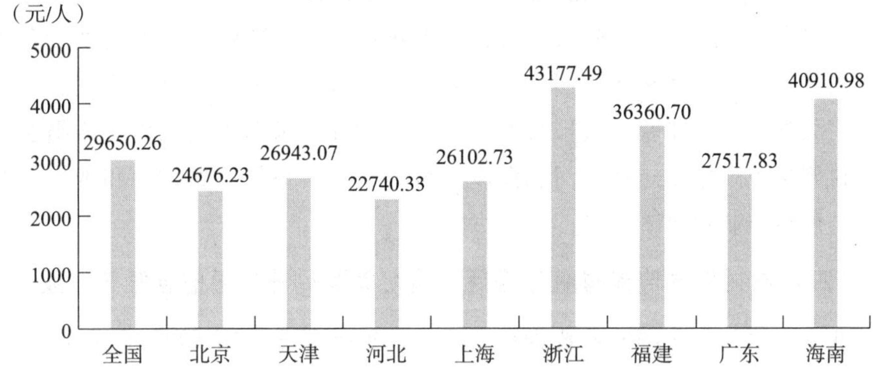

图 1-6　2017 年我国主要城市农业劳动生产率情况

资料来源：根据《中国统计年鉴》数据计算得出。

（二）农产品产业链条短，亟须重构供应链，提升乡村产业价值

由于特殊的战略定位，北京农产品加工业发展较为缓慢。调研数据显示，从事农产品加工的新型农业经营主体仅有 5.47%，且现有加工企业在精深加工和产业价值链延伸方面明显不足，已成为制约行业发展的短板和瓶颈。亟须引导各类经营主体开展生产标准化、特征标识化、产地身份化、营销品牌化行动，深入实施农产品精深加工提升行动，加大生物、信息、工程、环保等技术集成应用力度，开展精深加工技术和信息化、智能化、工程化装备研发和推广应用，推动农产品加工业由“初字号”向“深字号”转变，由“粗字号”向“精字号”转变，实现农产品加工业产品销售网络化、加工装备自动化、生产制造智能化、企业管理信息化，延伸产业链、提升价值链、重组

供应链、构建利益链，衍生出更多的加工体验、中央厨房、农商直供、直供直销、个人定制等新型加工模式，加快产业转型升级。

（三）旅游消费需求转变，迫切需要休闲农业提档升级

当前，互联网已成为北京休闲农业发展的重要手段，休闲农业园区和基地纷纷加强网络建设，提高休闲农业网络化管理、运营和服务水平。但现阶段休闲农庄服务同质性极强，大多局限于提供简单的住宿、餐饮、采摘等服务，对于利用新型信息技术优化导游服务、增强互动体验、提升个性化服务等方面的拓展性增值服务较少。休闲农业与乡村旅游发展总体上仍缺乏完整的服务和监管体系，信息不对称问题较为突出，有效监管、精准服务和个性化推送等各类服务发展滞后。随着人民生活水平的不断提高以及生活习惯和消费习惯的改变，消费者的旅游需求和消费观念逐渐成熟，对旅游休闲的要求不断提升，要求休闲农业与乡村旅游市场不断开发能够满足不同消费者个性化需要的旅游产品和旅游服务，建立与消费者之间的沟通交流机制。便捷的网络服务、在线体验、虚拟交互、沟通反馈等需求越来越强烈，休闲农业与乡村旅游亟须加速与互联网的深度融合，利用新一代信息技术和现代农业技术，创新产业发展新模式。

（四）农村信息传播与服务滞后，迫切需要提升基层信息服务产业

北京市第三次全国农业普查数据显示，2016 年末全市 100%的村通电话，99. 9%的村通宽带互联网，但目前京郊部分地区仍然存在移动 4G 网络未覆盖、信号不稳定、不完善等问题；部分村所建网站、微信公众号、物联网农事管理等新媒体、新功能虽已完成建设并投入使用，但存在信息更新不及时、宣传推广效果欠佳等问题；基层信息服务需求挖掘不充分，适应首都“三农”特点的信息技术、产品、服务和应用不够丰富；农业服务业建设内容的拓展力度不足，目前仍停留在政策、技术、气象等方面的浅层服务，休闲农业客流分析、农产品市场预测、农业气象灾害预警等深层次数据挖掘与信息服务仍有一定差距。但与此同时，调研数据显示，农户对农业市场信息、农产品营销、农资供应、农业绿色生产技术、农机作业及维修、农产品初加工和农业废弃物资源化利用等涉农生产生活服务具有一定需求，特别是农业市场信息服务，其需求程度达到 56. 39%（见图 1-7）。为加快推进智慧农业和美丽智慧乡村建设，迫切需要利用互联网、大数据等信息技术手段，推动科技创新与农业生产经营和农民生活有效对接，提升农村信息服务效果。

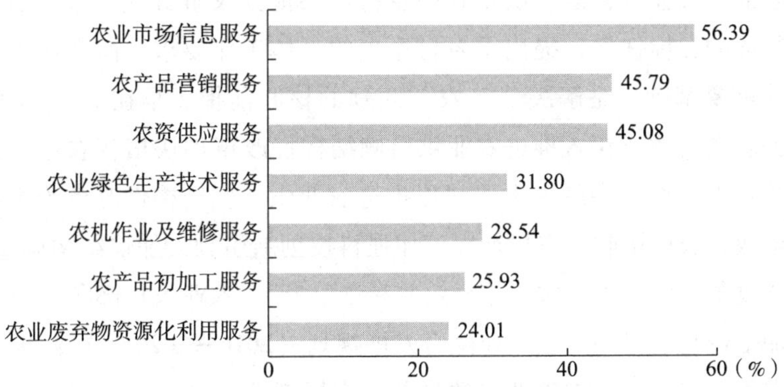

图 1-7　北京市农户对生产性服务的需求情况

资料来源：课题组 2018 年开展的《北京市农村信息服务情况调查报告》。

（五）发展“互联网+”小农户，助推乡村创业创新

2016 年北京市全市农业经营户中，规模经营户仅占 0.8%，大量农户依然为普通小农户。因此北京乡村振兴，重点在于 40 万户小农户能否振兴，关键看 40 万户小农户能否融入现代化。由于京郊位置偏远，远离市区，生活服务配套较差，很难吸引既有专业知识又热爱农业的年轻人就业，各类农业生产经营企业或基地在人才建设方面仍然面临巨大困难。为此亟待构建“互联网+”小农生产经营体系，通过农产品电商平台建立、精准信息服务供给、创新创业基地孵化等，帮助小农户实现创业不出村、购物不出村、销售不出村、缴费不出村、金融不出村、物流不出村的“六个不出村”，以有效解决工业品下乡、农产品进城的“最后一公里”问题，让小农户能够切实分享二三产业增值收益，真正实现农村渠道畅通、农民持续创业增收。

第二节　信息化促进乡村产业发展的作用机理研究

一、乡村产业发展的动力机制分析

（一）政府引导是乡村产业发展的主要动力

习近平总书记在党的十九大报告中明确提出了包括实施乡村振兴战略、深化供给侧结构性改革、加快完善社会主义市场经济体制等在内的建设现代

经济体系的六大任务，第一次正式把乡村振兴提到议事日程上来，明确了乡村振兴行动的目标任务，提出了乡村振兴的具体工作要求。而产业兴旺是乡村振兴的重要基础，是解决“三农”问题的核心前提。早在2016年中共中央、国务院在《关于深入推进农业供给侧结构性改革加快培育农业农村发展新动能的若干意见》中就提出要“以推进农业供给侧结构性改革为主线，围绕农业增效、农民增收、农村增绿，加强科技创新引领，加快结构调整步伐，加大农村改革力度，提高农业综合效益和竞争力”。农业农村部印发的《全国农产品加工业与农村一二三产业融合发展规划（2016—2020年）》提出“以市场需求为导向，以促进农业提质增效、农民就业增收和激活农村发展活力为目标，以新型农业经营主体为支撑……大力推进农产品加工业与农村产业交叉融合互动发展”。2019年7月更是出台了《国务院关于促进乡村产业振兴的指导意见》，为各乡村产业的发展提供了顶层设计。各类政策、规划、文件的出台以及农业降成本、补短板等一系列改革举措的颁布，明确了乡村产业发展的定位，厘清了乡村产业振兴的路径，凝炼了乡村产业振兴的要求，为乡村产业发展营造了更为有利的政策环境。

（二）市场经济推动是乡村产业发展的内在动力

由于受自然条件影响较大，农业现代化发展的制约因素多、过程复杂，加之我国经济发展进入新常态，正从高速增长转向中高速增长，经济下行压力加大，各种隐性风险逐步显现。在经济新常态下，过去的拼资源、拼环境、以追求产量为主的增产方式已不再适用，乡村产业发展重点转为推进农业生产技术研发与应用、促进农产品质量提升及品牌推广、培育和发展新兴乡村产业与业态，推动乡村产业优化升级，带动乡村经济发展。一是城乡居民消费结构升级为乡村产业发展提供了巨大的发展空间。伴随着消费方式的多元化、消费场景的多样化发展，城乡居民的消费潜力均得到进一步释放，消费市场不断扩大，为乡村产业发展做出了积极贡献。一方面，随着收入水平提高，城市居民对优质农产品与农村休闲旅游等的需求逐渐增大，如平谷大桃、昌平草莓、大兴西瓜等区域特色品牌优质农产品以及休闲、观光、体验等休闲农业与乡村旅游的需求量迅速增大；另一方面，近年来我国农村居民生活水平不断提高，在农民收入持续较快增长作用下，农民食品类消费支出较上年名义增长速度呈加快态势，迫切需要农产品市场不断增加优质农产品供应，乡村不断丰富农业生产生活服务类型。城乡居民消费结构升级催生了农村休闲旅游、电子商务等产业新业态，推动了乡村一二三产业的融合发展。二是质量兴农、品牌兴农市场要求不断推进乡村产业优化升级。促进农业高质量发展，关键是要把质量兴农、绿色兴农、品牌强农作为核心任务，推动提高农业供给体系质量和效率。目前我国农业由增产导向转向提质导向的理念尚未普及，农产品生产结构与市场需求不匹配，绿色优质特色产品还不能满足人民群众日益增长的需求，因此迫切需要立足转变农业发展方式，积极构建现代农业产业体系，促进农业全产业链融合，培育新产业新业态，不断推进乡村产业优化升级，实现质量兴农、绿色兴农、品牌强农，进而带动当地经济发展。

（三）创新驱动是乡村产业发展的新引擎

过去，我国乡村产业快速发展主要源于发挥了农村人口红利和资源环境的低成本优势。当前，随着我国人口红利逐步消失，资源能源低成本优势逐步下降，乡村产业发展面临瓶颈。而科技创新具有不易模仿、附加值高、优势持续时间长等突出特点，通过科技创新驱动能够实现乡村产业发展由低成本优势向创新优势的转换，能够有效提升乡村产业发展的竞争力，是乡村产业发展的新引擎。一是科技创新有助于放大各生产要素产能。科技创新具有乘数效应，不仅可以直接转化为现实生产力，而且可以通过科技的渗透作用放大各生产要素的生产力，提高社会整体生产力水平。实施创新驱动发展战略，可以全面提升我国经济增长的质量和效益，有力推动经济发展方式转变。二是科技创新有助于为乡村产业兴旺提供科学指引。当前资源环境对我国传统农业产业发展的约束日益趋紧，生产成本不断抬升，市场竞争愈加激烈，因此需要不断深化农业供给侧结构性改革，推动农业由增产导向转向提质导向，走质量兴农、绿色兴农的发展道路。科技创新为乡村产业发展提供了新技术、新工艺、新产品，加快了一二三产业的深化融合，催生了包括电子商务、休闲旅游等乡村产业新模式，为乡村产业发展提供了科学指引。

二、信息化促进乡村产业发展的作用机理

（一）信息化加速了新一代信息技术向乡村产业的渗透，为产业发展提供了科技支撑

国务院办公厅发布的《关于推进农村一二三产业融合发展的指导意见》提出，要“着力推进新型城镇化”“加快农业结构调整”“延伸农业产业链”“拓展农业多种功能”“大力发展农业新型业态”“引导产业集聚发展”。而信

息化正是解决乡村产业融合问题的新法宝。信息化促进了农业生产技术渗透，通过信息化与现代农业先进技术的有机结合，可以有效地集成云计算、大数据等核心技术，推进农业物联网平台的设计与部署，实现存储、计算、数据、知识、系统、工具等资源的协同共享。利用物联网等新一代信息技术可以感知动植物生长发育的环境及生命体征，应用数据分析技术可以实现对动植物生长发育及环境因素的精准、及时、有效控制。信息化技术的渗透作用催生了诸如猪联网、育种平台等信息技术软件平台，为乡村产业发展提供了科技支撑。

（二）信息化推动了乡村产业资源的整合，提升了农业资源配置效率

农业科技的进步需要通过农业资源在一定范围内的优化配置来实现，信息化的发展有效地促进了农业资源的共享和再利用，加速了农业科技的创新循环。在农业技术资源方面，随着12316、互联网、物联网等信息平台与技术向农村不断渗透，普通农民不出村、新型农业经营主体不出户就可共享到便捷、经济、高效的生产信息服务，信息化的建设发展有效统筹了农业公益性服务资源、农村社会化服务资源等，整合了公益服务、便民服务、电子商务、培训体验服务等，实现了农业技术资源的共享。在农机装备资源方面，物联网、大数据、云计算等新一代信息技术与农机装备产业链的深度融合，帮助传统的农机实现了定位导航、联动呼叫、智能测亩、数据统计管理等智能化、精准化功能，并且农机业务管理信息系统的搭建，可以实现农场内部办公与业务自动化，有效建立农机监督、农机管理、农机推广等农机化服务体系，实现农机装备资源共享。在农业人才资源方面，随着国家信息进村入户等工作的开展，农业领域的相关专家通过信息网络把科学生产、科学育种、科学管理、科学防灾等一系列服务提供给农村，同时，还通过如农业农村部新型职业农民培育信息管理平台等农业科技人才教育管理平台，对农民进行系统化、精准化的培训，帮助农民充分感受农业科技信息传播的多样化与便利化，实现了农业专家、农技专业人才资源在区域间的共享。

（三）信息化带动了乡村产业的融合创新，催生了乡村产业新业态

随着农业信息化在农村地区的大力推广，以及精准农业、三网融合等现代化农业信息技术在全国各地的示范，传统的农业产业结构逐步发生优化。信息化加快了农业产业生产方式的改变，缩短了田间地头与销售终端的距离，有助于实现农业产前、产中、产后的无缝结合，使得生产方式向消费者需求引导型转变，促进了农业产业结构的优化。信息化加速了农业向清洁型、低

耗型产业转变，信息化手段一方面能够对农业生产的产中环节进行实时监控，保护农业生态环境；另一方面可以有效减少资源消耗，提高资源利用效率，实现农业资源良性循环利用，加速农业从高污染、高耗能产业向清洁型、低耗能产业转变。信息化加速了农业向知识、技术型产业的转变，信息化技术的应用可有效促进农业提质增效、农民增收，并刺激农村电子商务等信息技术应用程度高的产业发展，加速了农业从劳动、能源、资金密集型产业向知识、技术密集型产业转变。

第三节　北京乡村产业信息化发展现状

近年来，北京乡村产业信息化发展迅速，目前已经在大数据、物联网、互联网等信息技术应用与服务方面做出诸多实践努力，农业农村信息资源建设、农业物联网技术应用、“互联网+”现代农业、农业农村信息服务等均取得显著成效，信息化与北京乡村产业结合日益紧密。

一、数据来源

本书所用数据来自 2018 年农业农村部信息中心开展的“2018 年度全国县域数字农业农村发展水平评价”工作中北京地区填报的相应数据以及课题组 2019 年开展的“北京地区信息化促进乡村产业发展抽样调查（新型农业经营主体版）”数据，调研总共发放了 250 份新型农业经营主体（农民合作社、农业企业、种养大户）问卷，涉及北京 54 个行政村，最后共回收问卷 205 份（空白问卷不计），其中有效问卷 176 份。

下文中“北京乡村产业信息化发展现状——各区整体情况”的相关分析以农业农村部信息中心的《2018 年度北京市县域数字农业农村发展水平评价》相关数据为基础，“北京乡村产业信息化发展现状——新型农业经营主体视角”的相关分析以课题组“北京地区信息化促进乡村产业发展抽样调查（新型农业经营主体版）”数据为基础。

二、北京乡村产业信息化发展现状——各区整体情况

北京一直以来非常重视农业农村信息化建设，在政策上编制了不同时期的农业农村信息化规划，连续 7 年印发农业农村信息化建设年度重点工作及

任务分工文件，把每一项任务落实到责任主体；针对发展中存在的问题，提前谋划工作，加强协调，争取支持，将智慧乡村、智慧农园、农业物联网应用、信息进村入户等项目列入农业改革发展专项转移支付资金预算；将智慧乡村建设、“互联网+”农业等重点任务分别列入北京市“十三五”时期信息化发展规划和城乡一体化发展规划，以及《实施乡村振兴战略扎实推进美丽乡村建设专项行动计划（2018—2020年）》。从机构设置上来看，13个区全部设置了县级农业农村信息化管理服务机构。此外，不断加大农村信息化财政支撑力度，北京市城乡经济信息中心提供的资料显示，2018年北京市13个区农业农村信息化财政支出为10031.97万元。截至2018年底，北京市农业物联网平台接入农场基地数量645个，占地面积为48.5万亩，其中种植面积为27.5万亩、设施面积为2万亩，涉及农业设施数量1.7万个，农作物品种452种，传感器1535个，摄像头957个。新增35家重点园区深化信息化服务，对原有60家重点园区继续开展数据运营、电话回访、上门服务，促进活跃度提升。组织线上线下培训与观摩活动25次，全年提供现场指导360次，农场填写生产经营数据2400条，农场累计登录次数为16213次，使用数据达到156587条。2018年，全市共4个区（顺义、昌平、延庆、通州）10个农业园区落实了京郊农业园区农业物联网示范点建设任务。园区通过建设室外农业环境监测站、可视化追溯系统、智能采收入库系统、温室环境监控系统、拍照溯源摄像系统、农事管理记录终端、智控卷膜、智控喷滴灌系统等，显著提高了信息化建设应用水平。

农业农村部信息中心《关于开展2018年度全国县域数字农业农村发展水平评价工作的通知》相关数据显示，全市信息技术在畜禽养殖中的应用率最高，达到67.73%，其次为设施栽培、大田种植、水产养殖，全市农产品网络销售率为16.43%。各区整体信息技术应用率排名前三的分别为丰台区、房山区与顺义区。其中，丰台区农产品网络零售达到64.43%，设施栽培信息技术应用比例达到45.28%。

三、北京乡村产业信息化发展现状——新型农业经营主体视角

本书对不同经营主体（农民合作社、农业企业、种养大户）的大田种植、设施园艺、畜禽养殖和休闲农业等产业信息化建设和应用情况进行了分析。大田种植在节水灌溉和施肥方面应用信息化技术和产品较广泛，设施园艺则在视

频监控、环境监测、自动卷膜、质量追溯、节水灌溉方面信息技术应用较好，且设施园艺信息化水平明显高于大田种植。从信息化技术应用效果来看，大田种植和设施园艺表现最突出的是减药效果。畜禽养殖中主要应用了视频监控、育种、养殖场环境监测等信息技术产品与装备，其中，视频监控技术应用范围最广，达到 71.43%。44.62%的经营主体表示通过网络销售农产品，55.17%的经营主体自建网络销售平台，72.41%的经营主体借助于第三方平台开展网络销售。休闲农业经营主体主要在宣传推广、景点展示、预约服务方面应用信息化技术和产品。

（一）大田种植

经营主体在大田种植的育种、农资采购、耕整地、环境监测、农情监测、节水灌溉、视频监控、施肥、病虫害防治、施药、采收、农机导航与调度、质量追溯、内部管理等环节利用了信息化技术和手段，其中节水灌溉和施肥技术应用范围较广，分别为 80%和 70%，效果较好（见图 1-8）。首先，从大田种植信息化成效来看，信息技术应用后最明显的效果是减药，将近一半的经营主体表示，应用信息技术后农药应用比例减少 40%以上，分别有 20%和 10%的经营主体表示节水和节约人工的效果也能达到 40%以上。其次，节肥效果显著。40%的经营主体表示节肥效果能达到 21%~40%，有一半的经营主体表示人工成本可节约 11%~20%，30%的经营主体表示节水效果在 1%~10%，70%的经营主体认为农业信息技术应用后增产增收效果能达到 11%~20%，一半的经营主体认为病虫害诊断率能提高 11%~20%（见图 1-9、图 1-10）。

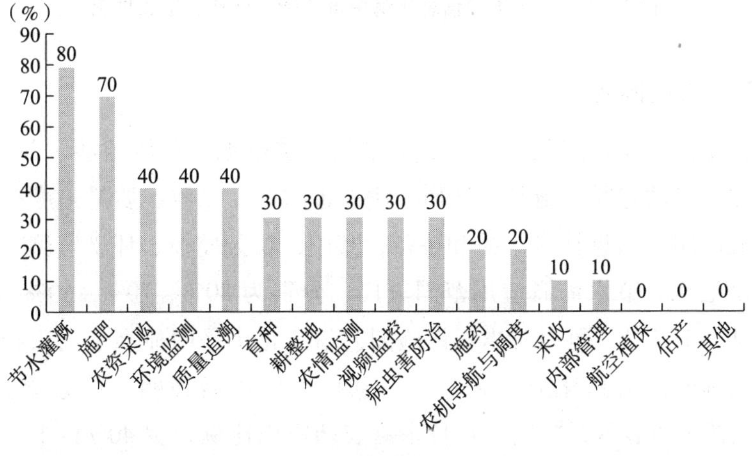

图 1-8 大田种植各环节使用信息化技术和手段的情况

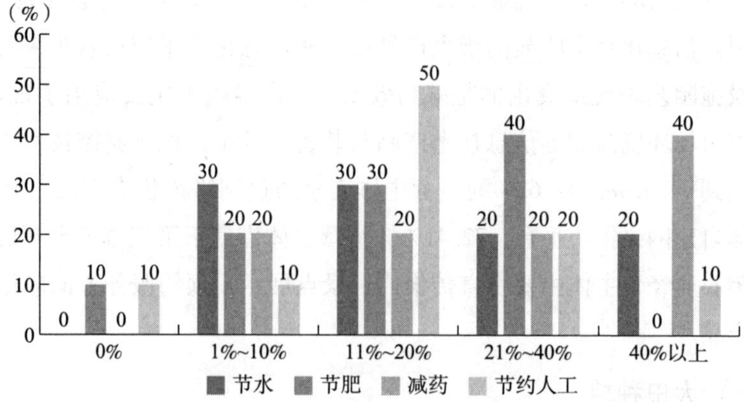

图 1-9 大田种植信息化节水、节肥、减药和节约人工情况

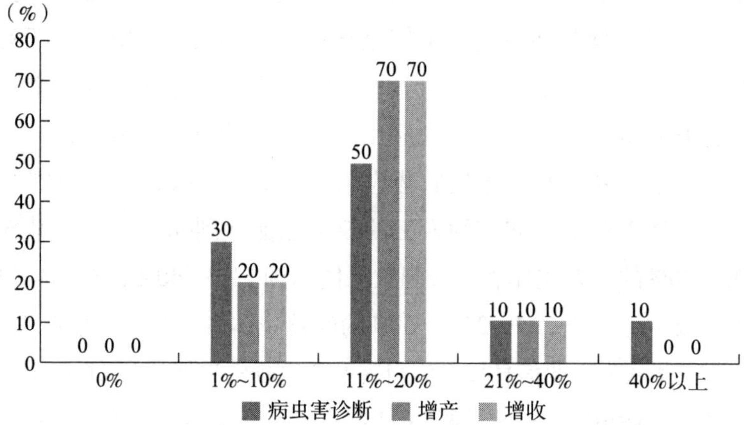

图 1-10 大田种植信息化病虫害诊断、增产、增收情况

（二）设施园艺

经营主体在设施园艺育苗、农资采购、耕整地、环境监测、节水灌溉、视频监控、自动卷膜、施肥、施药、病虫害防治、采收、质量追溯、内部管理等方面应用了信息技术产品和装备，其中，视频监控、环境监测、自动卷膜、质量追溯、节水灌溉应用范围较广，分别为 80%、70%、60%、60%和 60%（见图 1-11）。可以看出，设施园艺信息化水平明显高于大田种植。首先，从设施园艺信息化成效来看，信息技术应用后最明显的效果是减药，40%的经营主体表示，应用信息技术后农药应用比例减少 40%以上。节水和节约人工效果也较为显著，分别有 20%和 10%的经营主体表示节水和节约人工效果也能达到40%以上。其次，40%的经营主体表示节肥效果能达到21%~40%；20%的经营主体认为节水、减药和节约人工的效果能达到21%~40%；有一半的经营主体表示人工成本可节约11%~20%；30%的经营主体表示节水效果在1%~10%（见图1-12）。对于病虫害诊断来说，10%的经营主体认为应用信息技术后病虫害诊断率可提高40%以上，一半的经营主体认为可提高11%~20%；70%的经营主体认为农业信息技术应用后增产增收效果能达到11%~20%（见图1-13）。

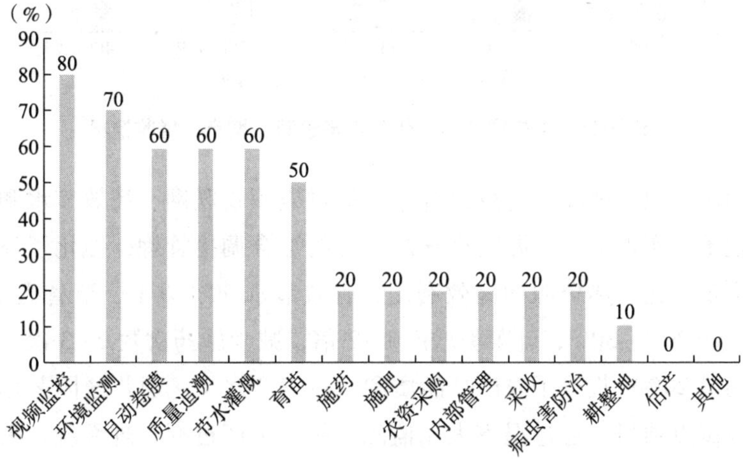

图1-11　设施园艺各环节使用信息化技术和手段的情况

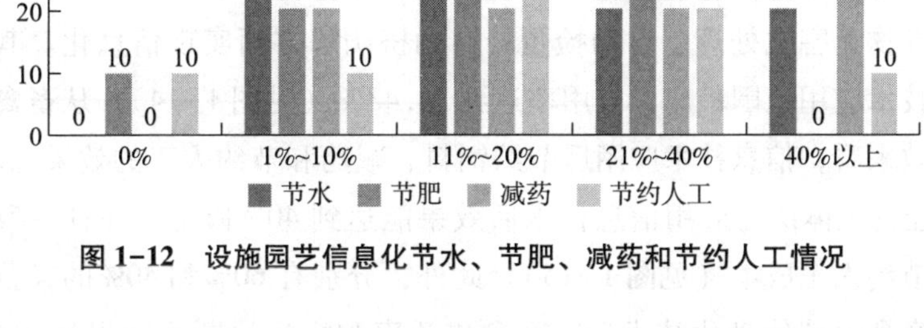

图1-12　设施园艺信息化节水、节肥、减药和节约人工情况

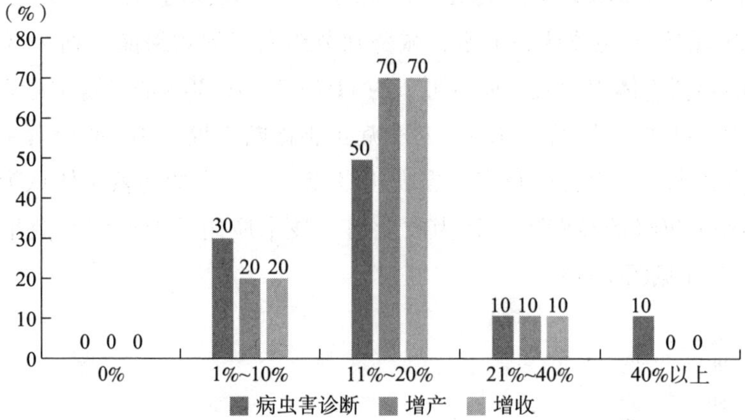

图 1-13 设施园艺信息化病虫害诊断、增产、增收情况

房山区琉璃河镇周庄村慧田合作社通过应用物联网、高效节水和水肥一体化等技术，实现了日光温室小气候环境的综合调控管理，强化了环境抗逆能力，实现了光、热资源的高效利用，有效节水 40%以上，节省人工 50%，果菜类增产 20%~30%，叶菜类增产 1~2 倍，减少施药次数 2~3 次，降低化学农药用量 20%，提升了农产品品质和质量安全水平。通州区园艺作物数字农业建设试点项目，通过温室大棚监测系统、生产过程管理系统、采后商品化处理系统建设，肥料、农药利用率分别提高 30%、20%以上，节水 50%以上，节省人工 80%以上，产品质量和商品率大幅提升。昌平区阿卡智慧农园建设试点项目通过生产环节物联网应用和销售环节农产品销售模式创新，实现农场直接经济效益增加 116.4 万元，通过科技帮扶，辐射带动低收入户增收。

（三）畜禽养殖

经营主体在畜禽养殖中应用了视频监控、育种、养殖场环境监测、畜禽饲喂、质量追溯、疫病防控和称重等信息技术产品与装备，尚未在投入品采购、废弃物无害化处理、自动捡蛋、自动挤奶等方面实现信息化。其中，视频监控技术应用范围最广，应用率达到 71.43%（见图 1-14）。从畜禽养殖信息化成效来看，信息技术应用后节约饲料、减药和节约人工的效果比较明显，20%的经营主体认为应用信息技术后效果能达到 40%以上，并且一致认为能够有效节约人工成本（见图 1-15）。此外，分别有 60%和 40%的经营主体认为应用畜禽养殖信息化技术后，畜禽成活率和疾病诊断率能提高 40%以上。

但仍有一半以上的经营主体认为应用畜禽养殖信息化技术和产品后没有达到节约饲料和减药的效果。从增收效果来看，仅有 20%的经营主体认为畜禽养殖信息化技术应用后，增收率能提高 40%以上，各有 20%的经营主体认为增收率可以提高 21%~40%或者 11%~20%，仍有 20%的经营主体认为信息技术应用不会给畜禽生产带来增收（见图 1–16）。密云区依托北京奥金达蜂产品专业合作社，研发了“蜂场物联网监测+蜂产业链大数据分析规划+互联网品牌打造”的智慧蜂业管理平台，提高生产管理效率 20%以上，增加蜂农收益累计 120 余万元。

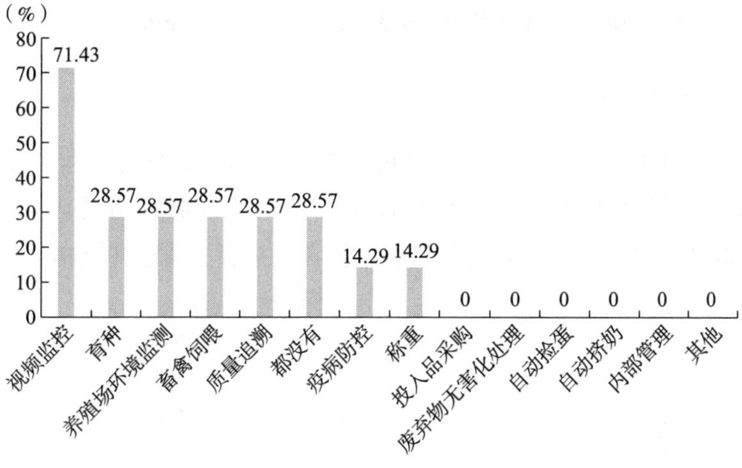

图 1–14　畜禽养殖各环节使用信息化技术和手段的情况

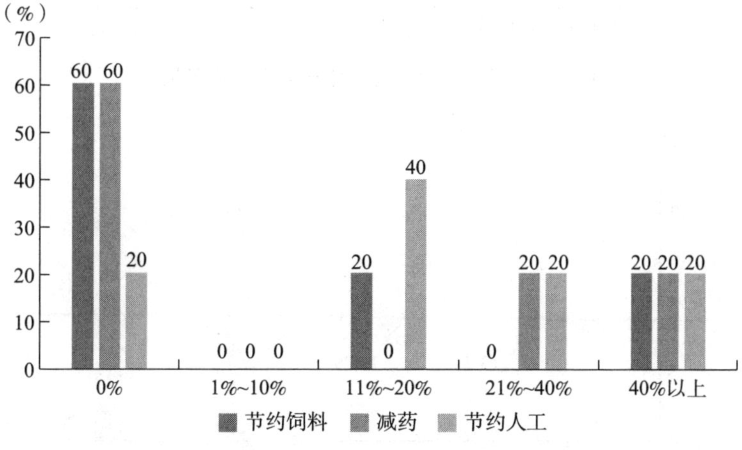

图 1–15　畜禽养殖信息化节约饲料、减药和节约人工情况

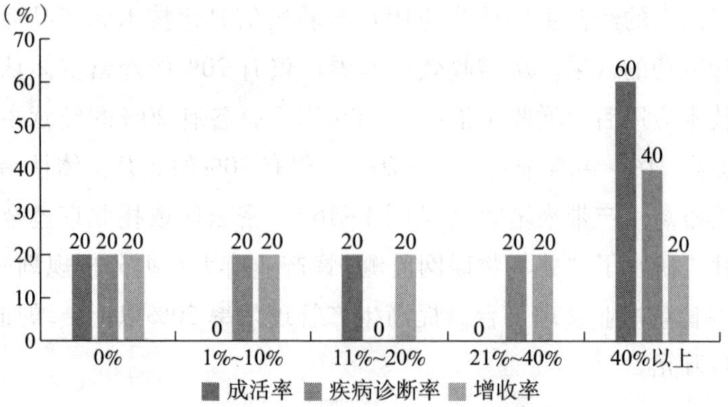

图 1-16 畜禽养殖信息化成活率、疾病诊断率和增收率情况

（四）电子商务

有 44.62%的经营主体通过网络销售农产品，55.17%的经营主体自建网络销售平台，72.41%的经营主体借助第三方平台开展网络销售（见图 1-17）。且高达 72%以上的经营主体对网络销售效果表示满意（见图 1-18）。

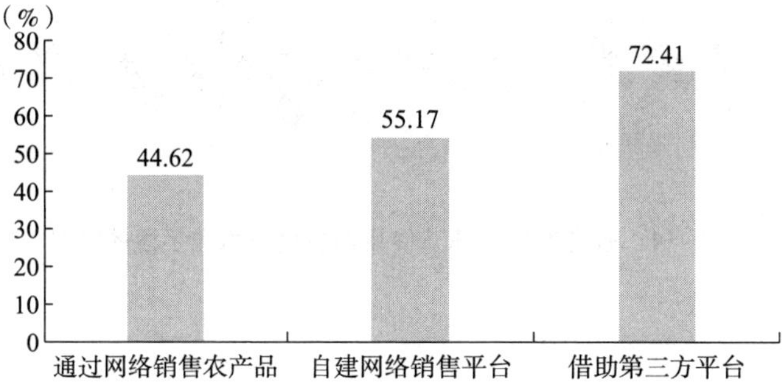

图 1-17 新型农业经营主体开展电子商务情况

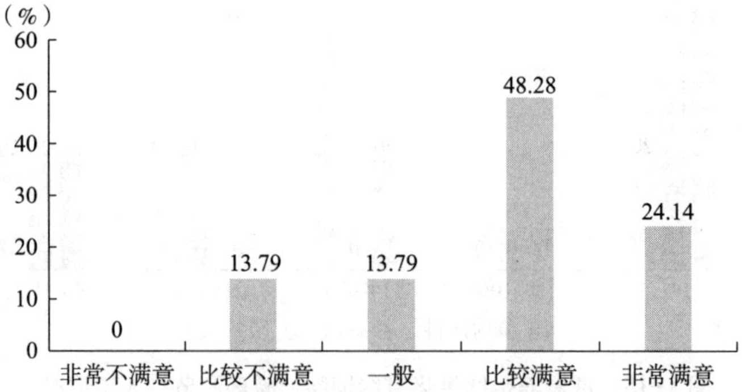

图 1-18 经营主体对网络销售效果的满意情况

（五）休闲农业

休闲农业经营主体在宣传推广、无线网络、景点展示、预约服务、电子支付、视频监控、环境监测、采摘基地物联网、产品追溯、内部管理、投入品采购、电子导览、电子导航、虚拟体验、智能讲解、客流管理等方面应用了信息化技术产品与装备。其中，宣传推广环节信息技术应用范围最广，达到 66.67%（见图 1-19）。从休闲农业信息化建设成效来看，信息技术应用后客流增加和增收效果比较明显，34.78%的经营主体认为应用信息技术后客流增加超过 40%，21.74%的经营主体认为增收效果也达到 40%以上（见图 1-20）。

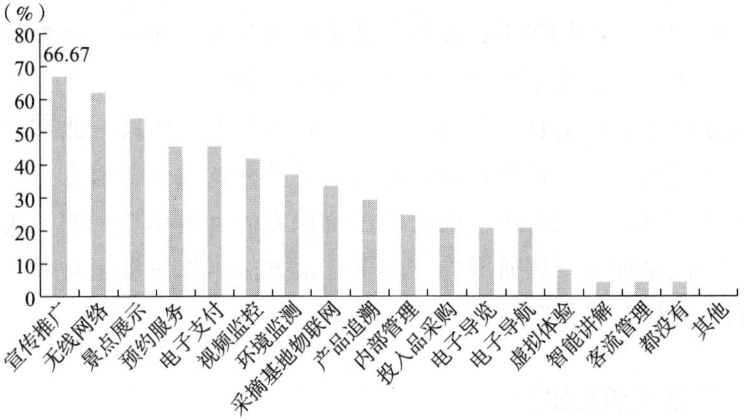

图 1-19　休闲农业各环节使用信息化技术和手段的情况

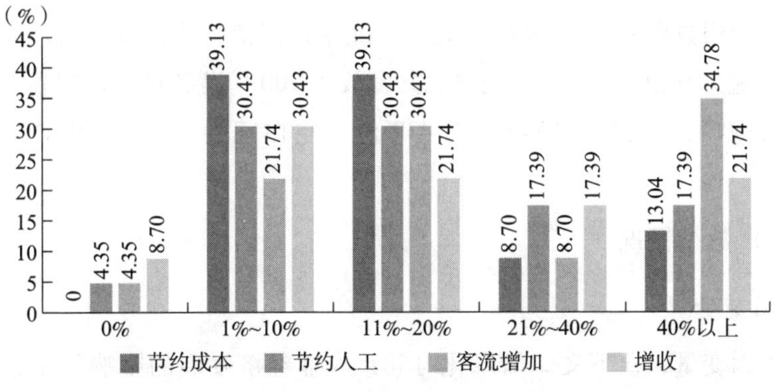

图 1-20　休闲农业信息化建设成效

第四节　信息化对北京乡村产业发展的影响效应研究

《乡村振兴战略规划（2018—2022 年）》《“十三五”全国农业农村信息化发展规划》《“互联网+”现代农业三年行动实施方案》等规划方案的密集出台，为转变农业发展方式、促进农民增收、加速农村产业融合指明了方向，即借助于信息化力量，充分发挥信息传播共享、技术优化升级等作用，实现对传统农业的改造。近年来，北京农业农村信息化建设实践取得比较显著的成效，在信息基础设施建设方面，北京行政村的光纤通达率、4G 覆盖率均基本达到 100%；在信息技术应用方面，伴随北京农业物联网工程等的实施，信息技术在乡村产业中得到有效推广。虽然在乡村振兴背景下，北京农业农村信息化加速发展，但在当前发展阶段，北京农户信息化与农业经济发展、农村产业融合之间的关系究竟如何，信息化是否成为促进农业经济发展、农村产业融合的关键因素等问题亟待回答。为此，本书基于北京蔬菜种植户调研问卷，应用计量方法测算信息化对北京农业经济与农村产业融合的影响。

一、数据来源及概况

（一）数据来源

本书所用数据来自 2019 年开展的“北京地区信息化促进乡村产业发展抽样调查（蔬菜种植户版）”。调研总共发放了 500 份蔬菜种植户问卷，涉及北京 54 个行政村，最后共回收问卷 439 份（空白问卷不计），其中有效问卷 346 份。

（二）数据概况

1. 因变量

对于因变量，在下文“信息化对北京农业经济发展的影响”中，采用人均农业纯收入测度农户收入水平。人均农业纯收入是农户从事蔬菜种植获得的人均年净收入的自然对数，均值为 9. 72。在“信息化对北京农村产业融合的影响”中，采用农户是否实现产业融合测度，具体从两个角度来分别衡量：一是从整体层面度量，农户“实现产业融合”的共有 93 家，占比为 27%，

"没有实现产业融合"的共有253家，占比为73%；二是将农户产业融合形式区分为不同类型，聚焦于分析"农业+农产品加工""农业+休闲农业/乡村旅游""农业+农产品电商"三类产业融合形式，其中"实现'农业+农产品加工'融合"的有28家，占比为8%，"实现'农业+休闲农业/乡村旅游'融合"的有38家，占比为11%，"实现'农业+农产品电商'融合"的有59家，占比为17%。

2. 核心自变量

对于核心自变量，在下文"信息化对北京农业经济发展的影响"中，包含信息基础投入与信息技术采纳。其中，对于信息基础投入，选择用农户每年手机/计算机网费支出的自然对数来度量，均值为6.74，对农户每年手机/计算机网费支出的询问强调仅包含有"农户基础性网络资费与开展农产品电商/微商等产生的如线上产品推广费等应用性网络资费"；对信息技术采纳的衡量，由于目前在蔬菜产业，水肥一体机得到相对较为广泛的应用（冯献等，2019），因此选择了农户是否采用水肥一体机来表示信息技术采纳，样本中平均有33%的农户采用了该技术。在下文"信息化对北京农村产业融合的影响"中，只包含信息基础投入，指标选取与前述一致。

3. 控制变量

为了更为精确地获得核心自变量对因变量的影响效应，本书参考已有研究，在"信息化对北京农业经济发展的影响"与"信息化对北京农村产业融合的影响"两个模型中均加入了户主个体特征变量、农户特征变量与农户外部环境变量，以排除其他因素可能造成的回归偏误。其中，户主个体特征变量包含性别、年龄、受教育程度；农户特征变量为农户上年人均农业支出，是农户上一年蔬菜种植产生的人均支出的自然对数；农户外部环境变量包含外部信息技术采纳与外部信息传播效果，其中外部信息技术采纳是农户对周边亲友是否积极使用信息技术的评价，外部信息传播效果是农户对其所在村信息传播效果的评价。在样本中，户主为男性的占比为57%；实际年龄平均约为46岁；有51%的户主文化程度为初中/中专，有37%的户主文化程度为高中及以上；农户上年人均农业支出的均值为9.27；外部信息技术采纳的均值为3.55；外部信息传播效果的均值为3.57（见表1-1）。

表 1-1　变量及其描述性统计

<table>
<tr><th colspan="2">分类</th><th colspan="2">变量名称</th><th>定义</th><th>平均值</th><th>标准差</th><th>最小值</th><th>最大值</th></tr>
<tr><td colspan="2" rowspan="5">因变量</td><td colspan="2">人均农业纯收入（lninc）</td><td>人均农业纯收入的对数
lninc=ln（农户人均农业纯收入）</td><td>9.72</td><td>0.95</td><td>6.91</td><td>12.61</td></tr>
<tr><td colspan="2">是否实现产业融合（lndu）</td><td>是=1；否=0</td><td>0.27</td><td>0.44</td><td>0</td><td>1</td></tr>
<tr><td colspan="2">是否实现“农业+农产品加工”融合（lndu_1）</td><td>是=1；否=0</td><td>0.08</td><td>0.23</td><td>0</td><td>1</td></tr>
<tr><td colspan="2">是否实现“农业+休闲农业/乡村旅游”融合（lndu_2）</td><td>是=1；否=0</td><td>0.11</td><td>0.26</td><td>0</td><td>1</td></tr>
<tr><td colspan="2">是否实现“农业+农产品电商”融合（lndu_3）</td><td>是=1；否=0</td><td>0.17</td><td>0.38</td><td>0</td><td>1</td></tr>
<tr><td colspan="2" rowspan="2">核心自变量</td><td colspan="2">信息基础投入（lninb）</td><td>每年手机/计算机网费支出的对数
lninb=ln（每年手机/计算机网费支出）</td><td>6.74</td><td>0.86</td><td>0</td><td>8.88</td></tr>
<tr><td colspan="2">信息技术采纳（lntec）</td><td>采用水肥一体机=1；否则=0</td><td>0.33</td><td>0.47</td><td>0</td><td>1</td></tr>
<tr><td rowspan="9">控制变量</td><td rowspan="6">户主个体特征变量</td><td colspan="2">性别（Male）</td><td>男性=1；否则=0</td><td>0.57</td><td>0.50</td><td>0</td><td>1</td></tr>
<tr><td colspan="2">年龄（Age）</td><td>实际年龄</td><td>45.81</td><td>9.31</td><td>18</td><td>73</td></tr>
<tr><td rowspan="4">受教育程度</td><td>Jun</td><td>初中/中专=1；否则=0</td><td>0.51</td><td>0.50</td><td>0</td><td>1</td></tr>
<tr><td>Tec</td><td>技校=1；否则=0</td><td>0.04</td><td>0.19</td><td>0</td><td>1</td></tr>
<tr><td>Sen</td><td>高中=1；否则=0</td><td>0.24</td><td>0.43</td><td>0</td><td>1</td></tr>
<tr><td>Juc</td><td>大专及以上=1；否则=0</td><td>0.13</td><td>0.34</td><td>0</td><td>1</td></tr>
<tr><td>农户特征变量</td><td colspan="2">上年人均农业支出（lnpay）</td><td>上一年人均农业支出的对数
lnpay=ln（上一年人均农业支出）</td><td>9.27</td><td>0.93</td><td>6.41</td><td>12.21</td></tr>
<tr><td rowspan="2">农户外部环境变量</td><td colspan="2">外部信息技术采纳（arin）</td><td>“周边亲友积极使用信息技术评价”
非常不积极=1；比较不积极=2；一般=3；比较积极=4；非常积极=5</td><td>3.55</td><td>0.68</td><td>1</td><td>5</td></tr>
<tr><td colspan="2">外部信息传播效果（coin）</td><td>“所在村信息传播效果评价”
非常不好=1；比较不好=2；一般=3；比较好=4；非常好=5</td><td>3.57</td><td>0.87</td><td>1</td><td>5</td></tr>
</table>

二、信息化对北京农业经济发展的影响

本书从信息基础投入与信息技术采纳两个角度表征农户信息化水平，研究其对农户农业收入的影响，为进一步提升农业农村信息化水平、促进农业经济发展的相关政策制定提供科学借鉴。

（一）理论分析

1. 信息化促进农民农业收入增长的信息要素差异

作为信息化的两个核心要素，信息基础投入与信息技术采纳在农业生产中扮演的“角色”各有侧重，其中互联网/移动互联网等信息基础设施的属性主要是普遍的、泛在的信息传播“新媒体”，而水肥一体机等信息技术的属性主要是单一性、针对性的农业生产方式转变“新农具”（冯献等，2019）。

对于信息基础投入，从投入视角来看，随着我国电信产业结构由完全行政垄断走向多元市场竞争，基础性互联网/移动互联网资费不断降低，大多数农户信息基础投入较低（郑世林等，2014），仅少数从事农产品电商/微商等互联网新业态的农户（占比很小），其线上产品推广费等应用性互联网/移动互联网资费会增加（颜强等，2018）。从产出视角来看，互联网/移动互联网促进农户农业纯收入增长的途径有两条：一是“信息鸿沟消除效应”，即对于大多数农户，其通过互联网/移动互联网既可以实时获取政策、气象、病虫害、技术、市场等各方面信息，也可以利用微信、QQ 等工具向他人共享有用信息（郭美荣等，2017；崔凯、冯献，2018），有利于降低农户信息不对称、减少搜寻成本，优化农户生产决策、提高农业生产效率等（高杨、牛子恒，2018；程名望、张家平，2019）；二是“新业态培育效应”，即对于少部分已经开始利用淘宝、京东等互联网电商平台，微信朋友圈、手机 App 等手机微商平台宣介销售农产品的农户，往往不仅能够拓宽农产品销售渠道，而且能够减少产品流通环节、获得更高农产品价格（曾亿武等，2018）。整体而言，由于较低的投入成本与较高的产出效益，信息基础投入对农户农业纯收入有正向影响效应。

对于信息技术采纳，从投入视角来看，先进农业技术应用往往会引致农户农业投入增加，缩小农产品净收入空间（刘进宝、刘洪，2004）。本书所关注的蔬菜种植户，即便是其相对较为常用的生产端信息技术水肥一体机，一次性投入成本与后期运行维护成本也均相对较高，需要较高的家庭收入作为

支撑（满明俊等，2010）。从产出视角来看，水肥一体机是以微灌、喷灌等技术为依托，结合可调节施肥装备，一体化作物的灌溉、施肥、根施用药，一次性将灌溉水、肥料/农药输送至土壤作物根部。其定时精准灌溉、精确施肥施药、自动化控制的技术属性，能够有效实现农业生产“节工、节水、节肥、节药”，有助于农业生产节本增效与农产品品质提升。整体而言，由于较高的投入成本与较高的产出效益，信息技术采纳对农户农业纯收入可能没有显著影响。

对于信息基础投入与信息技术采纳的交互影响，二者间可能存在互补效应与替代效应。互补效应表现为，随着信息基础投入的增加，农户通过应用互联网/移动互联网，提升对新技术相关知识的信息获取能力，破除“知识壁垒”，促使农户信息技术效率提升；替代效应表现为，随着信息基础投入的增加，农户将自身更多资源禀赋放置于互联网/移动互联网应用中，在家庭固定资源禀赋前提下，挤占了对信息技术的有效资源禀赋投入，导致农户信息技术效率下降。整体而言，由于互补效应与替代效应的相互抵消，信息基础投入与信息技术采纳对农户农业纯收入可能没有显著的交互影响。

2. 信息化促进农民农业收入增长的个人禀赋差异

目前已有大量研究证明农户物质资本、人力资本等的禀赋差异是引致农户收入不平等的重要因素（高梦滔、姚洋，2006；孙敬水、于思源，2014）。曾亿武等（2018）的研究进一步指出个人禀赋的差异使农户电子商务采纳等信息化实践不平衡，进而导致农户收入差距扩大。据此，本书认为由于农户资本禀赋的异质性，农户内部关于信息基础投入与信息技术采纳这两类信息化应用难以“量质相同”，从而导致农户增收出现群体分层。

在物质资本层面，资金等物质资本投入是农户信息化应用的基础与重要瓶颈。上文对信息要素投入的分析已经指出，虽然基础性互联网/移动互联网资费投入相对较少，但因农产品电商/微商等实践产生的应用性互联网/移动互联网资费投入会显著增加，而水肥一体机等现代高端前沿信息技术，其投入成本一直相对较高。同时，相较于传统模式，信息化作为一种新型的农业生产经营方式，也会使农户面临较大的风险（倪浩、刘志民，2019）。物质资本丰富的农户愿意且有能力承担农业信息化的高风险，能够投入更多资金在应用性互联网/移动互联网与现代信息技术上，从而获得较高报酬。相反物质资本匮乏的农户更多倾向于传统农业生产经营方式，仅愿意投入较少的基础性互联网/移动互联网资费，因此能够获得的报酬有限。故物质资本越丰富，农户信息化增收效应越显著。

在人力资本层面，信息化的有效应用很大程度上取决于农户的吸收、运用能力，如果没有与新技术、新业态相匹配的人力资本，那么信息化很难转化为实际生产力（朱秋博等，2019）。户主性别是农户最基础的人力资本。Haraway（1997）、Jenkins（2003）等的研究表明，互联网/移动互联网是一种为新型社会形态提供技术基础的女性化媒介，相较于男性，女性倾向于合作、善于表达等的性别属性使其能更好地利用互联网/移动互联网生产生活。同时，相较于男性，水肥一体机的自动控制技术属性能够放松女性的体力劣势约束，且由于女性更追求健康绿色生活方式、对生存环境要求更高，对这类节水、节肥、节药的环境友好型技术更愿意采纳，采纳效果也更好（王学婷等，2018），因此户主为女性的农户可以获得更高收入回报。户主受教育程度是农户人力资本的重要表征。相较于受教育程度低的农户，受教育程度高的农户信息资源获取和利用能力强，拥有的信息资源质量高（胡伦、陆迁，2019），且受教育程度高的农户更能利用互联网发展农产品电商/微商等新业态（崔丽丽等，2014），因此能够获得更高的信息化应用收入回报。故人力资本越丰富，农户信息化增收效应越显著。

（二）研究方法

1. 信息要素差异层面

为了研究信息化促进农民增收的信息要素差异，本书首先建立了 OLS 基准模型以及包含 $\ln inb \times \ln tec$ 乘积项的 OLS 模型，以检验信息基础投入和信息技术采纳对农户农业纯收入的直接影响与交互影响，回归模型如下所示：

$$\ln inc = \beta_0 + \beta_1 \ln inb + \beta_2 \ln tec + \beta^T X_i + \varepsilon_i$$

$$\ln inc = \gamma_0 + \gamma_1 \ln inb + \gamma_2 \ln tec + \gamma_3 \ln inb \times \ln tec + \gamma^T X_i + \nu_i$$

其中因变量 $\ln inc$ 为农户人均农业纯收入的对数。核心自变量 $\ln inb$、$\ln tec$ 分别代表农户信息基础投入和信息技术采纳，控制变量 X_i 代表拟选择户主人口学统计特征变量（性别、年龄、受教育程度）、农户特征变量（上年农户人均农业支出的对数）、农户外部环境特征变量（外部信息技术采纳、外部信息传播效果）。

本书进一步采用分位数回归法，在对信息基础投入和信息技术采纳的增收效应进行稳健性检验的基础上，识别出对于农户农业纯收入的全部分位、信息基础投入和信息技术采纳的具体影响。分位数回归模型如下所示：

$$Q_q(\ln inc|X)=\theta_0(q)+\theta_1(q)\ln inb+\theta_2(q)\ln tec+\theta_3\ln inb\times\ln tec+\theta^T(q)X_i+\zeta_i$$

$Q_q(\ln inc|X)$ 表示在给定自变量 X、因变量 $\ln inc$ 在第 q 分位数上的值。$\theta(q)$ 表示在第 q 分位数上的回归系数。

考虑到一方面不仅信息基础投入和信息技术采纳可能会对农户农业纯收入有影响，反过来农户农业纯收入也可能会对其信息基础投入和信息技术采纳产生影响，例如有研究表明农户农业纯收入越高，往往越愿意也越有能力提升信息化水平（曾亿武等，2018）；另一方面农户农业纯收入也可能受到户主能力等不可观测变量的影响（白重恩，2012），因变量与自变量间的双向因果以及模型难以规避的遗漏变量设定偏误均会导致模型内生性问题的存在。为此，本书建立联立方程采用3sls法对模型进行内生性检验。3sls回归模型如下所示：

$$\ln inc=\eta_{10}+\eta_{11}\ln inb+\eta_{12}\ln tec+\eta_{13}\ln inb\times\ln tec+\eta_{14}^T X_i+\upsilon_{1i} \quad (1-1)$$

$$\ln inb=\eta_{20}+\eta_{21}\ln inc+\eta_{22}^T X_{2i}+\upsilon_{2i} \quad (1-2)$$

$$\ln tec=\eta_{30}+\eta_{31}\ln inc+\eta_{32}^T X_{3i}+\upsilon_{3i} \quad (1-3)$$

$$\ln inb\times\ln tec=\eta_{40}+\eta_{41}\ln inc+\eta_{42}^T X_{4i}+\upsilon_{4i} \quad (1-4)$$

收入方程（1-1）聚焦讨论了信息基础投入、信息技术采纳及二者交互项对农业纯收入的影响，信息基础投入方程（1-2）、信息技术采纳方程(1-3)与二者交互项方程（1-4）均着重分析了农业纯收入的影响效应，并在信息基础投入方程（1-2）中加入了农户信息资源共享意愿变量，信息技术采纳方程（1-3）中加入了农户信息技术节本认知与信息技术增效认知变量，交互项方程（1-4）中加入了农户信息资源共享意愿×信息技术节本认知变量与信息资源共享意愿×信息技术增效认知变量。

2. 个人禀赋差异

为了研究信息化促进农民增收的个人禀赋差异，本书首先根据上年人均农业支出、性别、受教育程度3个分组变量将总样本分为若干个子样本；其次针对不同支出群体、不同性别群体与不同文化层次群体，分别进行OLS回归，回归模型如下所示：

$$\begin{cases}\ln inc=\alpha_0+\alpha_1\ln inb+\alpha_2\ln tec+\alpha_3\ln inb\times\ln tec+\alpha^T X_i+\zeta_i,\ \text{if } w\geqslant w_0\\ \ln inc=\alpha_0+\alpha_1\ln inb+\alpha_2\ln tec+\alpha_3\ln inb\times\ln tec+\alpha^T X_i+\zeta_i,\ \text{if } w<w_0\end{cases}$$

w 为分组变量，分别表示农户的上年人均农业支出、性别、受教育程度，w_0 为分组变量的分组临界值。为了避免因样本量限制影响回归效果，本书均根据分组变量将样本划分为两个样本组别。其中当 w 为农户上年人均农业支出这一连续变量时，将分别选取其 0.5 分位值与 0.75 分位值作为分组临界值 w_0；对于受教育程度，将高中与大专及以上合并，小学及以下、初中/中专与技校合并，从而形成（高农业支出、低农业支出）、（男性、女性）、（高学历、低学历）3 大类分组类别，根据分类分别对各子样本进行 OLS 回归，并将测算结果进行组间差异性比较。

（三）实证结果分析

1. 信息化对农民增收的影响：信息要素差异

表 1-2 汇报了运用 OLS 回归估计方法得到的信息基础投入与信息技术采纳对农民增收影响的边际估计结果。为了剔除其他变量的干扰，表中第（1）列至第（4）列回归方程均控制了户主个体特征变量、农户特征变量与农户外部环境变量，在此基础上，第（1）列与第（2）列方程分别仅控制了信息基础投入或信息技术采纳，第（3）列方程同时控制了两个核心变量，第（4）列方程进一步考察了两个核心变量的交互项。回归结果显示：信息基础投入在 5%的显著性水平上对农户人均农业纯收入具有正向影响，且在控制所有变量的第（4）列方程中，信息基础投入每年增加 1%，农户人均农业纯收入每年增加 10.2%；而信息技术采纳及二者交互项系数均不显著。实证分析结果与理论分析一致，即就平均效应而言，由于较低的投入成本与较高的产出效益，互联网/移动互联网等信息基础投入的增加已成为农户人均农业纯收入增长的促进因素，而由于较高的投入成本与较高的产出效益，水肥一体机等信息技术采纳对农户人均农业纯收入尚未有明显效应。且可能由于替代与互补效应的相互抵消，信息基础投入与信息技术采纳对农户人均农业纯收入的交互影响并不显著。

此外，回归结果显示，户主性别为男性、受教育程度为大专及以上、农户上年人均农业支出在 1%的显著性水平上对农户人均农业纯收入具有正向影响，其余控制变量对农户人均农业纯收入没有显著影响。

表 1-2　信息基础投入与信息技术采纳对农户收入的差异化影响效应

	(1)	(2)	(3)	(4)
信息基础投入	0.101** (0.040)	—	0.098** (0.040)	0.102** (0.046)
信息技术采纳	—	0.067 (0.076)	0.052 (0.076)	0.157 (0.578)
信息基础投入×信息技术采纳	—	—	—	-0.016 (0.084)
男性	-0.339*** (0.070)	-0.362*** (0.069)	-0.337*** (0.070)	-0.340*** (0.071)
年龄	-0.006 (0.004)	0.067 (0.004)	-0.006 (0.004)	-0.006 (0.004)
初中/中专	0.203 (0.140)	0.228 (0.141)	0.193 (0.141)	0.191 (0.141)
技校	0.106 (0.225)	0.171 (0.225)	0.110 (0.225)	0.106 (0.226)
高中	0.147 (0.146)	0.177 (0.147)	0.144 (0.147)	0.143 (0.147)
大专及以上	0.472*** (0.171)	0.542*** (0.170)	0.459*** (0.172)	0.461*** (0.172)
上年人均农业支出	0.642*** (0.043)	0.651*** (0.038)	0.638*** (0.038)	0.639*** (0.038)
外部信息技术采纳	0.016 (0.051)	0.012 (0.051)	0.014 (0.051)	0.014 (0.051)
外部信息传播效果	0.067 (0.043)	0.064 (0.043)	0.065 (0.043)	0.065 (0.043)
常数项	3.055*** (0.532)	3.669*** (0.482)	3.087*** (0.534)	3.066*** (0.547)

注：***、**、*分别表示在1%、5%、10%的显著性水平上显著。下同。

进一步，表1-3分别对农户人均农业纯收入以0.5分位值与0.75分位值作为分组临界值划分为高农业收入农户与低农业收入农户两类，探讨信息基础投入与信息技术采纳对不同收入层级农户收入的差异化影响。回归结果显示：

对于高农业收入农户，信息基础投入与信息技术采纳在5%或1%的显著性水平上对其人均农业纯收入具有正向影响，二者交互项在1%的显著性水平上对其人均农业纯收入具有负向影响（按0.5分位划分）。该实证结果符合预期，即高农业收入农户一般是人力、物质等资源禀赋更丰富的农户或新型农业经营主体，故在信息基础投入方面，高农业收入农户往往不仅能够有效利用互联网/移动互联网获取有用信息，而且有更大比例会通过互联网/移动互联网开展农产品电商、微商等新业态，虽然投入可能相对较高，但获得的产出效益更为显著；在信息技术采纳方面，资源禀赋优势将使高农业收入农户在新技术采纳中的技术效率更高（章德宾，2018；张瑞娟、高鸣，2018），在既定较高的信息技术投入成本前提下，农户能够充分实现信息技术的节本增效功能，获得最大化产出效益；但在高农业收入农户群体中，可能因其整体人力资本优势，互联网消除信息技术知识壁垒的互补效应不是很明显，因而开展农产品电商、微商等新业态导致农户资源禀赋更多倾向于信息基础投入，而非信息技术采纳，故替补效应更为显著。因此，对于高农业收入农户，信息基础投入与信息技术采纳均有显著增收效应，但二者间存在替代关系。

而对于低农业收入农户，信息基础投入对其人均农业纯收入没有显著影响，信息技术采纳在10%的显著性水平上对其人均农业纯收入具有负向影响，二者交互项在10%的显著性水平上对其人均农业纯收入具有正向影响（按0.75分位划分）。该实证结果也符合预期，即低农业收入农户一般是从事传统种植，人力、物质资源禀赋不足的小农户，故在信息基础投入方面，低农业收入农户基本仅限于基础性互联网/移动互联网资费投入，其投入较低，难以通过消除信息鸿沟或培养新业态两个途径将互联网/移动互联网应用映射至农业生产以获得农业效益；在信息技术采纳方面，资源禀赋劣势将使低农业收入农户在新技术采纳中的技术效率较低（章德宾，2018；张瑞娟、高鸣，2018），在既定较高的信息技术投入成本前提下，农户难以有效应用信息技术，导致信息技术的产出效益不能覆盖其高投入成本；但在低农业收入农户群体中，可能因其整体人力资本劣势，互联网消除信息技术知识壁垒的互补效应非常显著，而由于其信息基础投入倾向于较少的基础性网络资费，不会挤占对信息技术采纳的资源禀赋投入，故替补效应不是很明显。因此，在低农业收入农户群体中，信息基础投入没有增收效应，信息技术采纳甚至有显著抑制增收效应，但二者间存在互补关系。

表 1-3　信息基础投入与信息技术采纳对不同收入层级农户收入的差异化影响效应

	0.5 分位		0.75 分位	
	高农业收入 (1)	低农业收入 (2)	高农业收入 (3)	低农业收入 (4)
信息基础投入	0.168** (0.077)	-0.012 (0.035)	0.235** (0.116)	0.040 (0.036)
信息技术采纳	2.140*** (0.805)	-0.528 (0.598)	2.556** (1.055)	-0.866* (0.510)
信息基础投入×信息技术采纳	-0.300*** (0.113)	0.089 (0.094)	-0.366** (0.148)	0.142* (0.076)
男性	-0.289*** (0.084)	-0.069 (0.072)	-0.265** (0.116)	-0.104 (0.065)
年龄	-0.013*** (0.005)	0.003 (0.004)	-0.005 (0.006)	-0.000 (0.004)
初中/中专	-0.101 (0.221)	0.126 (0.110)	0.070 (0.313)	0.134 (0.112)
技校	-0.031 (0.287)	-0.236 (0.234)	0.056 (0.362)	-0.185 (0.223)
高中	-0.145 (0.224)	0.183 (0.119)	-0.013 (0.323)	0.154 (0.119)
大专及以上	0.058 (0.243)	0.028 (0.197)	0.328 (0.337)	0.149 (0.155)
上年人均农业支出	0.335*** (0.050)	0.479*** (0.045)	0.206*** (0.062)	0.524*** (0.039)
外部信息技术采纳	-0.005 (0.059)	0.058 (0.052)	-0.006 (0.079)	0.020 (0.044)
外部信息传播效果	0.091* (0.052)	0.028 (0.041)	0.109 (0.068)	0.034 (0.038)
常数项	6.448*** (0.846)	4.285*** (0.515)	6.980*** (1.134)	4.004*** (0.473)

2. 稳健性检验

在上文 OLS 分析中，对农户收入层级的分类仅考虑了 0.5 分位与 0.75 分位，尚不能全面描述在高农业收入农户与低农业收入农户不同划分准则下，核心解释变量对农户人均农业纯收入边际影响的变动情况。为此，本书应用分位数回归，分析了核心解释变量信息基础投入、信息技术采纳及二者交互项的全分位边际影响。

由图 1-21 可知，信息基础投入对农户人均农业纯收入的边际贡献均大于0，但随着农户人均农业纯收入分位数的增大，边际贡献在低分位中上升十分缓慢，在高分位中加速上升，说明信息基础投入对全部农户的收入均有正向贡献，但对于低农业收入农户的边际收入贡献较小，对于高农业收入农户的边际收入贡献较大，这与上文 OLS 回归结论保持一致，即就平均效应而言，信息基础投入对全部农户人均农业纯收入有正向影响，但这种正向影响显著存在于高农业收入农户中，而很难在低农业收入农户中捕捉到。

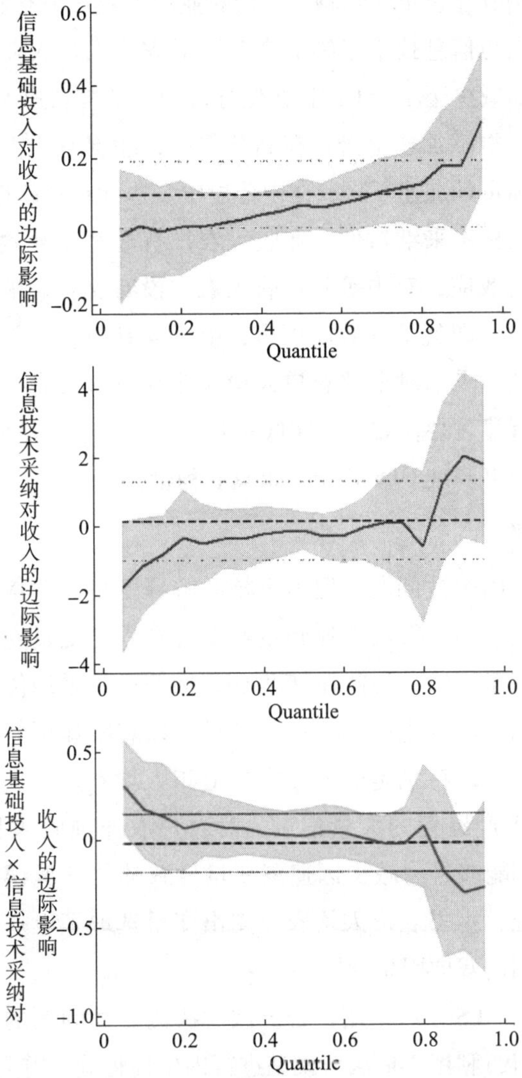

图 1-21 信息基础投入与信息技术采纳对农户收入边际影响的全分位回归结果

信息技术采纳对农户人均农业纯收入的边际贡献则由小于0逐渐增长至大于0，且在低分位中，随着农户人均农业纯收入分位数的减小，边际贡献加速下降；在高分位中，随着农户人均农业纯收入分位数的增大，边际贡献加速上升；在中分位中，边际贡献趋近于0。这说明信息技术采纳对低农业收入农户有显著负向抑制，对高农业收入农户有显著正向贡献，对中等农业收入农户影响较小，这与上文OLS回归结论保持一致，即就平均效应而言，由于正负向作用抵消，信息技术采纳对全部农户人均农业纯收入没有影响，但在高农业收入农户中有显著正向影响，在低农业收入农户中有显著负向影响。

信息基础投入与信息技术采纳的交互项对农户人均农业纯收入的边际贡献则由大于0逐渐减少至小于0，且在低分位中，随着农户人均农业纯收入分位数的减小，边际贡献加速上升；在高分位中，随着农户人均农业纯收入分位数的增大，边际贡献加速下降；在中分位中，边际贡献趋近于0。这说明信息基础投入与信息技术采纳对低农业收入农户有显著互补效应，对高农业收入农户有显著替代效应，对中等农业收入农户没有交互影响，这与上文OLS回归结论保持一致，即就平均效应而言，由于互补与替代效应的抵消，信息基础投入与信息技术采纳对全部农户人均农业纯收入没有交互影响，但在高农业收入农户中有显著替代效应，在低农业收入农户中有显著互补效应。

综上，说明本书基准OLS检验结果具有稳健性。

3. 内生性检验

本书十分关注内生性问题，但由于核心解释变量包含信息基础投入、信息技术采纳及其交互项，很难选择到足够多且有效的工具变量来表征核心解释变量进行工具变量回归，为此在基准OLS回归中，采用传统代理变量法与前定变量法以尽量削弱内生性影响：一是对难以观察却可能影响农户收入的因素用代理变量表示，特别是引入了农户上年人均农业支出变量，其包含了农户上一年农业生产经营的大量信息，对农户农业纯收入具有较大解释力（系数为0.639），能够尽力减少因遗漏变量导致的估计偏误问题；二是结合本次调研实际情况，本书农户人均农业支出变量选取了上一期变量，以减弱农户收入与支出间的双向因果问题。

为了检验基准OLS模型采用传统方法解决内生性问题的稳健性，本书通过建立联立方程组，利用3sls法对模型进行内生性检验。首先方程（1-2）至（1-4）的回归结果显示，农户人均农业纯收入的系数均在1%的显著性水平上为正，说明与本书预判一致，农户人均农业纯收入确实显著影响了农户的信息基础投入与信息技术采纳，即反向因果关系确实存在；其次在方程(1-2)至（1-4）控制住反向因果的情况下，方程（1-1）的回归结果依然显示，农户信息基础投入对其人均农业纯收入有显著正向影响，信息技术采纳与二者交互项对其人均农业纯收入没有影响，这一结论与基准 OLS 回归结果一致，表明基准 OLS 模型采用传统内生性问题解决方法是比较有效的，回归结果具有较好的稳健性（见表 1-4）。

表 1-4　信息基础投入与信息技术采纳对农户收入边际影响的 3sls 联立方程回归结果

	人均农业纯收入 (1)	信息基础投入 (2)	信息技术采纳 (3)	信息基础投入× 信息技术采纳 (4)
信息基础投入	0.859** (0.390)			
信息技术采纳	5.538 (4.725)			
信息基础投入× 信息技术采纳	-1.463 (0.815)			
人均农业纯收入		0.412*** (0.061)	0.097*** (0.034)	0.851*** (0.232)
信息资源共享意愿		0.403*** (0.080)		
信息技术节本认知			0.017 (0.019)	
信息技术增效认知			-0.005 (0.019)	
信息资源共享意愿× 信息技术节本认知				0.047 (0.046)
信息资源共享意愿× 信息技术增效认知				-0.009 (0.046)
年龄	-0.019** (0.007)			
初中/中专	0.765*** (0.247)			
技校	-0.217 (0.418)			

续表

	人均农业纯收入 (1)	信息基础投入 (2)	信息技术采纳 (3)	信息基础投入×信息技术采纳 (4)
高中	0.293 (0.178)			
大专及以上	1.381*** (0.361)			
上年人均农业支出	0.825*** (0.080)			
外部信息技术采纳	0.101 (0.065)			
外部信息传播效果	0.098* (0.055)			
常数项	-2.442 (2.643)	1.570** (0.640)	-0.685** (0.328)	-6.596*** (2.262)

4. 信息化对农民增收的影响：个人禀赋差异

在从个人禀赋差异角度分析信息化对农民增收的影响中，本书重点考察了表征物质资本与人力资本的三个变量——上年人均农业支出、性别、受教育程度，即针对不同农业支出群体、不同性别群体与不同文化层次群体，探讨信息化对其人均农业纯收入的影响。

（1）物质资本层面。从表1-5中可以看出，对于高农业支出农户，信息基础投入与信息技术采纳对其人均农业纯收入有显著影响，信息基础投入每增加1%，高农业支出农户人均农业纯收入分别增长10%（按0.5分位划分）与31.3%（按0.75分位划分），相较于没有采纳信息技术的农户，采纳信息技术的高农业支出农户人均农业纯收入增长260.6%（按0.75分位划分）。对于低农业支出农户，信息基础投入对其人均农业纯收入有显著影响，而信息技术采纳对其人均农业纯收入没有影响，信息基础投入每增加1%，低农业支出农户人均农业纯收入分别增长15.6%（按0.5分位划分）与8.7%（按0.75分位划分）。由于相较于低农业支出农户，上年人均农业支出水平较高的农户拥有比较丰厚的资产，物质资本积累相对丰富，有能力承担信息化的高投入与高风险，更倾向于增加应用性互联网/移动互联网资费投入，能更好地利用新型信息技术，故其信息基础投入与信息技术采纳的增收效应明显优于低农业支出农户。综上，说明物质资本越丰富，农户信息化增收效应越显著。

表 1-5 信息基础投入与信息技术采纳对不同农业支出水平农户收入的差异化影响效应

	0.5 分位		0.75 分位	
	高农业支出 (1)	低农业支出 (2)	高农业支出 (3)	低农业支出 (4)
信息基础投入	0.100* (0.057)	0.156* (0.083)	0.313** (0.148)	0.087* (0.049)
信息技术采纳	0.573 (0.694)	0.010 (1.147)	2.606* (1.527)	-0.153 (0.650)
信息基础投入×信息技术采纳	-0.064 (0.099)	-0.008 (0.175)	-0.342 (0.215)	0.029 (0.096)
男性	-0.226*** (0.085)	-0.518*** (0.131)	-0.065 (0.177)	-0.357*** (0.079)
年龄	-0.010** (0.005)	0.004 (0.009)	-0.010 (0.009)	-0.004 (0.005)
初中/中专	-0.075 (0.212)	0.278 (0.210)	-0.616 (0.417)	0.261* (0.153)
技校	-0.058 (0.272)	0.088 (0.565)	-0.080 (0.498)	-0.010 (0.262)
高中	-0.082 (0.218)	0.131 (0.228)	-0.569 (0.411)	0.210 (0.161)
大专及以上	0.182 (0.240)	0.499 (0.317)	-0.375 (0.459)	0.531*** (0.197)
上年人均农业支出	0.661*** (0.062)	0.545*** (0.105)	0.790*** (0.163)	0.615*** (0.055)
外部信息技术采纳	0.047 (0.060)	-0.046 (0.092)	-0.043 (0.143)	0.019 (0.055)
外部信息传播效果	0.040 (0.051)	0.107 (0.085)	0.034 (0.112)	0.062 (0.048)
常数项	3.199*** (0.818)	3.225*** (1.149)	0.770 (2.094)	3.262*** (0.647)

（2）人力资本层面。一是，从表 1-6 中可以看出，对于男性户主的农户，信息基础投入与信息技术采纳对其人均农业纯收入均没有显著影响。对于女性户主的农户，信息基础投入与信息技术采纳对其人均农业纯收入均有显著

影响，信息基础投入每增加 1%，女性户主农户人均农业纯收入增长 21.2%；相较于没有采纳信息技术的，女性户主农户采纳信息技术的人均农业纯收入增长 189.3%。结论验证了相较于男性，女性倾向于合作、善于表达、关注健康绿色生活方式、对生存环境要求高等的性别属性使其能更好地利用互联网/移动互联网、水肥一体机，从而其信息基础投入与信息技术采纳的增收效应更显著。二是，从表 1-7 中可以看出，对于户主受教育程度高的农户，信息基础投入对其人均农业纯收入有显著影响，信息技术采纳对其人均农业纯收入没有影响，信息基础投入每增加 1%，户主受教育程度高的农户人均农业纯收入增长 17.5%。对于户主受教育程度低的农户，信息基础投入与信息技术采纳对其人均农业纯收入均没有显著影响，说明相较于受教育程度低的农户，受教育程度高的农户通过互联网/移动互联网获取并利用信息资源、培育农产品电商/微商等新业态的能力强，故其信息基础投入的增收效应更明显。而信息技术采纳对农户增收没有出现明显教育分层，说明目前信息技术应用效率可能更多取决于农户物质资本与户主对技术的重视程度，而非户主自身的文化程度。综上，说明人力资本越丰富，农户信息化增收效应越显著。

表 1-6　信息基础投入与信息技术采纳对户主不同性别农户收入的差异化影响效应

	男性 (1)	女性 (2)
信息基础投入	0.041 (0.058)	0.212*** (0.075)
信息技术采纳	-1.202 (0.830)	1.893** (0.942)
信息基础投入×信息技术采纳	0.189 (0.126)	-0.253** (0.132)
男性		
年龄	-0.008* (0.005)	-0.006 (0.007)
初中/中专	0.190 (0.149)	0.030 (0.290)
技校	-0.214 (0.287)	0.150 (0.383)
高中	0.330** (0.157)	-0.297 (0.297)

续表

	男性 (1)	女性 (2)
大专及以上	0.430** (0.187)	0.341 (0.338)
上年人均农业支出	0.684*** (0.044)	0.524*** (0.069)
外部信息技术采纳	0.005 (0.056)	0.015 (0.095)
外部信息传播效果	0.062 (0.053)	0.048 (0.070)
常数项	2.854*** (0.649)	3.702*** (0.934)

表 1-7　信息基础投入与信息技术采纳对户主不同受教育程度农户收入的差异化影响效应

	受教育程度高 (1)	受教育程度低 (2)
信息基础投入	0.175** (0.085)	0.090 (0.055)
信息技术采纳	0.068 (1.060)	0.271 (0.729)
信息基础投入×信息技术采纳	-0.012 (0.148)	-0.025 (0.110)
男性	-0.073 (0.108)	-0.518*** (0.093)
年龄	0.001 (0.006)	-0.012** (0.006)
初中/中专		0.128 (0.146)
技校		-0.040 (0.240)
高中		
大专及以上	0.343*** (0.129)	
上年人均农业支出	0.639*** (0.055)	0.617*** (0.054)

续表

	受教育程度高 (1)	受教育程度低 (2)
外部信息技术采纳	0.107 (0.068)	-0.076 (0.073)
外部信息传播效果	-0.005 (0.071)	0.096* (0.056)
常数项	2.185*** (0.898)	3.998*** (0.700)

三、信息化对北京农村产业融合的影响

本书聚焦于分析信息基础投入对农户产业融合的影响，为提升农业农村信息化水平、加速农村产业融合、培育农业新产业新业态的相关政策制定提供富有建设性的借鉴。

（一）理论分析

目前随着普通小农户互联网/移动互联网等信息基础投入的逐渐增加，互联网/移动互联网的连接与扩散属性日益映射于农户生产经营，推动农户生产经营方式转变，实现一二三产业融合。具体而言，农户网络信息基础投入主要通过“信息获取传播效应”“农村电商参与效应”“核心要素集聚效应”促进其产业融合。

1. 信息获取传播效应

现阶段我国城乡信息鸿沟长期存在，一方面，市场、技术、政策法规等信息在乡村产业链条上层层失真且不及时，难以直接有效传递至农户；另一方面，农户也难以将农产品、休闲旅游等产品服务信息传播至消费者，导致农户传统农业产业链延伸与拓展受限，农业现代化转变缓慢（廖桂平等，2012；朱峰等，2013）。而互联网/移动互联网的应用，既能够促使农户实时获取各类涉农信息，又有利于其对自身农产品、休闲旅游等产品服务信息的推广宣介，帮助农户减少涉农信息搜寻成本，提升涉农产品服务信息传播效率，降低信息不对称问题（朱峰等，2013；崔凯、冯献，2018；程名望、张家平，2019），从而可以显著放松农户在转变传统生产经营方式、推进三次产业融合中的信息获取与传播约束。据此，互联网/移动互联网等信息基础投入

能促使农户获取与传播信息，为其实现产业融合奠定信息资源基础、拓宽产品服务宣传途径。

2. 农村电商参与效应

近年来，以阿里巴巴、京东等为代表的电商平台及以微信朋友圈等为支撑的微商平台迅速兴起，农村道路交通基础设施、物流体系等日益完善。在这一背景下，农户互联网普及率快速增长、投入不断增加，为农村电子商务的蓬勃发展提供了基础支撑（曾亿武等，2018）。农村电商是一种新型的技术渗透型产业融合模式，即以农业为基本依托，利用互联网/移动互联网等新一代信息技术对农业产业进行渗透整合，激励农户实现农资/农产品线上交易、农产品预售等商业模式的创新（Parkeretal，2016；国家发展改革委宏观院和农经司课题组，2016；曾亿武等，2018）。据此，互联网/移动互联网等信息基础投入能促使农户转变农业生产经营方式，为其利用电商/微商平台从事农村电子商务提供基础网络支撑。

3. 核心要素集聚效应

目前农户文化素质和技能水平不高，融资难、融资贵等问题突出，人才、资金等核心要素储备不足成为农户实现产业融合的重要瓶颈约束（国家发展改革委宏观院和农经司课题组，2016）。而互联网/移动互联网等信息基础投入的增加有利于农户核心要素的集聚。一是在人力资本方面，互联网/移动互联网的应用能够提升农户信息获取、利用、反馈的能力，在当前互联网和手机偏向型技术进步发展态势下，农户信息获取、利用、反馈能力越高，意味着其个体技能水平越高。此外，互联网/移动互联网的应用能够促使农户强化学习能力、提高技术水平、注重锻炼和保健，有利于其技能型与保健型人力资本积累（Laroseetal，2011；胡伦、陆迁，2019）。二是在物质资本方面，互联网/移动互联网的应用能够激励农户参与数字金融，由于政府政策支持及翼龙贷、蚂蚁金服、中国农业银行等企业积极参与，国内农村互联网金融发展迅速，在降低金融交易成本、减少信息不对称、拓展交易可能性集合方面具有显著优势，有利于缓解农户信贷约束（谢平等，2015；尹志超、张号栋，2018；何婧、李庆海，2019）。据此，互联网/移动互联网等信息基础投入能促使农户集聚人力、物质资本等核心要素，为其实现产业融合破解要素“瓶颈”。信息基础投入促进农户产业融合的理论机理见图 1-22。

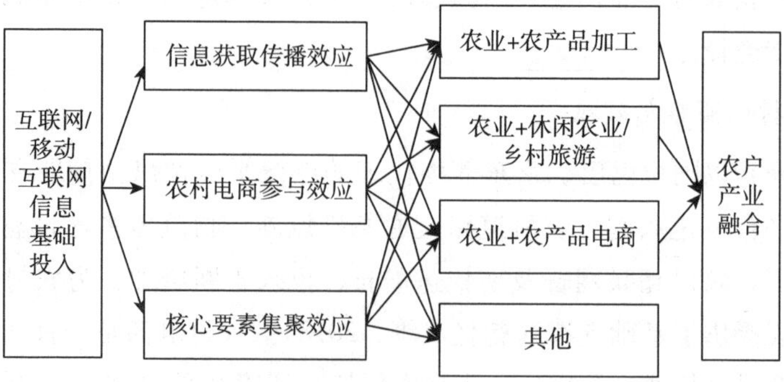

图 1-22　信息基础投入促进农户产业融合的理论机理

（二）研究方法

首先，本书通过建立 Probit 模型，从整体层面分析农户信息基础投入对其产业融合的影响，模型的表达式如下：

$$pr(\ln du=1)=G(\varphi_1+\varphi_2\ln inb+\varphi_3^T X_i+\varphi_{4i})$$

其中，因变量 $\ln du$ 代表农户产业融合情况（农户是否实现产业融合）。核心自变量 $\ln inb$ 代表农户信息基础投入（农户每年手机/计算机网费支出的对数），控制变量 X_i 代表拟选择户主人口学统计特征变量（性别、年龄、受教育程度）、农户特征变量（上年农户人均农业支出的对数）、农户外部环境特征变量（外部信息技术采纳、外部信息传播效果）。

进而，对基准检验结果进行相应的稳健性检验与内生性检验。在稳健性检验中，一是基于 Logit 模型与 OLS 模型重新进行全样本回归，二是分别删除信息基础投入<1%与>99%、<5%与>95%的极值样本进行 Probit 模型回归；在内生性检验中，将基于已有研究选取工具变量，并通过建立 IVProbit 模型进行弱工具变量稳健性检验与内生性检验。

此外，本书将进一步细分农户产业融合类型，通过建立 Probit 模型，分别分析信息基础投入对农户实现不同类型产业融合的影响，模型的表达式如下：

$$pr(\ln du_1=1)=G(\varphi_{11}+\varphi_{12}\ln inb+\varphi_{13}^T X_i+\varphi_{14i})$$

$$pr(\ln du_2=1)=G(\varphi_{21}+\varphi_{22}\ln inb+\varphi_{23}^T X_i+\varphi_{24i})$$

$$pr(\ln du_3=1)=G(\varphi_{31}+\varphi_{32}\ln inb+\varphi_{33}^T X_i+\varphi_{34i})$$

其中，因变量 $\ln du_1$ 表示农户是否实现“农业+农产品加工”融合，$\ln du_2$ 表示农户是否实现“农业+休闲农业/乡村旅游”融合，$\ln du_3$ 表示农户是否实现“农业+农产品电商”融合。核心自变量、控制变量与基准模型一致。

（三）实证结果分析

1. 信息基础投入对农户整体产业融合的影响

表 1-8 汇报了运用 Probit 模型回归估计方法得到的信息基础投入对农户产业融合的边际估计结果。回归结果显示：信息基础投入在 5%的显著性水平上对农户实现产业融合具有正向影响，信息基础投入每年增加 1%，农户实现产业融合的概率增加 23. 5%。实证结果与理论分析一致，表明就平均效应而言，互联网/移动互联网等信息基础投入的增加已成为农户实现产业融合的促进因素，且根据理论分析可知，目前信息基础投入增加可能主要通过“信息获取传播效应”“农村电商参与效应”与“核心要素集聚效应”来促进农户产业融合的实现，即随着农户互联网/移动互联网等信息基础投入的增加，一是有助于农户实时获取市场、技术、政策法规等各类涉农信息，及时推广宣介自身农产品、休闲旅游等各类产品服务信息，为其产业融合实践夯实信息资源基础、拓展产品服务宣传途径；二是有助于农户利用电商/微商平台从事农资/农产品线上交易、农产品预售等新型商业模式，为其技术渗透型产业融合实践提供信息基础网络支撑；三是有助于农户人力、物质资本等集聚积累，为其产业融合实践破解核心要素“瓶颈”，进而综合促进农户实现产业融合。

此外，回归结果显示，户主性别、受教育程度、外部信息技术采纳均对农户实现产业融合有显著正向影响，而年龄、农户上年人均农业支出、外部信息传播效果对农户实现产业融合没有显著影响。

表 1-8　信息基础投入对农户整体产业融合的影响效应

核心解释变量	信息基础投入	0. 235** （0. 108）
控制变量	男性	0. 489*** （0. 166）
	年龄	0. 013 （0. 009）
	受教育程度	0. 270*** （0. 100）
上年人均农业支出		-0. 042 （0. 090）

续表

外部信息技术采纳	0.233** (0.114)
外部信息传播效果	-0.001 (0.099)
常数项	-4.239*** (1.333)

注：①括号内的数值为标准误；②***表示 p<0.01，**表示 p<0.05，*表示 p<0.1，下表同。

2. 稳健性检验

上述基准回归中，应用 Probit 模型分析了农户信息基础投入对其产业融合的影响效应。为了检验结果的稳健性，本书采用了改变回归模型（使用 Logit 与 OLS 回归模型）与改变样本量（一是剔除信息基础投入<1%与>99%的样本，二是剔除信息基础投入<5%与>95%的样本）的方法进行检验。由表 1-9可知，在不同回归模型与不同样本量下，农户信息基础投入对产业融合依然有显著正向影响，且与基准模型相比，其他控制变量的显著性水平与系数符号也基本保持一致，说明本基准模型回归结果比较稳健。

表 1-9　信息基础投入对农户产业融合影响效应的稳健性检验

		Logit	OLS	Probit	
				剔除核心解释变量<1%与>99%的样本	剔除核心解释变量<5%与>95%的样本
核心解释变量	信息基础投入	0.390** (0.184)	0.063** (0.031)	0.274** (0.124)	0.317** (0.143)
控制变量	男性	0.802*** (0.282)	0.142*** (0.050)	0.459*** (0.167)	0.481*** (0.172)
	年龄	0.023 (0.016)	0.004 (0.003)	0.012 (0.010)	0.012 (0.010)
	受教育程度	0.448*** (0.170)	0.086*** (0.032)	0.235*** (0.101)	0.262** (0.105)
上年人均农业支出		-0.063 (0.151)	-0.010 (0.028)	-0.028 (0.090)	-0.060 (0.097)
外部信息技术采纳		0.380* (0.195)	0.073** (0.036)	0.248** (0.116)	0.263** (0.118)
外部信息传播效果		-0.063 (0.151)	-0.002 (0.031)	0.012 (0.100)	-0.035 (0.104)
常数项		-7.149** (2.271)	-0.798** (0.395)	-4.564*** (1.399)	-4.529*** (1.535)

3. 内生性检验

本书在分析农户信息基础投入对其产业融合的影响中，十分关注二者间可能存在的内生性问题。考虑到遗漏变量与双向因果是导致内生性的主要原因，在基准 Probit 模型中，采取了传统代理变量法与前定变量法以尽量削弱内生性影响，即一是在符合经济学逻辑的前提下，通过设定剔选变量概率为 pe=0.2 的逐步回归法确定控制变量，并尽可能选择包括人力资本、物质资本等在内的多项控制变量以尽量减少因遗漏变量导致的估计偏误问题；二是根据本次调研实际情况，表征农户物质资本的人均农业支出变量选取了上一期变量，以减弱农户产业融合与物质资本间的双向因果问题。

为了检验基准 Probit 模型采用传统方法解决内生性问题的稳健性，本书借鉴张永丽和徐腊梅（2019）的研究，选取“农户智能手机使用”与“农户计算机使用”两个变量作为农户信息基础投入“农户每年手机/计算机网费支出”的工具变量。选取上述变量的原因在于：一是“农户智能手机使用”与“农户计算机使用”均衡量了农户的信息基础设施水平，农户信息基础设施水平越高，其手机/计算机网络使用概率越高，进而支出才会越高；二是“农户智能手机使用”与“农户计算机使用”很难直接影响农户的产业融合，即便产生影响也是基于农户是否使用互联网/移动互联网来发挥作用。在选定工具变量之后，本研究通过建立 IVProbit 模型及采用以下四种方式进行内生性检验：①仅基于“农户智能手机使用”进行 ML 估计；②仅基于“农户计算机使用”进行 ML 估计；③同时基于“农户智能手机使用”与“农户计算机使用”进行 ML 估计；④同时基于“农户智能手机使用”与“农户计算机使用”进行 Twostep 估计。从表 1-10 所示的 4 种方式回归结果可以看出，首先，Wald 外生性排除检验均拒绝了农户信息基础投入是外生这一原假设，表明基准模型确实面临内生性问题；其次，表 1-10 第一阶段回归结果显示，“农户智能手机使用”或“农户计算机使用”均对农户信息基础投入有显著正向影响，据此可以认为，将“农户智能手机使用”或“农户计算机使用”作为农户信息基础投入的工具变量应该不存在弱工具变量问题，本研究进一步进行了弱工具变量稳健性检验，AR 检验值均拒绝了原假设，表明本研究所使用的工具变量对农户信息基础投入有较强解释力，确实不存在弱工具变量问题；最后，表 1-10 第二阶段回归结果显示，在模型剔除内生性以后，农户信息基础投入依然在 1%或 5%的水平上对其产业融合具有显著正向影响。这一结论与本书基准 Probit 模型结果一致，表明本书基准模型采用传统内生性问题解决方法是比较有效的，回归结果具有较好的稳健性。

表 1-10　信息基础投入对农户产业融合影响效应的内生性检验：IVProbit 模型

		智能手机使用 ML 估计		计算机使用 ML 估计		智能手机使用与计算机使用 ML 估计		智能手机使用与计算机使用 Twostep 估计	
		第一阶段	第二阶段	第一阶段	第二阶段	第一阶段	第二阶段	第一阶段	第二阶段
核心解释变量	信息基础投入		1.055*** (0.326)		0.957*** (0.342)		1.009*** (0.268)		1.299** (0.642)
工具变量	智能手机使用	0.654*** (0.205)				0.566*** (0.196)		0.557*** (0.211)	
	计算机使用			0.281*** (0.096)		0.225** (0.091)		0.230** (0.098)	
控制变量	男性	-0.354*** (0.086)	0.667*** (0.146)	-0.344*** (0.086)	0.657*** (0.152)	-0.359*** (0.085)	0.667*** (0.149)	-0.359*** (0.086)	0.860*** (0.292)
	年龄	-0.016** (0.005)	0.025*** (0.009)	-0.015** (0.005)	0.024*** (0.009)	-0.014*** (0.005)	0.024*** (0.009)	-0.014*** (0.005)	0.031** (0.015)
	受教育程度	0.170*** (0.055)	0.043 (0.162)	0.177*** (0.055)	0.073 (0.158)	0.161*** (0.054)	0.064 (0.135)	0.161*** (0.055)	0.083 (0.161)
	上年人均农业支出	0.120** (0.049)	-0.123 (0.085)	0.090* (0.049)	-0.114 (0.087)	0.109** (0.048)	-0.120 (0.084)	0.108** (0.049)	-0.154 (0.124)
	外部信息技术采纳	-0.005 (0.063)	0.182 (0.116)	-0.021 (0.063)	0.198* (0.114)	-0.014 (0.063)	0.189* (0.111)	-0.014 (0.063)	0.244* (0.134)
	外部信息传播效果	0.057 (0.053)	-0.054 (0.091)	0.065 (0.053)	-0.053 (0.094)	0.057 (0.053)	-0.052 (0.092)	0.057 (0.054)	-0.067 (0.123)
	常数项	5.277*** (0.654)	-8.525*** (1.659)	5.939*** (0.608)	-8.086*** (1.840)	5.276*** (0.196)	-8.330** (1.560)	5.285*** (0.658)	-10.733** (4.133)
Wald 检验值		2.50		2.29		4.00		3.63	
AR 检验值			2.88		3.25		5.05		5.05
Prob>chi2		0.08	0.09	0.09	0.07	0.05	0.08	0.06	0.08

4. 信息基础投入对农户不同类型产业融合的影响

本书重点考察了“农业+农产品加工”“农业+休闲农业/乡村旅游”“农业+农产品电商”3 种农户典型产业融合模式，表 1-11 分别汇报了运用 Probit

回归估计方法得到的信息基础投入对农户实现“农业+农产品加工”“农业+休闲农业/乡村旅游”“农业+农产品电商”的边际估计结果。回归结果显示：

一是在“农业+农产品加工”方面，信息基础投入对农户实现“农业+农产品加工”融合没有显著影响。可能的原因在于农户在“农业+农产品加工”融合实践中主要面临资金、技术等壁垒，而互联网/移动互联网等信息基础投入的增加，虽然有助于农户获取技术信息、集聚物质资本，但就整体而言，其对完全放松农户资金与技术约束的作用可能仍相对较小。因此，目前信息基础投入的增加，对农户发展农产品加工，实现“农业+农产品加工”融合作用不是很明显。

二是在“农业+休闲农业/乡村旅游”方面，信息基础投入对农户实现“农业+休闲农业/乡村旅游”融合具有显著正向影响。二者间正相关关系的原因在于目前进入门槛相对较低，采摘、农家乐等模式在农户“农业+休闲农业/乡村旅游”融合中最为普遍，宣介旅游服务信息、与市场紧密衔接扩大市场影响力是其最为迫切的需求，而农户互联网/移动互联网等信息基础投入的增加，有利于其借助网络平台，利用论坛、微博、微信、“大众点评”App等工具向消费者宣介休闲农业、乡村旅游等信息，因此目前信息基础投入的增加，对农户发展休闲农业、乡村旅游，实现“农业+休闲农业/乡村旅游”融合有显著促进作用。

三是在“农业+农产品电商”方面，信息基础投入对农户实现“农业+农产品电商”融合没有显著影响。可能的原因在于农户在“农业+农产品电商”融合实践中主要面临人力资本约束，对个人企业家精神、文化素质、参与意愿等要求较高（崔凯、冯献，2018），而互联网/移动互联网等信息基础投入的增加，虽然能够为农户利用电商平台销售农产品提供基础网络支撑，但其是否真正实现“农业+农产品电商”融合仍主要取决于农户自身的人力资本情况，因此目前信息基础投入的增加，对农户进行农产品电子商务，实现“农业+农产品电商”融合没有显著促进作用。

表1-11　信息基础投入对农户不同类型产业融合的影响效应

		“农业+农产品加工”	“农业+休闲农业/乡村旅游”	“农业+农产品电商”
核心解释变量	信息基础投入	0.160 (0.182)	0.455^{***} (0.177)	0.138 (0.113)

续表

		“农业+农产品加工”	“农业+休闲农业/乡村旅游”	“农业+农产品电商”
控制变量	男性	0.117 (0.263)	0.395 (0.257)	0.401** (0.178)
	年龄	-0.006 (0.015)	-0.002 (0.014)	0.019* (0.010)
	受教育程度	0.091 (0.163)	0.446*** (0.151)	0.168* (0.107)
	上年人均农业支出	0.294** (0.144)	-0.115 (0.144)	-0.102 (0.099)
	外部信息技术采纳	0.415* (0.218)	0.044 (0.159)	0.162 (0.125)
	外部信息传播效果	0.158 (0.159)	0.105 (0.152)	-0.090 (0.107)
	常数项	-7.581*** (2.178)	-5.386** (2.150)	-2.693* (1.422)

第五节　基于信息化的北京乡村产业发展模式分析

一、基于数字技术的现代种养业发展模式

（一）模式内涵

基于数字技术的现代种养业发展模式，是指以数据为关键要素，以种养业生产经营数字化转型为主线，以推动农业提质增效为目标，以农业规模化、标准化、品牌化和绿色化为方向，通过推进物联网、云计算、人工智能、移动互联网等信息技术与农业生产经营全要素、全过程“人—机—物”深度融合，实现农业生产信息全面透彻感知、农业机械装备智能化控制、农业投入精准化决策以及农业生产服务精准化对接的现代都市农业发展模式。对于破解北京市农业发展方式传统与现代并存、土地紧缺和水资源紧缺“双约束”、市场高风险和劳动力高成本的“双压力”的难题，推动北京农业高质量发展，确保首都菜篮子产品安全供给保障具有重要意义。

（二）典型做法与经验

1. 积极开展耕、种、收全程精准作业，有效提高粮食生产效率与资源利用率

北京市自1999年开展精准农业技术示范以来，伴随技术的发展，目前在规模化大田生产基地方面已形成了天空地一体化遥感监测体系、农机导航、农机精准作业以及精量播种、变量施药、精准施肥、高效灌溉等农业投入品精准决策等技术集成应用的粮食全程精准作业发展模式，涌现了顺义万亩方和房山窦店的小麦生产数字化、北京兴农天力农机服务专业合作社农机物联网等模式。以顺义都市型现代农业万亩示范区为例，其在利用信息化促进现代粮食高产高效方面的做法主要有：①推广农机物联网，促进农机作业精准化。示范区依托北京221信息平台，建立了农业现代装备集成应用体系，通过集成运用物联网技术，北斗导航、4G通信等互联网技术，搭建了农机物联网系统，实现了万亩方作业的农机位置精确定位，农机工况、农机作业计量的远程监测和控制。②建设现代化农情监测体系，实现大田环境信息在线感知。示范区在9个行政村选择典型地块分别安装了9个气象监测站、18个墒情监测站、18个苗情监测站，实现了示范区内核心示范村典型地块的气象、墒情、苗情远程监测。③依托决策模型实现水、肥、药的科学决策，大大提升了资源利用效率。一方面，示范区对水源机井、泵房和大田灌溉等基础设施进行数字化改造；另一方面，以墒情监测数据为基础，通过建立大田水肥一体化工程，以无线通信技术进行灌溉控制，实现了大田节水灌溉与水肥一体的智能控制。通过推动基于数字技术的现代粮食高效种植，示范区实现亩均节水、节肥、节药、节能达30%以上。

2. 大力发展设施园艺物联网，确保京郊菜篮子供给保障安全

自2010年北京在13个郊区县的50多个农业生产基地开展农业物联网应用示范工作以来，依托“北京221物联网应用服务平台”，在具有一定规模的设施园艺标准园集中推广了一批设施园艺环境智能化控制（如智能卷帘、智能卷膜等）、设施水肥一体化、农业机器人采摘等技术，形成了以绿兴特、金福艺农、北菜园、天安农业、采育鲜切花、阿卡农庄、中农春雨等为代表的北京设施农业物联网模式，实现了园艺产业的节本增效，确保了“菜篮子”产品的质量安全。以北菜园为例，北菜园自2009年探索数字农业至今已形成了较为成熟的数字技术应用体系，其主要做法为：①开展设施温室环境智能化控制，有效降低劳动力成本。合作社在设施大棚配备了风机—湿帘降温系

统、微喷加湿系统、标准化物联网感知设备与温室环境智能控制系统，实现了温室的通风、降温、微喷等设施远程自动控制，使劳动生产率提高 30% 以上，生产成本降低 20%。②推行基于二维码的农产品质量追溯，提升质量安全保障水平。合作社通过建立基于二维码的质量追溯体系，实现了农产品从农田到餐桌的流通信息可追溯，为农户与消费者建立了较低成本的信任机制，为质量安全执法部门提供了依据，提升了消费者对食品安全的信心。③探索智能柜冷链物流配送，实现了农产品品质的在线维持。目前北菜园以北京圆明园小区、双花园小区、莱蒙湖小区等中高档小区为试点，为小区安装了智能配送柜，采用全程冷链物流模式平均每天为 100 余户消费者配送农产品，保证了从确认订单到配送到达目的地蔬菜的新鲜安全。北菜园通过汇聚信息资源，对数字农业信息技术进行组装集成，辐射带动了 2500 农户参与设施园艺物联网技术应用，设施蔬菜生产面积达 470 亩，年产量达 360 万斤。

3. 推广建设智慧生态养殖，提升畜禽养殖精细化水平

相对于种植业，北京市养殖业数字化水平较高，数字技术应用也更为成熟。为进一步落实“调转节”政策，在养殖业发展过程中，除关停退出部分养殖场外，北京市以打造数字技术支撑的高端养殖业为主线，积极推广以精准饲喂、自动清理、大数据平台等技术为核心的智慧生态养殖，实现畜禽养殖环境精准调控、投入品精准决策以及粪污自动清理、收集、资源化利用等，促进了畜禽养殖的产业资源优化配置、科学智能决策与生态循环。以北京市华都峪口禽业为例（2017 年被评为第一批农业农村部数字农业建设试点项目），其主要做法有：①构建全套饲养系统，进行规模化、自动化种鸡饲养。企业引进、应用了 AC2000 自动控制系统，近年来配备升级了喂料输送系统、饮水系统、光照系统、电器控制系统、室内消毒免疫系统、清粪系统、鸡粪处理系统等，通过与其匹配的脉冲水表、上料传感器和称重计量器等附属设备进行连接，实现对鸡群日饮水和耗料量的自动化、精准化控制。同时，通过对不同栋舍、不同日龄、不同季节的大数据分析，首创实现了蛋种鸡鸡舍饲养设备的自动化、精准化控制。②积极利用物联网技术，实现孵化设备智能控制。通过应用物联网感知技术，建立孵化设备远程监控管理终端系统，实现了孵化器的智能控制，保证生产过程的可追溯。③应用全套 RFID 技术，保证原种鸡个体跟踪及识别。通过配置 RFID 电子标签、RFID 标签阅读器、RFID 集成系统、喷码机、条码枪、条码集成系统等，实现原种鸡个体跟踪及

识别。④基于北斗管理系统，实现运雏车智能化运行。引进北斗卫星车辆管理系统，对运输车辆温湿度进行实时、在线监控，温湿度超出范围时实现在线预警以及自动调节。通过发展智慧禽业，大大提高了劳动生产效率，同时实现了资源利用最大化，促进了农户增收。

二、基于互联网的休闲农业提档升级模式

（一）概念内涵

基于互联网的休闲农业提档升级模式，是指以互联网作为技术手段，将互联网的万物互联、跨界融合、创新驱动、重塑结构等特色融入传统休闲农业，从技术创新、业态培育、商业模式、个性化服务等方面，全方位创新休闲农业发展内容与模式，实现传统休闲旅游的提档升级。面对国家休闲农业规范管理的要求和消费者高端、便捷、参与式消费的需求，该模式以乡村信息化基础设施能力的不断提升为支撑，开发了以休闲农业为主题的网站和平台，利用多媒体、数字化的形式，对休闲农业基地、园区、休闲农业产品等进行设计，通过网络和智能手机等移动终端宣传、推广和营销，已逐步形成乡村产业发展的新业态。

（二）典型做法与经验

1. 完善互联网服务设施，提升综合服务水平

休闲农业经营主体通过升级互联网基础设施建设，实现休闲农业公共区域、消费区域的无线 Wi-Fi 全覆盖，为游客提供基于二维码扫描链接的智能化 Wi-Fi 服务。在此基础上安装高清视频监控、车流量监控摄像头等高端互联网视频设备，实现网络在线监控与远程控制调度，为休闲农业提档升级提供支撑。以北京市怀柔区下坊村为例，该村属于北京市生态涵养区，原始生态气息浓厚，村内有白河穿流而过，村内水资源较为丰富，水质优良，因此依托白河丰富的水生生物资源，村内构建了集垂钓、餐饮、娱乐为一体的白河特色生态休闲游项目，吸引了大量京内游客。其主要做法有：①重视互联网基础设施升级。村内安装了 Wi-Fi 服务器，实现了公共区域、消费区域的 Wi-Fi 全覆盖，为游客提供基于二维码扫描链接的智能化 Wi-Fi 服务，满足游客上网需求。②实现周边交通互联网监控升级。下坊村在村环线和重要节点设置高清视频监控安装车流量监控摄像头，实现网络在线监控与远程控制

调度，方便游客出入。③开展生态环境互联网实时监测。为了进一步提升村内生态环境质量，为游客营造安全舒适、生态宜居的民宿环境，下坊村还花费 12 万元建立了室外环境监测站，对水质、PM2. 5、负氧离子、风速、风向、空气温度、空气湿度、光照强度、降雨量等环境信息进行实时监测，通过网站、显示屏等对外窗口展示，为游客提供透明的信息，增强游客黏性。

2. 利用高端信息技术宣传展示，创新休闲体验模式

将网站平台、网络游戏、虚拟实景体验（VR）等新体验、新消费作为主要卖点，把个性化、特色化的休闲农业产品和服务传递给消费者，并通过主题网站和多媒体平台对休闲农业进行全方位、多元化、多特色的宣传和推广。以北京农业嘉年华为例，北京农业嘉年华活动于北京市昌平区举办，园区占地面积 1000 亩，通过举办集农业生产、生态、休闲、教育、示范等多功能于一体的综合休闲展览，将农业研发、休闲旅游、文化创意、农产品加工等价值集中整合，实现一二三产业的有机融合，延长了农业产业链，提升了农业附加值。其主要做法有：①实现了 VR 等体验技术创新。2018 年北京农业嘉年华在市农业农村局、农研中心、北京观光休闲农业行业协会的支持下，联合微景天下技术平台等第三方平台，基于微景平台和 VR 技术，打造北京休闲农业全景三维服务产品“京品农园”，以全景三维技术宣传北京的精品农业园区。②实现了虚拟终端参观等体验模式创新。北京农业嘉年华期间，市民除了利用手机、计算机等多媒体终端参观“农业嘉年华虚拟展馆”，还可通过“北京昌平”微信了解农业嘉年华的所有资讯。“北京昌平”微信为农业嘉年华开辟了嘉年华、参观导览和微博专区三个板块，游客可以通过微博和微信分享游园感受，实时了解园区信息。自 2013 年起每年 3—5 月均在此举办农业嘉年华，截至 2019 年已成功举办 7 届，已逐步发展为全国农业嘉年华的标杆。

3. 结合领先农业科技展示，丰富游客互动体验

通过一系列的农业会展活动和科普展览，实现一二三产业的有机融合，延长农业产业链，提升农业附加值。随着虚拟仿真与交互展示技术、三维建模技术和产品的不断成熟，集展示宣传与远程监视控制功能于一体的三维虚拟多平台系统在京郊部分休闲农业园区得到应用。以中粮智慧农场为例，中粮智慧农场地处琉璃河镇，距北京市区约 38 千米，总占地面积约 17200 亩

(11.5平方千米)，是“中国北京农业生态谷”的核心项目。农场以“自然、生态、绿色、健康”为理念，在为中国农业高精尖技术的展示与交流提供国际窗口之余，也为广大居民提供了一个具备世界级品质的绿色生态体验目的地。其主要做法有：①应用国内高端农业技术，实现面向游客的农场科技示范展示。中粮智慧农场共计应用7项世界领先技术，11项国内领先技术以及9项中国农科院专利技术，建成全球第一个高度集成新能源、节水农业、循环农业、智能化、物联网等技术的农业综合体。其中智慧农业中心是中粮智慧农场最具代表性的农业科技研发和成果创新展示中心，中心内应用了数十种示范农业技术，使生长在农场温室内的植物可以如同生活在大自然中一样，有充足的阳光、适度的水分、合适的“土壤”，让参观游客了解关于科技、生态、环保、节能的新“智慧”。②发挥农业综合体功能，提升游客田园体验乐趣。作为中国国内高科技农场的代表，中粮智慧农场实现了“全产业链”“全服务链”的覆盖，打造了从田间到餐桌的一站式生态链条，农场内还设有销售新鲜、有机农产品的农夫市集，开发了以土豆挖宝、葡萄采摘、动物农庄等为主的休闲农业采摘体验区，充分满足了游客的多元化需求。作为北京市政府“十二五”期间重点建设项目，中粮智慧农场的建成受到了包括北京市政府等在内的社会各界好评，未来中粮智慧农场还将在此基础上扩建，计划利用5~8年时间，打造具备世界级水平，集现代都市农业、品牌食品及健康产业、田园生活于一体的生态卫星城。

三、依托电商平台的农产品品牌建设模式

（一）概念内涵

依托电商平台的农产品品牌建设模式，是指挖掘自身农产品特色与优势，创新传统农产品的销售渠道，以农产品电子商务销售平台为依托，形成传统商超和电商平台相结合的传播矩阵，线上、线下多种渠道进行整合传播，提升消费者对农产品品牌市场认知度，扩大农产品品牌的知名度，进而实现农产品优质优价和产业链升级增效。农产品市场是一个高度同质化的市场，产品附加值低，竞争激烈，在传统的营销模式下，消费者更多关注的是商超品牌而非农产品品牌，生产者更多了解的是商超需求而非消费者需求，久而久之便导致了产销信息不对称，农产品优质不优价。而在该模式下，电商平台的介入，有助于深入理解消费者诉求和市场信息，明确农产品自身优势及品

牌核心价值，突出产品个性，实现产品差异化竞争，进而推动农产品品质提升，带动乡村农业生产实现由量的增长向质的提升跨越。

（二）典型做法与经验

1. 提升全产业链品质，塑造农产品知名品牌

要想实现农产品的品牌化发展，其自身品质提升是关键，只有具备环境优势、生产管理优势、品质特色优势的农产品，才能更快地被消费者接受和认可。促使生产者直接掌握消费者的个性化需求，加强农业标准化生产、精细化管理，整合农产品冷链运输资源，提升农产品品牌化包装；帮助消费者尽快了解农产品产地环境、品种选育、生产加工、冷链运输、质量安全追溯等全产业链信息，倒逼农产品生产者提升产品品质，通过共同努力塑造农产品知名品牌。以沱沱工社为例，沱沱工社始创于食品安全事件频发的2008年，以有机农业为切入点，建立起从事“有机、天然、高品质”食品销售的垂直生鲜电商平台，整合了新鲜食品生产、加工、网络销售及冷链日配等相关环节，成为中国有名的生鲜电商企业之一，满足了北京、上海等一线城市中高端消费者对安全食品的需求。其主要做法有：①自建沱沱农场，从源头保障农产品品质。建于北京市平谷区马昌营镇的沱沱农场总占地面积1050亩，自建设之初就遵循有机种植的要求，严禁使用化学合成肥料、农药及人工催熟，精心挑选非转基因种子，严苛把控种植环节，采用人工育苗、除草、生物防虫害等自然农耕法生产，全面保障所售有机农产品品质。目前该农场已经获得中国、欧盟两项有机认证，为塑造农产品品牌打造了坚实基础。②自建物流渠道，保障流通过程中农产品品质。沱沱工社是国内第一家实现全程冷链配送到家的电商公司，自建有近万平方米集冷藏、冷冻库和加工车间为一体的现代化仓储配送物流中心，采用冷链物流到家的配送运作模式，将新鲜的食品精准交付给消费者，实现了客户问题的快速处理以及农产品品质的全程把控，解决了传统农产品流通销售中易破损、易污染、易变质问题。

2. 通过电商营销深挖风土人情，打造农产品新品牌

与工业化产品不一样，农产品对产地的要求比较高，不同的产地资源环境生产出的农产品在口感、甜度、外形、品质上有很大差异，这是不同农产品的品牌特色之一。通过电商营销深挖农产品品牌的历史、地理、传统、风俗等文化特征，形成农产品特色文化，让消费者内心产生共鸣，能

够实现农产品与消费者之间的情感沟通，进而打造农产品新品牌。以密农人家为例，密农人家成立于2012年，总部位于北京市密云区河南寨镇套里村，依托密云生态环境和特色农产品资源，通过网络平台出售密云蔬菜、自然放养的鸡蛋、密云特色水果、土猪肉、农家种植的杂粮等。其主要做法有：①以返乡高管的创业经历为卖点，提升品牌知名度。密农人家的总经理孔博是返乡科技人员，通过创办密农人家，引领带动周边农村“双创”，打造了密农人家生鲜电商品牌，带动全村68名新农人共同创业，带动300余农户生产种植转型，成为农产品电商产业典范，有效地提升了品牌知名度。②聚焦于当地特色农产品，精准定位销售范围。密农人家以密云县及周边的特色农产品、时令农产品为品牌特色农产品，采取B2C的经营模式，从密云区标准化园区直采蔬果、肉蛋禽类产品，依托电商大数据的精准推送，将产品通过网上销售平台销往包括北京、天津、河北在内的全国各地。北京密农人家农业科技有限公司自创业以来连续5年位居淘宝网农产品北京地区总类销量冠军，总经理孔博先后荣获第九届全国农村青年致富带头人、第三十届北京青年五四奖章、2016年北京榜样提名人物、全国最美青春故事等称号。

3. 龙头骨干企业带动，升级传统农产品品牌

基于龙头骨干企业优势，依托电商升级农产品销售方式，创新传统农产品品牌传播渠道，线上、线下多种渠道协同传播，能有效升级传统农产品品牌，提高品牌市场认知度。以中粮我买网为例，中粮我买网是由世界500强企业中粮集团（COFCO）于2009年投资创办的食品类B2C电子商务网站，致力于打造中国最大、最安全的食品购物网站。其主要做法有：①发挥龙头骨干企业优势，创新品牌销售模式。中粮集团成立于1949年，是中国从事农产品和食品进出口贸易历史最悠久、实力最雄厚的企业。集团从粮油食品贸易加工起步，几十年来一直是国家小麦、玉米、大米、食糖等大宗农产品贸易的主导者。伴随着互联网的不断发展和电子商务如火如荼的态势，中粮集团围绕客户和社会需求以及潜在的发展机遇，建立起多元化的销售模式，将销售渠道延伸至互联网，开发了我买网平台，拓宽了传统品牌的销售渠道。②提高企业国际竞争力，扩大农产品品牌市场。作为老牌龙头企业，中粮集团利用国内外资本市场展开一系列的产业整合和重组并购，引入国际资本市场监管与评价机制，完善资源配置体系、管理架构和运行机制，持续提升企

业国际竞争力，并以此拓宽农产品国际化销售市场，扩大农产品品牌国际影响力。2019 年 10 月，在胡润研究院发布的《2019 胡润全球独角兽榜》中，中粮我买网排名全球第 264 位；2019 年 11 月，在胡润研究院发布的《世茂海峡·2019 三季度胡润大中华区独角兽指数》中，中粮我买网以 70 亿元人民币估值上榜。

四、立足共享服务平台的资源优化配置模式

（一）概念内涵

立足共享服务平台的资源优化配置模式，是指利用互联网等现代信息技术，以使用权分享为特征，分享海量的分散化涉农资源（包括土地、农产品、农机、农技、资金、劳务、房屋等），满足多样化需求的新型农业生产经营方式与商业运作模式。该模式的内涵是通过农业生产社会化服务细分的方式，打造最具影响力和竞争力的现代农业共享服务平台，匹配专业的人做专业的事情，扶持并服务“新型农民”，调动起农村生产的新兴劳动力，让资源发挥最大效用，从而促进乡村振兴。主要表现为以降低单一主体生产要素使用成本为核心，通过共享服务平台将农业生产、农产品加工、农村金融、农业科技服务等产业串联起来，实现资源在三次产业中的最佳配置。

（二）典型做法与经验

1. 建设共享农庄平台，盘活乡村闲置房屋资源

在整合农村闲置农宅，推动北京共享农庄经济发展中，比较典型的是 2016 年北京万鸿打造了“庄家”共享农庄在线服务平台。其基于共享服务平台，盘活乡村闲置房屋资源的做法有：①对接农庄所有者“乡村居民”建立合理的利益分配机制。共享平台为村民开辟了“发布农庄”“加盟合作”等功能，在村民自愿参与的基础上，采取农庄“所有权不变、使用权共享、收益共享”的合作方式，且农庄出租的资产增值收益大部分归属村民，平台仅收取信息中介服务费，大大提高了农民自愿、自主、自发参与的主观能动性，在不影响村民正常生产生活的前提下，引导农民盘活资源、参与创业、发展第三产业。②服务农庄投资者、消费者“城市居民”并提供多样化的在线服务共享功能。共享平台通过开设“农庄投资”功能，方便城市投资者将资金投向农村、参与农庄建设。通过应用 GPS、VR 等技术，向市民提供包括“地

图找房”“院落欣赏”“在线预约”等服务，实时、实景向市民宣介各类村庄房源信息资源。通过共享农庄平台的建设，每套租赁农庄将提高农民财产性收入 150%以上。以门头沟区“梦我小区”农庄为例，该农庄一年的租金为 5.46 万元，农民可分成 2 万元左右。

2. 打造农业社会化服务共享平台，优化乡村生产性服务资源

目前北京农业社会化服务共享实践比较典型的是由北京农田管家科技有限责任公司（以下简称“农田管家”）打造的“农田管家”社会化服务共享平台。其基于共享服务平台，优化乡村生产性服务资源的做法有：①建立“省级分公司+村镇合伙人”的商业运作模式。由农田管家自建的省级分公司负责省区政策制定、市场推广等，村镇合伙人则主要由拥有 5000 亩以上连片土地组织能力的乡镇零售店或有土地托管业务的合作社加盟，负责飞防服务的落地工作。②提供植保飞防在线共享服务。农田管家以打造无人机喷洒农药服务共享生态圈为切入点，专注于为农户提供植保飞防服务。除飞防作业由飞防大队来完成外，其余的步骤（获客、踩点、排期、效果验证和收款等服务）均由农田管家来承担，向农户有效共享了植保飞防服务信息，实现了农户飞防服务的线上下单、线下服务。③基于平台植保大数据提供病虫害监测预警与施药决策信息共享服务。例如，2016 年 5 月山东暴发大规模的小麦条锈病，农田管家利用其平台大数据提前预测到病情的暴发，及时向农民共享灾情预警信息，并在济宁、菏泽等地区组织无人机防治，降低了农民损失。同时，平台基于各地的种植情况和用药数据，分享不同地区不同作物的农药、肥料抗性指数，以此指导农药企业调整药剂配方、农民科学用药，从源头避免过度用药对环境造成的危害。目前农田管家在湖北、湖南、黑龙江等地已建立分支机构，平台上已拥有数千架无人机、数千名无人机飞手，入驻飞防组织 3000 多个，可调度飞机 10000 多架，服务涉及 10 余个省近千个县市乡镇、农田 100 万亩以上。

3. 依托互联网金融共享平台，激活乡村资本资源

互联网金融共享平台能有效破解农户资金约束，激活乡村资本资源。北京比较典型的是大北农集团通过下属子公司“农信互联”成功打造的农业互联网金融共享平台。其基于共享服务平台，激活乡村资本资源的做法有：①搭建乡村互联网金融平台。建立了包含农富宝、农信贷、农信险等农村互

联网金融产品在内的“农信金服”互联网金融共享平台，企业猪联网、田联网、蛋联网等核心业务90%的订单在该平台完成支付。②提供闭环式金融服务。在建设互联网金融平台基础上，农信互联建成了一个“数据+电商+金融”的闭环式金融共享平台，产品链包括农信云、农信商城、农信金服。其中，基于农信云对农信商城平台的交易数据进行大数据分析，掌握养殖户和经销商的信用信息，依托“农信金服”这一用户资信管理平台，建立起了以信用为核心的普惠制农村互联网金融服务体系。③聚焦“猪联网+”产业与金融链融合模式。农信互联主推猪养殖业的互联网农业生态圈，旗下“猪联网+”包括猪管理、猪交易与猪金融三大平台，将与猪产业相关的养猪户、屠宰场、饲料兽药厂商、中间商、金融机构连接起来。通过猪联网管理模块提高养猪效率，通过生猪在线交易平台提升生猪流通效率，通过农信小贷降低养殖户的融资成本。至2018年，农信互联已建立起京津冀、河南、湖北、湖南等21个区域事业部，为农户、农业企业等提供金融贷款8亿多元，帮助农户管理闲置资金2亿多元，有效放松了农业从业人员资金约束，激活了乡村资本资源，促进了乡村产业发展。

五、模式比较与分析

当前，北京乡村产业发展存在生产空间不断调减、水资源与环境约束日益趋紧、生产成本不断抬升、市场竞争愈加激烈等问题。因此，伴随互联网的不断发展和信息化技术在农村的迅速推进，立足北京“大城市小农业”“大京郊小城区”的发展特点，借助于信息化的手段缓解北京乡村产业痛点，实现乡村产业发展的技术创新、空间开拓、制度革新是一条有效的途径。

在全国范围内，北京的农业信息化程度相对较高，现代农业发展基础较好，农业类高校和研究院所较多，乡村产业发展的产学研基础较好。通过近几年北京各级地方政府的不懈努力，基于信息化的北京乡村产业发展取得了一定成效，提炼出了基于数字技术的现代种养业发展模式、基于互联网的休闲农业提档升级模式、依托电商平台的农产品品牌建设模式、立足共享服务平台的资源优化配置模式。相比较而言，这四种模式在主导主体、信息化基础要求、适用范围等方面存在着一定的差异（见表1-12）。

第一，主导主体不同。在现有的四种北京乡村产业发展模式中，基于数字技术的现代种养业发展模式需要借助于有一定基础和实力的农业企业、农场、合作社等，通过将物联网、云计算、人工智能、移动互联网等信息技术与农业生产经营融合，促进农业提质增效，典型代表有天安农业、阿卡农庄等；基于互联网的休闲农业提档升级模式利用网站平台、VR 技术等，宣传推介休闲农业信息、升级休闲农业体验，典型代表有下坊村、中粮智慧农场等从事休闲农业的村落或园区基地；依托电商平台的农产品品牌建设模式需要借助于淘宝商城、京东商城等大型电商企业的电子商务平台，或者借助于微信等通信工具平台，培育自己的农产品品牌，通过品牌化发展带动当地的农产品销售，典型代表有密农人家等小型农业电子商务企业；立足共享服务平台的资源优化配置模式，通过建立各类服务共享平台，推动房屋、土地、资金等涉农资源优化配置，典型代表有农田管家、农信金服等农业信息化服务企业。

第二，信息化基础要求不同。依托电商平台的农产品品牌建设模式对信息化基础环境的要求较低，而基于数字技术的现代种养业发展模式对信息化基础环境的要求较高。依托电商平台的农产品品牌建设模式只需要当地能通网络、村民拥有计算机或者智能手机并具备一定的操作能力，就能够借助于淘宝等电商平台开展最简单的农产品商务。基于数字技术的现代种养业发展模式则需要综合运用物联网、云计算、人工智能、移动互联等先进信息技术，实现农业生产的精准化、智能化，因此该模式至少需要配备现代化节水灌溉设备、自动控温控湿设备等先进的信息化设备和农业生产管理监控平台。

第三，适用范围不同。基于数字技术的现代种养业发展模式适用于 100 亩以上集中连片的大田生产基地、设施园艺玻璃温室与日光温室、设施养殖小区等；基于互联网的休闲农业提档升级模式适用于具有一定自然资源优势和信息化基础设施优势，初步形成一定休闲农业规模的村落、休闲农业基地、园区等；依托电商平台的农产品品牌建设模式适用于农产品具有自身产地优势和特色，但由于渠道原因难以实现农产品优质优价的农户、农场、合作社等；立足共享服务平台的资源优化配置模式适用于拥有闲置房屋等资源的城郊型农村，以及土地集中连片的农业大省和农业人口占比较大的地区。

表 1-12 基于信息化的北京乡村产业发展模式比较

模式类型	概念内涵	主导主体	对信息化基础的要求	适用性	典型代表
基于数字技术的现代种养业发展模式	以数据为关键要素，以种养业生产经营数字化转型为主线，以推动农业提质增效为目标，以农业规模化、标准化、品牌化和绿色化为方向，通过推进物联网、云计算、人工智能、移动互联网等信息技术与农业生产经营全要素、全过程"人—机—物"深度融合，实现农业生产信息全面透彻感知、农业机械装备智能化控制、农业投入精准化决策以及农业生产服务精准化对接的现代都市农业发展	农业企业、农场、合作社等	高	适用于100亩以上集中连片的大田生产基地、设施园艺玻璃温室与日光温室、设施养殖小区（奶牛存栏≥100头；生猪出栏≥500头；蛋鸡存栏≥20000羽；肉鸡出栏≥50000羽）	大田作物：顺义万亩方小麦基地 设施栽培：金福艺农、天安农业、北菜园、绿兴特、阿卡农庄 设施养殖：华都峪口、北郎中生猪、京东农牧、大北农等
基于互联网的休闲农业提档升级模式	以互联网作为技术手段，将互联网的万物互联、跨界融合、创新驱动、重塑结构等特色融入传统休闲农业中，从技术创新、业态培育、商业模式、个性化服务等多方面、全方位创新休闲农业发展内容与模式，实现传统休闲旅游的提档升级	经营休闲农业的村落、园区、基地等	较高	适用于具有一定自然资源优势和信息化基础设施优势，初步形成一定休闲农业规模的村落、休闲农业基地、园区等	北京农业嘉年华、中粮智慧农场、下坊村等
依托电商平台的农产品品牌建设模式	挖掘自身农产品特色与优势，创新传统农产品的销售渠道，以农产品电子商务销售平台为依托，形成传统商超和电商平台相结合的传播矩阵，线上、线下多种渠道进行整合传播，提升消费者对农产品品牌市场认知度，扩大农产品品牌的知名度，进而实现农产品优质优价和产业链的升级增效	电商平台	一般	适用于农产品具有自身产地优势和特色，但由于渠道原因难以实现农产品优质优价的农户、农场、合作社等	密农人家、沱沱工社、中粮我买网

续表

模式类型	概念内涵	主导主体	对信息化基础的要求	适用性	典型代表
立足共享服务平台的资源优化配置模式	利用互联网等现代信息技术，以使用权分享为特征，分享海量的分散化涉农资源（包括土地、农产品、农机、农技、资金、劳务、房屋等），满足多样化需求的新型农业生产经营方式与商业运作模式	农业信息化服务企业	较高	适用于拥有闲置房屋等资源的城郊型农村，以及土地集中连片的农业大省和农业人口占比较大的地区	“庄家”共享农庄、农田管家、农信金服

第六节　国外利用信息化促进乡村产业发展的典型模式与经验

一、美国——全要素信息融合发展模式

美国农业以大型家庭农场为主要模式，全国 23 亿英亩土地中有一半以上是农场和牧场用地。美国农业劳动生产率全球领先，作为世界的粮食生产大国和出口大国，农业只解决了美国 1%的就业量，农业从业人员只有 300 万人左右，因此农业技术的发展对推动美国农业生产力的长期增长具有重要影响。最近的农业普查显示，由于技术的进步，在 1948 年至 2015 年，美国农业总产出几乎增长了两倍，而用于农业的劳动力和土地（两个主要投入）的数量分别下降了约 75%和 24%。随着信息技术的进步，美国精准农业开始迅速发展，许多大型农场采取了“全要素信息融合发展”的模式，将生产过程采集的信息（温度、湿度、化肥、天气等）、市场信息、劳动力信息和资本信息等全要素融合，选定最佳种植养殖方案，自动完成通风、喷水、施药等工作，极大地提高了劳动生产率。具体来说，信息化推动美国乡村产业发展的核心模式与经验如下。

（一）完善的信息基础设施建设

美国是信息高速发展的先驱国家，互联网的迅速发展，使美国认识到其对农业生产、加工及贸易的重大意义。作为电信业最发达的国家，美国是世界上第一个在农村普及固定电话、移动电话、有线电视和互联网的国家。早

在21世纪初，美国农业部、商务部等政府部门就开始推动农业信息网络的建设，其间出台了一系列政策推动电信（固定电话、移动电话、有线电视、互联网等）设施建设，例如根据2009年“美国复苏和再投资计划”的安排，共投资72亿美元进行宽带工程建设。美国农业部国家农业统计处2017年8月发布的《农场计算机使用和所有权报告》（*Farm Computer Usage and Ownership report*）显示，美国205万多个农场中有73%的农场拥有计算机，71%的农场连接了互联网，47%的农场使用计算机从事商务活动。其中，23%的农场使用计算机购买种子、肥料、化学品、兽医用品、饲料、机械、替换零件等农资，18%的农场使用计算机进行产品销售、牲畜拍卖、价格跟踪等农业营销活动。基础信息网络的大范围覆盖夯实了美国乡村产业信息化的基础。

（二）高度发达的精准农业技术与农业机械化生产

美国农场现有的机械化、精准化农业技术设备种类繁多、配套齐全，通过应用各种型号智能控制的拖拉机（500万台左右，大多在73.5kW以上，最高达276kW）、联合收割机（150万台）、深松机械、整地机械、播种机械、植保机械、联合作业机械和各种沟灌、喷灌、滴灌设备等，基本实现了从耕地、播种、灌溉、施肥、喷药到收割、脱粒、加工、运输、精选、烘干、贮存等几乎所有农作物生产、加工、流通领域的机械化、精准化生产。在畜禽饲养方面，由于大量采用饲料粉碎机、挤奶机、牛奶保鲜加工等成套机械设备，畜产品的生产也已实现了机械化和自动化。大规模的机械化、精准化生产极大地提高了美国农业生产效率，目前美国农场平均每一个农业劳动力可以耕地2470亩，照料6万~7万只鸡、5000头牛，生产谷物100吨以上、肉类10吨左右，养活98个美国人和34个外国人。美国农民通过实施精确农业节省了大量的能源，美国10%的种植面积使用了指导系统（guidance system），燃料使用量每年减少1600万加仑，除草剂使用量每年减少200万夸脱，杀虫剂使用量每年减少400万磅。

（三）完备的涉农信息服务体系

近年来，伴随互联网的普及推广，以互联网为基础、多元化信息传播为主体的涉农信息服务体系基本建成。美国已构建了“国家—地区—州”三级农业信息网，并配备有强大的数据库（如美国国家农业数据库）对其进行支撑，以确保信息的准确性和专业性。根据美国政府开放数据平台data.gov网站上的数据，截至2019年7月，共有5228个与农业有关的数据库，涵盖天气、土壤、食品原料加工、农业灾害、农产品价格等农业生产、加工和销售全产业链的数据信息。同时，以这些数据库为基础，美国农业部（USDA）建立了五大机构（国家经济研究局、农业统计局、农业市场局、外事农业局以及世界农业展望委员会）专门负责农业信息的收集、分析和发布工作，实现了从产前到产后统计、从投入要素到生产成品、从自然气候到防灾减灾等农业全产业链信息的精准传播。其中，作为最主要的信息传播渠道之一，美国形成的各类专业农业信息网站为农民提供了重要的市场信息，如美国农业部网站定期公布的市场信息，为关注农产品市场走向的农村居民、涉农企业、农民合作社等提供涉及120多个国家、60多个品种的农产品产销市场大数据信息；美国大豆信息网络系统，每月可提供50条以上的产供销信息。据美国农业部统计，2017年，与美国农业部网站开展业务的农场占比为10%，与其他联邦政府网站开展业务的农场占比为8%，与非农业网站开展业务的农场占比为44%。

（四）商业化的农村大数据资源服务

美国重视农业大数据的发展，除政府之外，许多农业企业从事商业化的农村大数据服务。自2012年以来，美国相关农业科技领域的风险投资每年增长80%，以数据分析初创公司Farmers Business Network（FBN）为例，FBN获得了数千万美元的资金。FBN向农民提供数据信息服务，采集会员农户的相关数据信息，经过整理加工后向成员提供服务。从2014年起，FBN管理了超过800万英亩的土地，为每一个加入FBN网络的农民提供了众多客观、可靠的种子、土壤、肥力、价格等与农业生产销售相关的信息。此外，许多农业巨头企业如孟山都、杜邦等都开展了针对农户的大数据信息服务，不仅帮助农民减少农资投入，增加农产品产量，也大大推动了农业大数据在美国的推广普及，为未来收集更多数据、提供更好信息服务打下了基础。

二、英国——信息基础设施普惠带动模式

英国得益于其雄厚的工业实力和成熟的工业化技术，推动农业、农村较早地开始了信息化基础设施建设，并在农业生产、加工领域普及了农业信息装备技术，大大提高了生产效率。目前，英国100%的农民拥有手机，超过80%的农民可以使用手机上网，英国100%的农场拥有计算机，基本都可以连接互联网，超过50%的农民通过互联网获得收益。英国农村平均每台拖拉机

的功率超过了 100kW，大型联合收割机作业效率可达每小时 $4hm^2$，平均每个农业劳动力拥有 1 台拖拉机、0.5 台收割机，动力装备超过 52kW。可见英国农业信息化呈现出城乡信息化基础设施发展均衡、农业信息技术装备普及率高等特点。具体来说，信息化推动英国乡村产业发展的核心模式与经验如下。

（一）城乡信息化基础设施统筹均衡发展

英国在推进国家信息化发展过程中，高度重视乡村信息化发展，制定政策引导和扶持，推进乡村信息化基础设施建设，力争实现城乡同步发展。20 世纪 30—50 年代英国农村普及黑白电视，60—70 年代彩色电视和电话在农村全面普及，80—90 年代传真技术在农村推广应用，90 年代中后期电子邮件、互联网、移动电话和数字电视在农村基本普及，21 世纪英国农村家庭上网快速普及。据欧洲农业食品及环境信息科技联合会介绍，目前英国 100%的农民拥有手机，超过 80%的农民可以使用手机上网，英国 100%的农场拥有计算机，基本都可以连接互联网，超过 50%的农民运用互联网获得收益。目前，英国正在进行 5G 农村综合试验台（5G Rural Integrated Testbed，5GRIT）的项目，5GRIT 即将应用在乡村旅游（利用 5G 增强现实技术）、精准农业（利用农业无人机和机器学习技术为农民提供实时牲畜或庄稼状况）、无人机（使用 5G 网络使无人驾驶飞机控制系统获取更好的网络和视野）、农村宽带（向网络条件较差的偏远农村地区提供 30 MBS 宽带服务）等领域。

（二）高普及率的农业机械化生产

作为老牌工业强国，英国农业自动化机械生产程度较高，具有技术先进、配套齐全、装备总动力大、普及率高的特点。目前，英国粮食生产从播种到收获、清选、进仓、出仓等各个环节已全部实现机械化；果蔬生产从播种、除草、施肥、喷药，到收获、包装等环节实现高度机械化；畜牧业从饲料加工、喂养、疫病防治，到畜产品加工、粪污处理也大都实现了机械化。由伦敦 G'SGROUP 自行研制的田间蔬菜收获包装一体机，可实现每天收割、精选、包装 10 万~12 万头生菜，极大地节约了人工，提高了生产效率。

（三）快速发展的精准农业

英国高度重视精准农业的发展，2013 年政府专门启动“农业技术战略”以推动精准农业建设。目前，英国 20%以上的农场已全面推行精准农业。据统计，精准农业技术可使小麦单产增加 8%以上，大麦单产增加 25%以上，平均油耗从每公顷 38 L 降到 23 L。此外，英国正在探索创建世界第一家无人农场，开发小型自动化机械，实现粮食作物播种、农药喷洒和作物收获的自动化、精准化作业，以优化农田耕种投入、节约人工成本。

三、法国——多元社会组织信息服务模式

法国是欧盟第一大农业国，也是世界第二大农业出口国。法国政府重视信息化基础设施构建，1997 年启动了“政府信息社会项目行动”（PAGSI）计划，到 2016 年法国家庭计算机普及率已经达到了 63%~95%，2017 年互联网用户达到了总人口的 80.5%，处于世界领先地位。2016 年 4 月，由政府投资的 22730 千米覆盖 LTE 的农村铁路完工，覆盖了 600 万居民。较为完善的信息化基础设施帮助法国现代农业在“二战”后快速发展，并构建了多元化、社会化信息服务体系，农民可以足不出户在网上了解农业生产、加工、销售等领域的行情信息。具体来说，信息化推动法国乡村产业发展的核心模式与经验如下。

（一）打造欧洲大数据农业典范

法国 2015 年 10 月颁布的《农业创新 2025》（*Agriculture & Innovation* 2025）指出：农业大数据的新时代已经开始（then ewera of big data for agriculture has begun）。与此同时，由法国农业科学与环境研究院院长 Jean-Marc-Bournigal 负责的农业大数据收集网站（AgGate）于 2017 年开放。该网站向使用者提供一站式服务，用户可以通过该网站查询到公共和私人付费的农业数据库，网站还向用户提供简单的数据处理工具，帮助用户更好地分析数据。为了更好地服务农民和农业科研人员，网站设置的“农民云”板块专门提供与农业相关的数据，“农业科研人员交流空间”板块则为科研人员提供经验、资源共享的空间。网站还有完备的用户评价系统，激励网站更新数据和提供优质服务，该门户网站已成为欧洲大数据农业的典范。

（二）“三位一体”的农村信息服务体系

法国农村信息服务体系呈现出“三位一体”的特点。政府、农民合作组织以及私人企业三方共同承担了农业信息化建设的服务职能，三方的分工各有侧重。首先，政府占据公共农业服务的主导地位，定期公布农业生产信息，维护农业生产销售环节正常秩序，根据国际大宗商品及主要农产品的价格变

动情况为农民提供最新的生产建议等。其次，法国农民合作组织形式多样，均有清晰的自身职能定位。创立于1946年的全法农业工会联合会是法国最大的农业工会组织，日常向农民提供法律、农业科技、农场管理等多个领域的信息支持。由于农民合作组织形式灵活，多数处于与农民交流的“第一线”，对法国农业发展起到了不可或缺的作用。因此，为了支持农民合作组织的发展，法国政府在税收、管理、资金等多个领域对其给予了较大的倾斜，以保证其能够更好地服务农业生产。最后，私人企业在法国的农业信息化服务体系中虽不占主要地位，但仍然是一个重要的补充力量。如ISAGRI公司致力于为农业和葡萄酒行业开发农场管理软件，公司提供一套完整的解决方案，以满足农场的经济、技术、会计、管理等各方面的需求，既可以为农田、牲畜和葡萄园提供软件解决方案，也可以为农作物、肉牛、奶牛和猪的生产和财务管理提供解决方案。ISAGRI最主要的产品是ISAGRI'S农场综合管理软件，它能够为农场、葡萄园的整个生产过程提供跟踪服务。例如：提供选种、土壤检测、农作物授粉实时监测、灌溉计划、病虫害防治规划、机械管理、土地转移登记、日常安排等服务，并对农场的全程生产数据进行记录、处理、存档，便于用户查询。该软件还可以提供GIS地理位置服务，用户可以在移动设备上实时查看农场的情况。近年来，服务农业信息化的私人企业逐渐凸显出自身重要性，私人企业更加“定制化”的服务模式让不少农民免除了生产的后顾之忧，进一步提高了农业生产效率。

四、日本——小规模精准农业发展模式

日本属于世界先进的工业化、城市化国家，2016年城镇化率达到93.93%，其工业基础和信息基础设施发展处于全球领先水平。但日本农业劳动力正以每年10万人的速度锐减，2017年日本农业劳动力仅为151万人，且以65岁以上的劳动力为主，占比达到66.4%。为解决劳动力不足、农产品流通效率下降等问题，自20世纪80年代起日本开始重视农业信息化建设。1993年日本推出农业信息技术全国联机网络（DRESS），并陆续出台一系列政策规划，目前日本已成为亚洲地区农业信息化最发达的国家。由于日本农业信息化是在解决农产品流通过程中，因地制宜、先行试点发展起来的，因此具有较强目的性、实用性。具体来说，信息化推动日本乡村产业发展的核心模式与经验如下。

（一）“人工智能+”农业生产

早在1984年日本就发布了《人工智能与农业：精农技术与尖端技术的融合》白皮书，旨在在农业领域推广应用人工智能技术，以解决农业发展面临的劳动力不足和劳动力老龄化的问题。近年来，伴随人工智能与大数据的发展，日本在农业产业振兴上推行适用于农田适度规模化、通用化的机器人技术、信息通信技术，成为土地与人力资源贫瘠国家的产业创新典范。2014年日本开展的“科学技术综合创新项目”提出，在未来3~5年推出机器人拖拉机、机器人插秧机、机器人收割机以及人机协作系统，在未来5~10年推出使用日本准天顶卫星进行的多机器人协作系统。2015年发布的“机器人新战略”，提出将围绕农林水产业等领域，启动基于智能机械+IT的“下一代农林水产业创造技术”。2016年3月，开始投入40亿日元（约合3600万美元）促进农场智能化，帮助开发20种不同类型的机器人，如在采收时能区分成熟桃子的机器人。2018年，日本政府在《未来投资战略2018》中提出，通过充分利用数据和尖端技术实现世界顶级智能农业。目前日本研发应用了多类农业机器人，其中由北海道大学开发的机器人拖拉机和收割机实现了自动旋耕、播种、施肥、打药、灌溉、除草以及收获，大大减轻了农民的作业强度。此外，久保田、井关农机、雅马哈等企业也逐渐开始布局农业人工智能产业。到2020年，日本农业物联网市场规模将达到580亿~600亿日元，农用机器人市场规模将达到50亿日元，农业云端计算技术的运用占农业市场的75%（李瑾等，2018）。

（二）“互联网+”农村信息服务

日本十分重视互联网与农村信息服务的融合，如1994年启动的“高度信息化农村系统计划”旨在通过搭建综合信息网络服务平台，为农民与信息供给主体提供双向交流的渠道，以此提升农民获取市场信息、气象信息、植保信息、田间管理信息等的能力。针对市场信息服务，基于“农产品中央批发市场联合会”的市场销售信息统计体系、日本农协的农产品数量和价格预测体系，通过综合信息服务平台向农民、涉农企业等用户传播国内外的农产品供需、销售价格等信息，帮助他们科学规划、及时调整生产经营。针对农业科技生产信息，以联网共享的形式，将29个国立农业科研机构、381个地方农业研究机构及570个地方农业改良普及中心全部联网，农民可随时随地查看271种主要农作物信息，也可与改良普及中心实现双向互动信息传播。

五、韩国——“信息化村”整村推进模式

韩国对农业信息化的重视始于20世纪80年代，其通过积极引入社会资本、鼓励产学研对接、制定政策规划等方式，推动农业信息化发展。近年来，韩国农业信息化水平虽然不断提升，但仍滞后于全社会信息化水平。根据韩国统计部门数据，2018年韩国农民计算机拥有率为63.9%（低于全国82.5%的保有率），农民农业综合信息化水平为69.8%，农业企业信息化水平得分为41.76分。从农业产业链环节来看，加工环节的农业企业信息化水平整体较优，而农产品销售以及农业服务等环节的信息化水平仍相对较为落后。为了提升农业农村整体信息化水平，韩国推动“信息化村”整村建设。具体来说，信息化推动韩国乡村产业发展的核心模式与经验如下。

（一）“政府+电信运营商+地方公司”协同的“信息化村”建设

2001年，韩国政府出台了“信息化村”计划，采用从局部到整体的“信息化村”建设方案。韩国政府在“信息化村”建设方面采取“政府+电信运营商+地方公司”的公私合作模式。其中，信息传播主干网和硬件设施投入（如每个村投入80台计算机）主要由政府投资，而主干网到中心局的管道以及农村施工建设等则在政府经费补贴的基础上，由韩国三星电信运营商与12家地方公司组成联合体实施。信息化示范村的建设有效提升了当地农户的信息技术应用能力，缩小了城乡之间的“数字鸿沟”。

（二）加速推进的信息化示范村产业发展

在“信息化村”建设的基础上，韩国政府进一步出台了一系列推动信息化示范村发展的政策，如2014年、2015年分别出台的《农业信息化利用基础计划》，2016年韩国行政自治部启动的《2016“信息化村”春节特别企划案》，旨在通过“信息化村”网络集市平台进行优质农产品与土特产销售，及休闲农业/乡村旅游网上宣传推介。截至2016年底，共建成“信息化村”357个，约占韩国自然村总数的1%。2019年6月，韩国建立了全球首个5G“信息化村”大成洞村。通过建立5G物联网综合控制室，实现对能源消耗、空气质量等参数指标的监测，民众能够通过手机检查土壤状态、遥控洒水和施肥等，以进行精准农业生产与智能农业决策。目前，韩国依托信息化示范村的建设，从发展精准农业生产、智慧农业决策以及农产品电子商务等角度推动

了乡村整体产业的快速发展。

六、印度——软件产业与电商平台带动模式

印度作为典型的农业大国，尽管近年来其农业总产值占国民生产总值的比重不断下降，2016—2017 年农业占全国新增生产总值贡献比重为 17.4%，但是农业就业人口远超第二、第三产业，占全国总人口的比重为 54.6%。自 20 世纪 80 年代起，印度提出并实施了农村网吧、网亭发展计划，以及呼叫中心、广播和电视频道等农业现代化建设。2003 年，印度大力开展农村信息基础设施建设，超 50 个项目将农村信息传播基础设施列入建设计划；2015 年，印度开始实施“数字印度”战略，通过建立覆盖 25 万个村级潘查雅特（Panchayat）的公共服务中心，为农村居民提供无差别的接入服务；2016 年，印度电信监管机构建议通过公私合营的模式为农村地区建设宽带网络，以解决信息传播的“最后一公里”问题；2017—2018 年，印度在 26 个邦开展雨林地区开发（Rainfed Area Development，RAD）项目，重点推广综合农业系统（IFS）以降低气候变化带来的影响，提高农业生产效率。截至 2017 年 12 月 31 日，综合农业系统已应用于园艺、畜牧、渔业、农业、林业等农业产业的生产活动中，应用覆盖面积达到 23569 公顷。具体来看，印度利用信息化促进乡村产业发展的核心模式与经验如下。

（一）依托软件产业推动乡村农业信息服务

印度的软件业发展迅速，目前已经成为全世界软件业发展速度最快的国家和仅次于美国的世界第二大计算机软件出口国，年均增长率超过 50%。软件产业成为印度发展农业信息化，促进乡村产业发展的重要依托，推动其涉农资源开发应用走在世界前列。政府通过减免个人购买计算机和软件所得税、下调互联网收费标准和降低农民信息获取费等措施支持农业信息化的发展。通过推广应用农用 App 软件，为农户提供实时、精准农业信息，助力乡村产业精准化生产。典型软件有 KisanSuvidha（下载量达到 622932 次）、PUSAKRISHI（下载量达到 36047 次）、Agrimarket（下载量达到 43140 次）以及 Reuters Market Light（RML，注册用户超 300 万）、E-Choupal（惠及农户 400 万）、SMEToolkit（年访客量近 500 万）等。其中，RML 能够有效为农户提供播种知识、天气预报等农业信息，为农户提供个性化解决方案，目前该软件已应用于印度 17 个邦，拥有大约 150 万用户。E-Choupal 为农户提供免

费农业技术、天气信息以及当地 60 个集市的农产品每日最高价与最低价，有助于实现农户的计划性生产。同时，通过建立 mkisan（mkisan. gov. in）政府门户网站，以发送信息的形式用当地语言为农户提供来自政府、专家、大学等部门的农业信息，目前注册用户达到 250 万人次。

（二）建立联通全覆盖式农业互联网信息系统

目前，印度全国农业信息网络系统（ARISNET）将全国各涉农机构、区域试验站、研究中心等连接起来，建立了涵盖财务、资源、项目、专家成果、技术、报刊摘要等在内的多个数据库，实现了全国涉农资源有效传递与共建共享，解决了信息传播的“最初一公里”问题。通过将数据信息提供给生产者、经营者和消费者，实现了生产和销售环节中的利润公平化，尤其是农民利用互联网信息实现增收，调动了农民生产的积极性。为在 2022 年实现农民收入翻一番的目标，印度总理提出了将进一步构建覆盖 585 个电子商务平台的全国性农业市场。

（三）“产、销、消”一体化农村电子商务

尽管印度农村地区的互联网渗透率不高，但印度十分重视农村电子商务建设，通过发展各类电商平台，为农户提供“产、销、消”全方位服务，有效提升农业生产效率、拓展农户农产品销售渠道、提高农户消费体验。国家网上农产品市场信息中心提供了全印度 2800 个农产品交易市场的超过 300 种农产品的需求信息，而且这个信息中心还提供了全球 40 个国家的农产品批发信息，促进了印度农产品的“产、销、消”一体化。印度政府开发建设的农民门户网站（www. farmer. gov. in）覆盖农业投入、作物管理、农产品价格、风险管理、农产品进出口、土壤健康、病虫害诊断与防控、天气预警等涉及农业全产业链的各种主题信息。该网站能够通过提供种子、肥料、农机等农业投入品购买渠道，不同地区农产品市场价格等农产品销售以及疾病防控等多方面的信息服务，为农户提供一站式商店。据统计，目前印度的农产品电子商务销售规模占全国电子商务交易总额的 60%左右，农产品网络交易平台已经覆盖印度 9 个邦的 36000 个村庄，有大约 350 万的印度农民使用网络交易平台来销售农产品。

七、经验借鉴

从以上 6 个国家的农业农村信息化促进乡村产业发展模式来看，尽管各

国实践历程不同，但内外推动作用均离不开农村基层创新实践、政府外部推动、市场主体参与 3 个方面，侧重从农村信息基础设施建设、农民信息素养提升、数据资源整合利用、信息服务市场参与 4 个角度发力，在新的历史时期，对加快提升我国农业信息化水平、发挥信息化对乡村产业发展促进作用具有重要的借鉴意义。

（一）重视基础设施建设，夯实乡村产业发展基础

乡村产业发展滞后的重要原因在于农村基础设施薄弱、创新要素不足、受众素养不高等导致的城乡数字鸿沟、城乡经济发展不均衡等问题。因此，夯实乡村信息通信基础设施成为乡村产业发展的关键。目前，各国均出台一系列政策、规划，将农村信息通信基础设施建设列入促进农业农村发展的重要建设工程。例如，美国的农村地区宽带网络建设工程、英国的 5G 农村综合试验台项目、法国的“农村铁路 LTE 全覆盖”、韩国的“信息化村”建设、印度的“数字印度”战略等。各国实践表明，我国政府应加快推进农村智能化信息通信基础设施建设，加快光纤进村落户进程，丰富乡村信息传播渠道，健全完善农业信息服务网络，实现各类网络互联互通，解决信息传播“最后一公里”问题。

（二）重视农业信息技术推广应用，激活乡村产业内在动力

加强农业信息技术推广应用，实现农业向精准化、智慧化方向发展是激活乡村产业的内在发展动力。目前，各国均不断加大农业信息技术研发与实际推广应用，尤其是西方发达国家形成了一系列基于信息技术的现代农业发展模式。例如，美国积极应用推广全程机械化、精准化生产，英国实现了高度自动化机械生产并积极探索无人农场等新型农业信息装备技术，日本推行适用于农田适度规模化、通用化的机器人技术与信息通信技术，印度建设“产、销、消”一体化农村电子商务。借鉴国外经验，我国政府应进一步从全产业链角度加强信息技术在农业领域的推广应用，重点将人工智能、物联网、3S 技术等现代信息技术与农艺农机结合，推动精准农业、智慧农业发展。

（三）重视农民信息素养提升，强调人才助力乡村产业发展

农民作为信息技术的受众，其信息素养提升是信息化推动产业兴旺的核心问题。国外经验表明，应加强对农民信息化技术的宣传推广，大力培养农民信息素养，鼓励其使用社交网络媒体等信息化手段学习农业生产、管理、

经营先进经验，采用网络平台进行农资采购、农产品销售，使用农业物联网、农产品质量安全追溯系统等信息技术提升农业效率与质量，促进乡村产业发展。例如，法国农业合作组织向农民提供信息服务，日本、韩国为农民培训提供政策支持，印度开展农村数字扫盲计划。我国应借鉴国外典型模式，进一步加强对农民计算机、智能手机等终端的使用技能培训，提高其使用新技术、新产品的能力，使其共享城市文明带来的成果，为推进农业农村现代化提供有力支持。

（四）重视信息资源数据化，推动数字引领乡村智慧发展

农业数字资源是制定乡村经济社会发展决策的基础支撑。各国十分重视涉农资源开发、整合、利用，建立多元涉农资源整合平台以解决乡村发展“最初一公里”。例如，法国打造了农业大数据收集网站（AgGate），日本、韩国建立了完善的信息资源系统，印度建立了专业的农业数据库系统以及覆盖全国的、统一的农业市场数据库系统。借鉴国外经验，我国应加快建设现代农业基础数据工程，构建新型农业数据获取体系，搭建全国性农业信息服务云平台，从农业、农村和农民的信息需求出发，有针对性地做好信息服务工作，重点强化在农村大数据标准体系建立、信息传播基础设施提升、各类便捷的移动服务系统研发等方面开展技术和应用创新，进一步实现数字引领乡村智慧发展。

（五）重视信息服务商业化，实现服务引领乡村产业振兴

农业信息服务是农业数据资源，是乡村经济社会发展决策制定的基础，信息资源整合平台是提供多元农业信息服务的依托，而多元农业信息服务是加速乡村产业发展进程的主要动力。为满足乡村各利益相关者多样化需求，各国除发挥政府农村信息服务主体作用外，积极鼓励各种市场化主体参与涉农信息服务领域，目前国外普遍形成了企业参与、市场化运营的农业信息服务模式。例如，美国孟山都、杜邦、FBN 等企业提供农业大数据服务，法国建立“政府—农业合作组织—企业”三位一体的农村信息服务体系，印度采用“公私合作”模式开展农业农村信息服务建设。因此，借鉴国外经验，我国政府可在农村信息服务领域引入市场机制，放宽准入条件。各相关企业、合作社等信息服务主体应提高涉农信息服务能力，扩大服务范围、拓宽服务渠道，为农民提供及时、有效的信息服务。

第七节 信息化促进乡村产业兴旺的实施路径

没有信息化就没有现代化，国内外经验表明，依靠信息化手段推动经济高质量发展已成为经济社会发展的重要趋势。乡村振兴，产业兴旺是重点。在人类进入智慧社会的历史进程中，利用信息化推动乡村产业发展不仅有利于发挥数据作为新生产要素的作用，不断催生新产业、新业态、新模式，同时也有利于对传统产业进行全方位、全角度、全链条的改造，提高全要素生产率，提升乡村产业发展质量。北京市作为全国科技创新中心，在全面建成小康社会之际，迫切需要立足首都城市战略地位，准确把握北京“大城市小农业”“大京郊小城区”的市情和乡村发展规律，以实施乡村振兴战略为总抓手，对标全面建成小康社会“三农”工作必须完成的硬任务，积极发挥北京市信息化优势，针对当前京郊乡村产业存在的产业效益不高、结构不优、带动能力不强等问题，从农业数字化转型、农村电商助农、智慧乡村旅游业发展、乡村信息经济培育等方面着力，努力培育新产业、新业态、新动能，力求通过信息化引领北京乡村产业高质量发展，助推乡村全面振兴，促使京郊农村成为产业兴旺、经济多元、创新创业、宜居宜业的城市后花园。

一、目标任务

（一）发展思路

以习近平新时代中国特色社会主义思想为指导，以深入推进农业农村现代化和农业供给侧结构性改革为目标，贯彻落实新发展理念，坚持服务首都城市战略定位，充分发挥“智慧北京”信息化资源优势，以信息化引领首都乡村产业高质量发展为目标，释放数字对乡村产业经济发展的放大、叠加、倍增作用，加快大数据、人工智能、物联网、移动互联网等技术与首都现代种养业、农产品流通业、科技信息服务业、休闲农业等乡村产业的深度融合，重点发展数字农业、农产品电子商务、智慧乡村旅游、乡村大数据信息服务业等多元化、多层次、多类型的乡村新业态和新模式，基本形成具有首都都市型现代农业特色的“要素集聚、科技引领、主体多元、机制高效、体系完整”的乡村数字经济产业体系，支撑北京全国科技创新中心对全国创新发展的辐射带动作用，为加快实现农业农村现代化、决胜全面建成小康社会和建设国际一流和谐宜居之都提供坚实保障。

（二）发展目标

力争通过5~10年的乡村产业信息化创新应用探索，实现信息化促进北京乡村产业高质量发展取得明显成效，乡村产业信息化水平明显提升，信息化与北京乡村主要产业各环节实现全面、深度融合，基本建成具有首都都市型现代农业特色的乡村数字经济产业体系。

1. 培育形成一批乡村数字经济新业态

推动信息化与京郊现代种养业、休闲农业、农产品流通业、信息服务业、农村金融服务业等行业领域深度融合，培育形成以数字农业、智慧休闲农业、智慧供应链、农村大数据服务业、农村互联网金融等新业态为主导的都市型现代农业，让数字化红利与信息化成果惠及京郊全体人民，推动乡村产业经济成为北京经济高质量发展的新增长点。

2. 创新一批乡村产业信息化服务新模式

推进信息服务产业化，将共享经济、分享经济、平台经济等互联网新模式嵌入农村科技与信息服务领域，以推动农村科技与信息服务业的商业模式创新与服务手段创新为主线，率先在农业生产性服务领域开展设备共享、土地托管、生产托管等服务模式创新，降低农业信息技术应用成本；在乡村产业科技信息传播领域，探索产业科技应用按需服务模式，推动科技信息的精准识别、精准对接、精准服务；在农业流通领域，发展一批社区支农、O2O、体验式消费和定制化服务等新零售模式，打造具有北京区域特色的优质农村电商平台，帮助低收入群体实现网上创业增收。

3. 发展一批乡村产业云服务新平台

充分发挥互联网的信息共享平台与大数据发掘功能，以京津冀为服务圈，搭建首都京津冀休闲农业与乡村旅游信息平台、京津冀“菜篮子”质量安全溯源平台、京津冀农业大数据平台、京津冀农村互联网金融平台、京津冀农技推广云服务平台等重要信息化共享平台，积极推动京津冀乡村产业信息化协同，实现信息化引领京津冀现代农业协同发展。

（三）乡村产业与信息化融合的重点领域

1. 现代种养业

把握北京都市型现代农业发展特点，聚焦现代种业、设施园艺、现代林果业、现代畜禽养殖等农业产业，促进新一代信息技术与北京现代种养业全面、深度融合应用，加快推进农业数字化转型，建设一批数字田园、数字菜园、数字果园、数字牧场等。

2. 农产品流通业

加大力度推进“互联网+”农产品出村进城，大力发展“一村一品”+电商，鼓励供销社、农户、合作社、农业企业发展社交电商、“粉丝经济”、智能菜柜等营销新模式；发挥网商集聚效应，推动农产品采后处理加工、包装、设计、美工等领域深度合作，打造北京农村电商生态。深入挖掘农产品电商大数据，推广建立以“智慧农场管理体系+农产品全程冷链直供+智能配送+质量安全溯源+市场信息服务”为运营体系的供应链信息服务共享体系，促进农产品供应链网络协同发展。

3. 农村信息服务业

以智慧乡村与信息进村入户工程为切入点，加快提升乡村网络设施与信息终端和服务供给水平，推进城乡信息化基础设施融合。积极推进大数据、人工智能等信息技术与农村科技信息服务、公共信息服务深度融合，增强利用信息化手段提升农业科技推广与乡村教育、民生保障等公共服务的能力，实现农技服务与惠民服务的精准化。鼓励百度、阿里等互联网企业连同农信通、派得伟业等农业信息化企业以及北京涉农院校协同发展农业云解决方案、农业全产业链大数据平台开发与农业软件定制服务，开展农村信息智能服务，推动乡村信息服务业发展。

4. 休闲农业与乡村旅游

加快信息技术与休闲农业在宣传推介、产品服务、园区生产等方面的深度融合，探索建立“互联网+”休闲农业模式，充分发挥网络社交平台、综合信息服务平台、大型电子商务平台以及郊区融媒体中心的信息传播功能，推动京郊休闲农业的线上线下宣传，促进休闲农业与乡村旅游提档升级。重点以昌平、顺义、通州等农业科技园为载体，大力推进数字创意、虚拟现实、二维码、互联网支付、电子导游 App 等技术与休闲农业的融合，助力郊区休闲农业快速发展。

5. 农村金融业

鼓励银行、保险、邮储等金融机构与村村乐、阿里、各类 P2P 网贷平台合作，通过发展供应链金融创新共同发展农村互联网金融；搭建农村 P2P 网贷平台、农村信用网资信管理平台、新型农业经营主体征信平台等农村互联网金融平台，建立以信用为核心的普惠制农村互联网金融服务体系；开展农村金融“网络运营+渠道下沉”服务模式，解决信任、征信和贷后管理等多方面的问题。

二、具体实施路径

（一）信息化促进农业生产提质增效的实施路径

注重信息化与农业生产的全面、深度融合，推进天空地一体化物联网、大数据、移动互联网、人工智能、云计算等数字技术在首都种养业生产的应用，开展数字农业集成应用示范，推动农业生产的数字化转型。

1. 数字田园

选择集中连片的“两田一园”（粮田、露地菜田与果园，100 亩及以上），深化信息技术在农业“调转节”中的应用，开展大田精准农业、果园精准农业建设，重点推进天空地一体化的精准信息获取、种肥水药精准投入技术、卫星平地与精准收获技术、基于北斗的农机作业导航与控制技术、无人机植保、支持精准作业的智能化机械装备等，提高粮田、菜田生产中的土地产出率、肥水药利用率和劳动生产率，加快发展资源节约型和生态友好型的都市农业，促进农业生产质量与效益的提升。

2. 数字园艺

针对果蔬、花卉等设施园艺产品，选择设施占地面积 25 亩及以上的基地，大力发展智能设施生产技术，提升市民蔬菜周年供应和质量安全水平。重点推广温室环境监控技术、智能节水灌溉技术、智能水肥一体化装备、果蔬智能分选装备、质量安全溯源技术等，大幅降低设施农业管理劳动强度，提高产量和品质。在城区地下空间等非耕地探索发展植物工厂，实现蔬菜生产过程光、温、水、气、肥智能调控以及高度集约清洁生产，保障城市蔬菜周年供应和质量安全。

3. 数字养殖

围绕生猪、奶牛、蛋鸡等优势养殖品种，选择奶牛存栏 20 头及以上，蛋鸡、蛋鸭存栏 2000 只及以上，生猪年出栏 200 头及以上的规模化养殖场，开展养殖信息化建设，促进养殖生产全程数字化、智能化。重点推广精准饲喂、智能挤奶、智能捡蛋、养殖环境智能调控等智能装备，实现养殖过程管理的智能控制。推广畜禽远程诊断技术，提升疫病预警、诊断、防控水平。推广废弃物自动处理、粪便和病死畜禽无害化处理等智能装备，实现信息技术支撑畜禽生态养殖。

4. 数字种业

围绕助力种业之都提档升级目标，率先在通州种业科技园区推进信息技术与农作物种业“育繁推”过程的深度融合，促进种业产业价值链提升。加快建设涵盖种质资源、育种制种、品种试验、种业监管、品种交易等数据资源在内的作物种业大数据建设，推进育种的信息化管理、数据的科学化分析以及种业科技成果的可视化展示交易。建立基于二维码、射频识别、区块链技术的种子全程质量溯源管理系统，实现覆盖种子生产、加工、流通的全过程精确管理和质量追溯，保障生产用种安全。

（二）信息化保障农产品供应链安全的实施路径

以北京农产品绿色优质安全示范区建设为目标，突出信息化手段在确保首都农产品质量安全中的作用，强化区块链、个体识别、图像识别、食品品质安全快速无损检测、包装识别、人工智能、大数据等技术在农业投入品与农产品追溯、农产品质量安全检测与监管中的应用，推动形成新型农产品供应链协作网络，满足首都居民对绿色产品供给质量的美好生活需要。

1. 搭建农产品全产业链质量安全管控平台

构建苹果、大桃、草莓、西瓜等单品种全产业链质量管控大数据，加快移动互联网、物联网、二维码、无线射频识别等信息技术在农产品生产、采购处理、加工制造和流通销售各环节的推广应用，搭建“从农田到餐桌”全过程可追溯的首都农产品全供应链智能化调控与溯源平台，从产地环境、种植/养殖、采后处理、包装标识、仓储物流到终端销售，对全产业链数据进行实时监控管理，实现“带证上网、带码上线、带标上市”，确保农产品质量安全。

2. 建立京津冀三地统一的农产品质量追溯综合管理平台

充分贯彻落实京津冀农产品流通体系创新行动方案，立足北京加快疏散跨区域大宗农产品中转集散功能，选取蔬菜、奶制品、肉类等重点品种开展京津冀三地统一的农产品质量追溯，推动三地重要农产品生产、加工、包装、流通、配送等供应链全过程的质量安全联合监管，推动京津冀农产品流通的信息化、标准化，确保京津冀菜篮子质量安全。

3. 发展农产品智能冷链物流

针对农产品运输和储存的腐损率高、不易保鲜以及产销信息不对称等问题，以“三品一标”农产品基地、国家级产业化龙头企业、骨干物流企业、农业电子商务企业为载体，推动农产品品质感知、个体识别、图像识别、全球定位系统、大数据、区块链等技术与农业供应链管理的深度融合与跨区域物流资源协同优化，加快建设跨区域生鲜农产品供应链管理服务平台，全面提升采后预选分级、产地初加工、检验检测、加工包装、物流配送、市场交易等供应链业务管理信息化水平，推动形成农产品“生产基地—加工物流—电子商务”扁平化的智慧农产品供应链标准化管理。

（三）信息化引领农村新产业新业态的实施路径

立足北京都市型现代农业发展定位，适应首都居民消费结构升级需求，以促进农村一二三产业融合为主线，推动信息化和京郊休闲农业与乡村旅游、创意农业、景观农业、农业电商、会展农业、乡村民宿、食品加工业、农业众筹等新产业、新业态深度融合，探索发展乡村共享经济，加快培育乡村产业经济新增长点。

1. 发展“互联网+”休闲农业

在传统休闲农业的产业融合基础上，以促进北京休闲农业与乡村旅游提档升级为目标，加快 VR、AR、电子商务、北斗卫星、移动互联网、社交平台等信息技术与休闲农业在宣传推介、产品服务、园区生产等方面的深度融合，探索建立“互联网+”休闲农业模式，融合带动智能农业、精准农业、智慧旅游、农村电商、移动支付等新型业态发展。充分发挥融媒体在休闲农业与乡村旅游多元化宣传推介中的作用，以图文并茂、视频直播、3D 虚拟体验等形式在重大节假日前和重要农事节庆节点进行针对性宣传，扩大休闲农业和乡村旅游的影响力。加快建设休闲农业电商大数据平台，针对不同消费者特征，提供休闲旅游攻略、精准路线规划等个性化服务。

2. 发展乡村共享经济

以农业互联网平台为支撑，探索设备、劳务、土地（乡村闲置土地）、房屋（乡村闲置住房）等使用权的分享，规范有序发展共享农机、共享农庄（场）、共享仓储等乡村共享经济模式，通过搭建北京乡村要素资源共享服务平台，为共享双方提供信息发布、交易对接、竞价、培训、金融等免费或收费中介服务，推进农村过剩资源供需有效对接与剩余价值实现，串联农业生产、农产品加工、农村金融、农业科技服务等产业，实现资源在三次产业中的最佳配置，以确保农民获得合理的产业链增值收益。

3. 推动农产品加工业信息化

立足智能制造高精尖产业定位，以园区为主要依托，更好地支持现代信息技术应用于粮食烘干、果蔬产品采后分级分选处理与贮藏、农副食品加工自动化设备控制、安全监管等农产品加工领域，培育发展网络化、智能化、精细化农产品现代加工新模式。以农产品智能加工车间建设为主攻方向，支持和鼓励国家农业产业化龙头企业开展智能制造试点示范，鼓励乡镇农产品加工企业发展众创设计、网络众包等新型制造模式，推动农产品加工业价值链升级。

4. 大力发展农村电商

以“互联网+”农产品出村进城工程、“一村一品+电商”工程为切入点，建立完善适应农产品网络销售的供应链体系与运营服务体系，深化电商帮农、兴农、促农的发展，帮助京郊农民利用电商平台实现农产品优质优价。推动农产品电商大数据在排产中的应用，创新农产品个性化定制、网络精准营销等商业模式。开展电商助农品牌推介活动，鼓励首都互联网公司、信息服务企业、物流公司积极与拥有农特产品的区、镇、村对接，以“一村一品”“三品一标”等农产品上线为突破口，借助于电子商务平台整合技术、产品和流通资源的优势，推进基层网点、批发市场、物流仓储、邮政等支点的信息化升级，拓展电商平台的展示、交易、发布、融资等功能，培育北京本土农村电商产品品牌，推动形成网商集聚效应。

（四）信息化推动小农信息服务对接的实施路径

作为农业生产经营的基本单位和重要主体，小农能否实现现代化关系到乡村产业能否全面现代化。根据北京市第三次农业普查数据，2016 年底，规模化经营户仅占不到 1%。针对当前及较长一段时间内北京仍是以小农经营为主的形势，要充分发挥小农在乡村振兴中的作用，加快农业大数据、物联网、移动互联网、人工智能等技术向小农户覆盖，提升小农户手机、互联网等应用技能，让信息化成为推动小农与现代农业有机衔接的重要平台。

1. 开展“互联网+”公共信息服务

以智慧乡村为契机，按照“平台上移、服务下延、中间扁平化”的思路，以促进城乡基本公共服务均等化为目标，突破京郊小农公共信息服务“信息孤岛”和“最初一公里”“最后一公里”问题，加快建立覆盖京津冀的综合信息服务共享平台，推进移动互联网在乡村医疗、养老、教育、交通等领域的应用，支持发展智慧交通、远程教育、远程诊疗、远程监护，着力提升乡村公共社会服务事业信息化水平。

2. 开展“互联网+”农业信息服务

以信息进村入户工程为切入点，开发针对小农的重点农产品信息服务平台，鼓励农业信息化企业搭建有效集聚小农生产资源、分布式开放对接的互联网产业平台，推进大数据、人工智能、移动互联网等技术在农业知识服务、农资流通、农业自然灾害预报、农情监测与智能会商、市场信息监测预警、个性化信息服务等领域的应用，帮助小农利用信息化发展生产，推动信息服务的“低成本、个性化、广覆盖、专业化、可持续”，全面提升小农生产与现代农业有机衔接的能力。此外，加快建设京津冀“菜篮子”产销大数据平台，开展面向区域的产销精准对接的智能调配服务。

3. 开展“互联网+”农业科技服务

全面发挥全国科技创新中心引领作用，以国家数字农业农村创新中心建设为突破口，加快数字农业农村领域的产学研合作，加快建设农业科技信息服务平台，实现农业科技服务供给主体基本信息、农业科技资源（农业技术、新品种、主推技术、农用物资等）、农民科技需求等信息统一平台管理，鼓励技术专家积极利用 Web+App 等方式，为农民在线提供农技服务、农技问答、在线培训、实时互动等服务，提升农业科技信息服务的精准性、有效性。

第八节　对策建议

推进乡村产业高质量发展，努力培育新产业、新业态、新动能是北京市乡村振兴的重要举措。当前，以人工智能、大数据、物联网、5G 通信网络技术等为代表的新一代信息技术与数字经济加快发展，为经济高质量发展注入新动能，推动着各行业的效率变革、质量变革。北京市作为全国科技创新中心，在加快实现农业农村现代化、决胜全面建成小康社会和建设国际一流和谐宜居之都之际，如何利用信息化手段推动乡村产业振兴，让农民群众在信息化发展中有更多获得感、幸福感、安全感，需要从政策保障、金融支持、产业培育、示范推广与科技人才等方面共同推进。

一、加大政府支持力度

一是加强乡村产业信息化顶层设计。根据北京都市型现代农业发展和乡村振兴重大需求，启动实施一批数字农业、农产品电商、农业大数据服务、“互联网+休闲农业”建设工程，开展信息技术集成应用，系统推进北京市乡村产业信息化发展。加快全市乡村产业信息化标准体系建设，实现各行业信息资源共建共享和信息系统互联互通。统筹信息进村入户、智慧农园、智慧乡村等工程，实现业务与服务有机结合，通过集聚项目、资金、科技、人才等资源，促进乡村产业信息化项目工程有序推进。

二是强化乡村产业信息化政策保障。研究制定有利于调动社会各类资源、生产主体和农民参与乡村产业信息化建设的政策措施。建立包括补贴、投资、金融、信贷、税收、重大项目建设等一揽子政策支撑体系，集中力量推进北京乡村产业信息化发展。设立农业信息技术产品应用补贴专项资金，激活乡村产业经营主体数字化转型动力。通过政府购买服务、外包、委托等方式，引进外部技术类资源，创建良好的发展环境。

三是设立乡村产业信息化专项资金。建议由北京市市级财政部门设立乡村产业信息化专项资金，用于支持乡村产业信息化应用推广建设和新型农业经营主体信息化补贴，重点支持新型农业经营主体利用信息化手段发展现代种业、设施蔬菜、农机制造业、农产品流通业、休闲农业等产业建设项目，通过政府对信息技术的试点示范应用和财政补贴，鼓励引导应用主体先期进行信息化应用与建设，迅速扩大信息化应用范围，提升乡村产业信息化水平。

四是夯实乡村信息化基础设施。针对目前部分村庄仍存在 4G 网络和 Wi-Fi 覆盖不足、带宽不够、信号不稳等问题，迫切需要以提升乡村信息化基础设施为基础，以建设光网城市为契机，加快建设城乡一体、快速高效的全光纤网络，推动基于数字电视、微信平台、移动 App、站点屏幕等智能终端和便民服务终端设施建设。与此同时，加强物联网、视频监控、乡村产业大数据服务中心等乡村产业信息化基础设施，在休闲农业典型村庄，试点推进以北斗为主体的导航和位置服务终端布局，全面优化乡村智能感知设施，实现数字化引领乡村产业振兴。

二、鼓励多元主体参与

一是构建多元化投融资机制。鼓励金融机构与新型农业经营主体建立紧密合作关系，采取财政贴息、融资担保、扩大抵押物范围等综合措施，加大对利用互联网发展农村新产业的信贷支持；鼓励和支持建立多形式的融合业态产业风险投资基金，大力支持一批具有良好发展前景和产品创新型企业进行技术创新、产品创新和商业模式创新；加大 PPP 在互联网与农村产业融合中的推广应用，按照“利益共享、风险共担、全程合作”的原则，引导新型农业经营主体和工商资本积极投资农村互联网产业融合基础设施建设。

二是推动多主体的共同运营模式。结合不同利益相关者需求，着力搭建社会参与平台，积极引导农民、媒体、专家、公众、社会组织等各方面主体参与乡村产业信息化工作，鼓励和支持新型农业经营主体、农业社会化服务组织以及工商企业，开展数字农业、农村电子商务、农村互联网金融、农业信息服务等新产业、新业态创新实践，推进形成以政府为引导、企业为主体、社会化组织与农民等多主体共同参与的农村产业融合运营新模式。例如，在基础设施建设方面，鼓励电信运营商开展电信普遍服务试点工作，加快建成高速畅通、覆盖城乡、服务便捷的宽带网络基础设施和服务体系；在产业服务方面，通过搭建乡村产业信息化云服务运营平台，采用政府投资、第三方企业管理的模式，促进农村互联网产业持续运营。

三是适时推进信息技术社会化服务。采取政府购买第三方服务方式，支持和鼓励有资质的专业化机构建立服务京津冀地区的无人机植保、测土配方施肥、农资调配、智慧气象服务、物联网基地管理、农产品产销大数据、农村金融大数据等第三方公共服务平台与农业生产信息化土地托管平台，向农业企业、农民合作社、家庭农场提供智能育种、土地托管、电商（微店）管理、产销数据对接等公共技术服务，降低信息技术应用门槛和研发成本。探索农业生产信息化、专业化服务的政府购买招标承包、公私合作、用者付费等形式，适时推进农业生产信息化市场机制落地。

三、强化科技人才支撑

一是强化科技资金项目支撑。将乡村产业信息化应用作为全国科技创新中心建设的重要任务，启动重大科技专项，通过重大科技突破与产业示范，推动乡村产业高质量发展。重点包括：研发高可靠农业专用传感器和仪器仪表，从根本上解决数字农业信息感知问题；突破农业农村大数据智能分析决策技术，以北京市 221 信息平台为基础，建设北京市农业数据中心和公共服务平台，实现农村信息服务精准对接；研发高端农业智能装备和农业机器人，推动北京农业高精尖产业发展。

二是实施农民数字化学习与培训计划。将互联网应用纳入新型职业农民培育内容，鼓励和引导农技推广部门依托远程教育、云服务平台等信息化科技服务手段，培育一批具备互联网思维和信息化应用能力的“新农人”；鼓励涉农院校及科研院所建立首都基层农技推广人员培训基地，联合开展多种形式的学历教育、专业学位教育和专题培训；开展农村电子商务技能培训，鼓励新型农业经营主体与返乡创业农民依托“一村一品”特色优势产业和乡村旅游基地开展电商助农。

三是加强农村信息化人才队伍建设。壮大农业信息技术学科群建设，支持鼓励大专院校、科研院所培养农业和信息化复合型人才，满足首都现代农业对信息化人才的需求；建立乡村产业信息化技术任务清单制度，吸引和支持跨京津冀、跨行业、跨部门的产学研创新团队参与项目研发建设；实施乡村产业信息化创新领军人才行动，利用“星创天地”开展农村互联网产业网络培训、授课培训、田间培训和一线实训；深入挖掘农业农村内部人才潜力，重点在新型职业农民、农村实用人才、技术能手、大学生村官等群体中培养一批农村互联网创业创新带头人。

四、推动产业应用示范

一是启动一批乡村产业信息化示范基地建设项目。根据北京都市型现代农业发展重大需求，以国家现代农业示范区建设为载体，选择一批基础条件好、发展潜力大、示范引领作用强的农业产业园区、科技园区以及产业创新基地，率先实施数字农业、休闲农业电商、农村大数据服务业等乡村现代产业建设工程，推动乡村产业结构向高精尖方向转变。鼓励和支持新型农业经营主体围绕设施蔬菜、休闲观光、集约化养殖、现代种业四大产业，大力发展网络营销、在线租赁托管、食品短链、社区支农、电子商务、体验经济等农村新产业、新业态的试点示范。

二是开展农业农村互联网“双创”试点示范活动。以首都农业信息化示范基地、新型职业农民培训基地、智慧乡村、信息进村入户等试点为载体，选择并支持一批村镇开展农村互联网创业创新示范试点；鼓励新型经营主体、返乡下乡人员借力互联网发展现代乡村商业，推动农业生产、管理和营销模式变革；依托“双创”资源集聚的区域、科研院所和创新型企业等载体，支持建设一批农村淘宝、农特微商、O2O 服务平台、农村旅游平台、农村物流等农村互联网“双创”示范基地，重点鼓励农村信息弱势群体开展网上创业。

三是培育农村数字经济产业集群。结合北京区位优势、产业基础和资源禀赋，依托京津冀城市群建设，以农业高端产业链价值提升为重点，推进移动互联网、云计算、物联网等技术与农业深度融合，集中打造农村数字经济高端产业集群，积极培育农村数字经济产业生态体系，大力推广农业智能制造、网络化协同、个性化定制、服务化延伸等新业态、新模式，推动形成具有鲜明特色、可复制性强、技术扩散性强的农村数字经济产业聚集区，提升农村新业态核心竞争力。

四是构建京津冀现代农业互联网协同创新平台。在京津冀三地农业互补性突出的前提下，把信息化作为京津冀农业协同发展实施手段，推进三地农业要素合作平台、农产品流通大数据平台、农产品质量检验检测平台、农业科技合作攻关平台、农业综合信息服务平台等共建共享工作，有效提升京津冀现代农业协同发展水平。重点搭建京津冀涉农信息资源共享服务平台，提高农业农村信息化科研基础设施、科研数据、科研人才等资源的共享水平。注重发挥区域比较优势，以“一村一品”以及美丽乡村建设为切入点，推进信息化与京津冀生鲜农产品营销、加工物流、科技创新、信息服务、农村金融、休闲农业等产业的区域性融合发展，推动形成京津冀农业产业化协同与农村产业生态互联网共治新格局。

第二章　信息技术促进现代种业发展路径研究

第一节　北京现代种业发展问题与需求

作为农业的“芯片”，种业在农业发展中的基础性、战略性、先导性、核心性和引领性地位日益突出，引领农业高质量发展、培育农业发展新动能、赢得农业竞争优势迫切需要种业优先发展、率先突破。

一、北京现代种业发展迎来良好政策机遇

随着中央经济工作会议、中央农村工作会议对现代种业的重视，2021 年中央一号文件《中共中央、国务院关于全面推进乡村振兴加快农业农村现代化的意见》和农业农村部一号文件《农业农村部关于落实好党中央、国务院 2021 年农业农村重点工作部署的实施意见》强调了“打赢种业翻身仗”的战略导向。根据系列政策部署，现代种业需时刻瞄准加快现代种业发展、建设种业强国这个目标，紧紧围绕农业高质量发展这个主攻方向，聚焦于为农业供给侧结构性改革提供“源头活水”这个重大时代需求，加快完善现代种业发展管理体系，深入推进“放管服”改革，不断强化企业主体地位，把品种入市权交给企业，把评判权交给市场，把选择权交给农民，激发种业发展活力。1978—2021 年国家种业发展相关政策见表 2-1。

表 2-1　1978—2021 年国家种业发展相关政策

时间	战略政策	主要内容
1978 年	国务院转批农林部关于加强种子工作的报告	提出各地要逐步落实品种布局区域化、种子生产专业化、种子加工机械化和种子质量标准化； 实行以县为单位的统一供种的“四化一供”育种模式
1991 年	中华人民共和国种子管理条例农作物种子实施细则	各级农业部门的种子公司是种子生产经营的主渠道，负责按计划生产供应良种；重申了国家种子公司是种子经营的主渠道

续表

时间	战略政策	主要内容
2006 年	国务院办公厅关于推进种子管理体制改革加强市场监管的意见	坚持以政企分开为突破口，强化政府职能，明确部门职责，完善管理制度，稳定管理队伍，提高人员素质，改善执法手段； 坚持以产权改革为切入点，加快国有种子企业改组、改制步伐，促进种子产业生产要素的合理配置； 坚持“精简、统一、效能”和“标本兼治”的方针，逐步构建种子市场监管长效机制； 坚持以质量监管为重点，规范市场准入，严厉打击制售假劣种子等违法行为，促进种子产业健康发展
2011 年	国务院关于加快现代农作物种业发展的意见	要求种业发展以坚持自主创新、坚持企业主体地位、坚持产学研相结合、坚持扶优扶强为基本原则； 部署了强化农作物种业基础性公益性研究、建立商业化育种体系、推动种子企业兼并重组等九大重点任务
2012 年	全国现代农作物种业发展规划（2012—2020 年）	从规划背景、总体要求、重点任务、发展布局、重大工程、保障措施六个方面对 2012—2020 年现代农作物种业发展进行系统性规划； 明确提出要走商业化育种道路，并积极引导科研机构、高等院校与所办种业事企脱钩
2015 年	人力资源和社会保障部办公厅、农业部办公厅关于鼓励事业单位种业骨干科技人员到种子企业开展技术服务的指导意见	鼓励科技人员通过兼职、挂职和参与项目合作等方式，到企业开展技术服务； 从海外引进有种业跨国公司研发经历的国际化人才； 推动了大批育种人才、技术、资源向种子企业流动，对提升种子企业的技术创新能力和市场竞争力具有重要意义
2015 年	中华人民共和国种子法（第二次修订版）	涵盖了在我国境内开展的种子品种选育、生产经营及管理等各类活动； 其目的是发展种子行业，打造出具备自主知识产权的好品种，真正从源头上保障我国粮食安全
2016 年	中共中央、国务院关于落实发展新理念加快农业现代化　实现全面小康目标的若干意见	大力推进育繁推一体化，提升种业自主创新能力，保障国家种业安全； 深入推进种业领域科研成果权益分配改革； 实施现代种业建设工程和种业自主创新重大工程； 加快主要粮食作物新一轮品种更新换代； 强化企业育种创新主体地位，加快培育具有国际竞争力的现代种业企业
2017 年	中共中央、国务院关于深入推进农业供给侧结构性改革加快培育农业农村发展新动能的若干意见	加大实施种业自主创新重大工程和主要农作物良种联合攻关力度； 加快适宜机械化生产、优质高产多抗广适新品种选育

续表

时间	战略政策	主要内容
2019 年	中共中央、国务院关于坚持农业农村优先发展做好“三农”工作的若干意见	推动生物种业自主创新
2020 年	中共中央、国务院关于抓好“三农”领域重点工作确保如期实现全面小康的意见	加强农业生物技术研发，大力实施种业自主创新工程； 实施国家农业种质资源保护利用工程
2021 年	中共中央、国务院关于全面推进乡村振兴加快农业农村现代化的意见	加快第三次农作物种质资源、畜禽种质资源调查收集进度，加强国家作物、畜禽和海洋渔业生物种质资源库建设； 实施新一轮畜禽遗传改良计划和现代种业提升工程； 加强育种领域知识产权保护； 打好种业翻身仗，实现从种业大国向种业强国的转变

北京种业是都市型现代农业的重要组成部分，具有高端、高效、高辐射的显著特征。在 2021 年颁布的《北京市人民政府关于促进现代种业发展的意见》中就提出了推动北京现代种业建设的战略部署，各级领导高度重视现代种业发展，2018 年全市农村工作会议指出，“种业属于一产中的‘高精尖’产业，符合首都高质量发展要求，北京要带头把民族种业搞上去”。在“建设种业强国，实现种业振兴”的背景下，北京又相继颁布了《北京现代种业发展三年行动计划（2020—2022 年）》《关于全面推进乡村振兴加快农业农村现代化的实施方案》《北京市“十四五”时期高精尖产业发展规划》《北京市“十四五”时期乡村振兴战略实施规划》等，推动北京“现代种业之都”建设。在系列政策推动下，北京现代种业发展迫切需要不断增强资源保护利用能力、种业创新能力、企业竞争能力、供种保障能力和依法管理能力，将种业发展成为农业高质量发展最具活力的创新要素，是北京农业现代化的标志性、先导性工作。2010—2021 年北京种业发展相关政策见表 2-2。

表 2-2 2010—2021 年北京种业发展相关政策

时间	战略政策	主要内容
2010 年	北京种业发展规划（2010—2015 年）	提高产业集群效应和网络增值效应，不断完善产业链条； 按照科技创新、交易交流、展示、生产四个层次进行北京种业的空间布局

续表

时间	战略政策	主要内容
2012年	北京市人民政府关于促进现代种业发展的意见	目标是构建以产业为主导、以企业为主体、产学研相结合、“育繁推一体化”的现代种业体系，全面提升本市种业发展水平，努力打造“种业之都”； 坚持技术、企业、市场相互促进，协同发展
2020年	北京现代种业发展三年行动计划（2020—2022年）	围绕农作物、畜禽、水产、林果四大种业领域，聚焦于产业体量大、带动力强且具备竞争优势的战略物种和具有本土特点、区域优势的地方物种； 重点推进甘蓝等蔬菜、特色玉米等12大物种产业创新高质量发展； 培育具有竞争力的优良品种、优质企业和优秀品牌
2021年	关于全面推进乡村振兴加快农业农村现代化的实施方案	到2025年，品种自主创新率明显提升，良种覆盖率达到98%以上； 实施现代种业发展三年行动计划，开展种质创制和品种选育联合攻关、设施蔬菜良种更新工程，建设国家玉米种业技术创新中心； 引导研发力量向都市精品籽种倾斜，选育推广绿色优质多抗高效品种
2021年	北京市种子条例（草案）	品种选育与管理，鼓励和支持科研院所、高等院校重点开展育种的基础性研究，提高育种基础创新能力； 促进产学研融合，提高企业自主创新能力，构建商业化育种体系； 推动种业科技创新，促进科技成果转化； 搭建种业成果交流平台和市场化配置机制，推进创新成果集成融合与价值释放
2021年	北京市“十四五”时期乡村振兴战略实施规划	选育推广一批都市精品籽种和林木良种； 积极承接国家农业生物育种重大科技项目，有序推进生物育种产业化应用，抓好国家玉米种业技术创新中心等重大项目建设
2021年	北京市“十四五”时期高精尖产业发展规划	以平谷农业科技创新示范区为平台，深入推进大数据、人工智能等信息技术集成应用，提升现代种业等全产业链数字化水平，建设一批智慧型设施农业示范项目，形成智慧农业特色产业集群

二、北京现代种业发展现状分析

（一）育种科技投入不断增加，在国内外育种领域取得重大突破

第一，在作物遗传育种研究领域取得重大突破。近年来，中国农业大学、中国农业科学院、中国科学院、北京市农林科学院等单位的科学家在国际各

大著名学术期刊上发表了众多高质量科技论文。其中，在 *Science*（影响因子 41.063）发文 5 篇、在 *Cell*（影响因子 36.216）发文 1 篇、在 *Naturebiotechnology*（影响因子 31.864）发文 3 篇、在 *Naturegenetics*（影响因子 25.455）发文 3 篇。此外，在育种遗传领域，北京科学家发表的论文数量也占据了全国论文数量的“半壁江山”，其中，中国科学院以发表 476 篇论文居首，占全部发文总量的 46.80%（见图 2-1）。

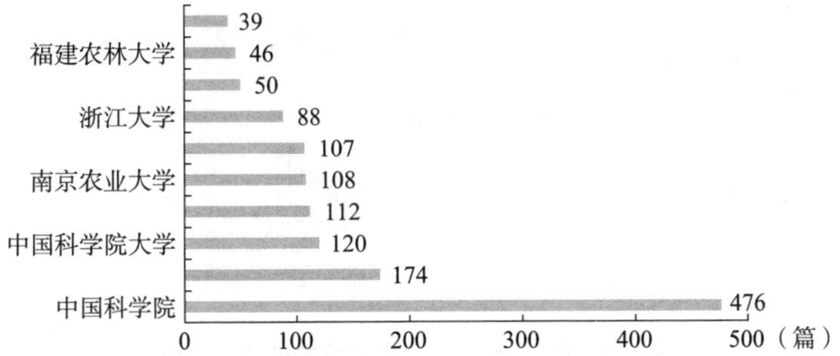

图 2-1　2019 年全国作物遗传领域论文主要发表机构

第二，近年来屡获国内种业相关大奖。北京市农林科学院玉米所赵久然研究员主持完成的“高产优质、多抗广适玉米品种京科 968 的培育与应用”项目，获得国家科技进步二等奖（见图 2-2）。该项目首创“X 群×黄改群”杂优模式，育成京科 968 等玉米品种 31 个，实现我国玉米杂优模式新突破；创新“高大严”自交系选育新方法，创制出京 724、京 92 等 26 个优良自交系，育成 S 型雄性不育系 S 京 724 等，为杂交种组配和三系配套制种奠定了材料基础；培育突破性品种京科 968，连续 4 年种植面积超过 2000 万亩，居东华北春玉米区首位，累计推广超过 1 亿亩，在此之前还曾获神农中华农业科技奖一等奖和中国作物科技奖；中国农业大学陈绍江、徐小炜、黎亮等发明设计的“一种辅助鉴定玉米单倍幼体诱导系方法及其专用引物”获第 21 届中国专利优秀奖。

第三，北京种业企业的科研投入位列全国之首。据农业农村部种业管理司统计数据，2019 年北京市种业企业的科研投入为 6.16 亿元，比 2018 年增加 1.33 亿元，位列全国之首，占全国种业企业科研总投入的 13.48%。其中，绝大部分是企业自主投入，投入金额为 5.88 亿元，企业自主投入力度也位列全国之首（见图 2-3）。

图 2-2　2020 年度国家科学技术进步二等奖

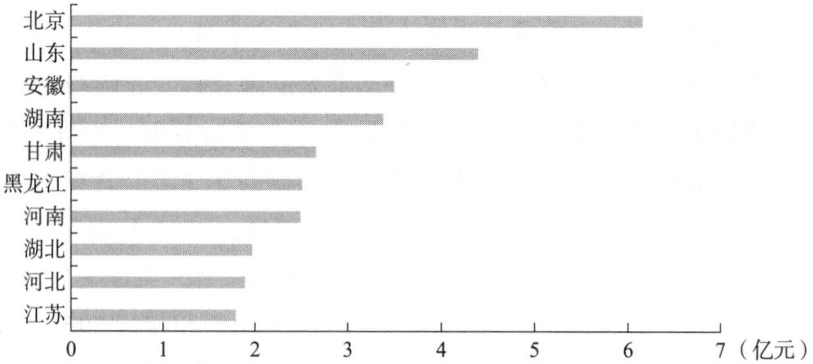

图 2-3　2019 年全国种业企业科研投入排名前十的地区

第四，建成全球最大的玉米标准 DNA 指纹库。玉米标准 DNA 指纹库是从分子水平上为每一个品种确定一个身份证，克服一品多名和一名多品的现象。由北京市农林科学院玉米所研发的玉米标准 DNA 指纹库容已突破 16000 多个，已累计鉴定样品 30000 多份次，为我国玉米品种区试、审定、品种权保护、种子执法、司法鉴定及种子企业合法经营、农民权益维护等方面提供了强有力的科技支撑，对规范种业市场以及玉米新品种权保护等方面都具有重要意义。

（二）培育系列优秀品种，领跑全国种业科技创新

第一，审定新品种数量位列全国第一。2019 年我国农业植物品种权申请量为 7032 件，授权量为 2288 件。其中，北京农业植物品种权申请量为 615 件，授权量为 265 件，位列全国第一（见表 2-3），授权量占全国的 11.58%，可谓“全国十粒种，一粒自北京”。在授权的新品种中，以玉米、大豆、小麦为主。

表 2-3　2019 年中国境内各省（自治区、直辖市）品种权申请授权数量排名

排名	省（自治区、直辖市）	申请量（件）	授权量（件）
1	北京	615	265
2	河南	738	244
3	黑龙江	443	175
4	江苏	313	166
5	山东	482	135
6	安徽	457	131
7	吉林	133	117
8	河北	425	100
9	广东	319	85
10	湖南	330	65

第二，培育的玉米优良品种屡获全国大奖。培育的玉米新品种京科、中单系列推广种植面积占全国市场 18%以上，其中，京科 968 年种植面积超过 2000 万亩，累计种植超 1 亿亩，是我国当前春玉米种植面积最大品种，通过国家五大玉米主产区审定，创 1362.07 千克/亩机械实收高产纪录，被农业农村部誉为“我国近十年来作物育种标志性成果”；京科糯 2000 是我国鲜食玉米种植面积最大、范围最广的主导品种，累计种植 1 亿亩以上，全国 30 多个省（自治区、直辖市）均有种植，占全国糯玉米种植总面积的 50%以上，成为越南等“一带一路”沿线国家主栽品种；高叶酸甜加糯玉米品种农科糯 336，叶酸含量高达 300μg 以上，被赞誉为“最好吃的玉米”；京农科 728 是我国首批通过国家审定的机收籽粒品种，累计推广 3000 万亩以上，入选“2020 年中国农业农村重大科技创新成果十项重大新产品”。2021 年中国北京种业大会上发布的“全国杰出贡献玉米自交系”名单上，来自中国农业科学院、中国农业大学、北京市农林科学院的 13 个育成品种被纳入，累计推广面积达 32.06 亿亩。

第三，首创“中国二系杂交小麦技术体系”并实现产业化。杂交小麦具有高产、稳产、抗逆、适应性强、抗旱耐盐碱等突出优势，节水 30%～50%，

增产20%以上。在巴基斯坦和乌兹别克斯坦等“一带一路”沿线国家试种成功，首次在国外审定了杂交小麦品种“JM6-3”，国际影响力大幅提升。攻克国际性科学难题，首创“中国二系杂交小麦技术体系”（见图2-4），并实现产业化，被袁隆平院士评价为我国继杂交水稻之后又一原创性重大成果。

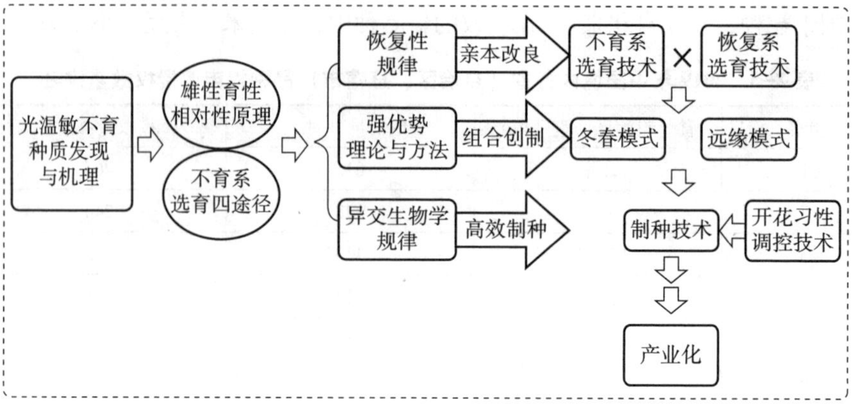

图2-4 中国二系杂交小麦技术体系

第四，培育的京春黄、京春CR、京葫36等蔬菜新品种结束了蔬菜高端品种国外垄断的历史。培育的白菜、西瓜、辣椒等主要蔬菜品种连续多年入选农业农村部推介主导品种，占全国入选蔬菜品种的1/3。秋播大白菜品种京秋3号和京秋4号，占华北和东北大白菜市场份额的65%以上，多次获得农业农村部和北京市科学技术一等奖；“京欣”“华欣”“京美”系列西瓜品种，在华北、华东等保护地西瓜主产区占有率超过60%（见图2-5），获得国家科技进步二等奖；以京葫36、京葫42、翠葫336为代表的系列西葫芦品种，在冬温室品种市场份额约占90%，彻底打破了国际跨国公司的垄断地位。

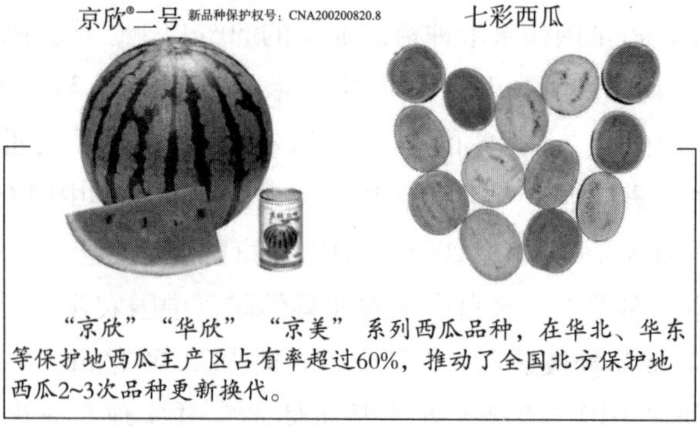

图2-5 西瓜优良品种京欣二号

（三）集聚国内外种业资源，建成国家最大种质资源数据管理平台

第一，种质资源保护体系不断完善。建成了国家作物种质资源大数据平台，拥有粮食、纤维、油料、蔬菜、果树、糖、烟、茶、桑、牧草、绿肥、热作等340多种作物、52万份种质的信息，位居世界第二。并且，新扩建的国家作物种质资源库于2021年底建成使用，可保存150万份种质资源，极大地提升了我国种质资源保护能力。北京市农作物种质资源库于2021年8月在北京市农林科学院揭牌，包括北京市农林科学院在内的第一批共21家单位被确定为农业种质资源保护单位，将对6万余份农作物、2个畜禽地方品种、1.5万份畜禽遗传材料，6个水产品种、2万余份农业微生物种质资源实施重点保护。

第二，种业专家与人才资源集聚。拥有中国科学院、中国农业科学院、中国农业大学、北京市农林科学院等全国育种研发机构80余家，拥有包括戴景瑞院士、方智远院士、官春云院士等在内的7位院士和千余位高水平专家，每年育成粮菜新品种400个以上，特别是玉米、小麦及蔬菜育种水平全国领先。截至2019年北京共拥有种业企业从业人员7861人，其中科研人员1756人，占比达22.33%，拥有博士学位的科研人员达133名，占种业企业科研人员的7.57%，是全国种业企业中拥有博士数量最多的省份（见图2-6）。

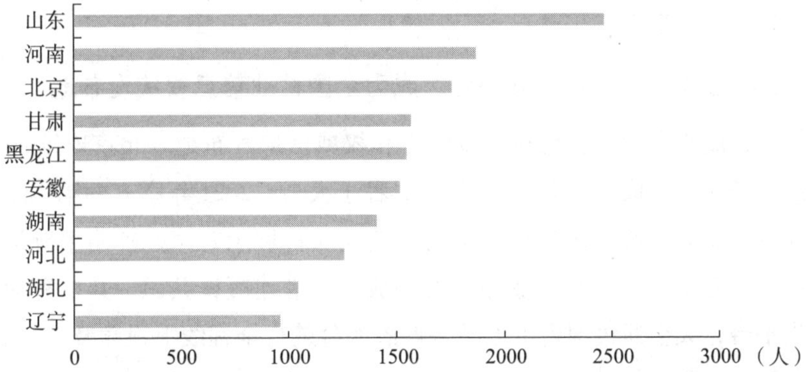

图2-6　2019年全国种业企业科研人员数量排名前十的省（自治区、直辖市）

第三，种业企业与管理资源集聚。截至2019年，北京共拥有种业企业269家，拥有包括中国种子集团有限公司、中农发种业集团股份有限公司等在内的种业骨干企业，两家企业2019年种子销售收入和商品种子销售额均位列全国前十（见表2-4）。在中国种子协会评选的2020年中国种子行业62家

AAA企业中，中国种子集团有限公司、京研益农（北京）种业科技有限公司、德农种业股份公司、北京联创种业有限公司、北京屯玉种业有限责任公司五家企业上榜，为加强种业信用体系建设、净化种业市场环境、维护良好的种业市场秩序提供支撑。全国种业50强企业有20家都在北京设立了总部或分支机构，世界十大种业企业有8家在北京设立办事处或研发中心，其中，孟山都、杜邦、利马格兰等全球知名种业企业总部落户北京。

表2-4　2019年全国种子销售收入排名前十的种业企业

排名	单位名称	省（自治区、直辖市）
1	袁隆平农业高科技股份有限公司	北京
2	北大荒垦丰种业股份有限公司	黑龙江
3	江苏省大华种业集团有限公司	江苏
4	广东鲜美种苗集团有限公司	广东
5	山东登海种业股份有限公司	山东
6	中国种子集团有限公司	北京
7	安徽荃银高科种业股份有限公司	安徽
8	中农发种业集团股份有限公司	北京
9	九圣禾种业股份有限公司	新疆
10	山东圣丰种业科技有限公司	山东

（四）搭建种业信息服务平台，成为全国种业信息权威发布地

第一，成为全国种业交易交流中心和权威信息发布地。北京连续举办29届全国种子大会，成功举办2014年世界种子大会。2021年举办的第二十九届中国北京种业大会通过现场展示交易、实地品种展示观摩、鲜明主题活动与成果展，全方位展示北京种业振兴发展成果，搭建凝聚共识、共推种业振兴的要素平台；大会通过国内主流网络直播平台进行全程线上视频及图片直播，8场直播点击量达472.76万，《人民日报》、新华社、中央电视台、《中国商报》、中新社、《中国日报》、《北京日报》、北京电视台、《新京报》等媒体报道达到3444篇；大会采用“线下+线上”的方式举行，现场交易成交量逾2.7亿元。此外，北京还建立了顺义、丰台两大种业交易交流区，为全国种业搭建了“全国农作物种子信息服务平台”，提供品种、技术、金融等信息。

第二，建立“10+1+5”新品种创新示范展示基地。基地涵盖10个郊区县的农作物新品种试验示范展示基地、1个国家级和市级基地及中国农科院、北京市农科院、中国农大、北京市农学院等已建立的种业创新孵化基地的5个科研院所。“10+1+5”新品种创新示范展示基地不仅用于新品种的展示，更有品种信息反馈、育种技术研究的功能，有助于北京种业科技水平的全面提升，有助于推动种业企业、育种科研单位和行业主管部门的交流。

第三，搭建“互联网+”商业化育种大数据平台。金种子育种云平台是全国首个自主知识产权，面向全国育种企业和科研院所，提供种质资源管理、试验规划、性状采集App、品种选育、品种区试、系谱管理、数据分析、基于电子标签（RFID）的育种全程可追溯等服务。目前，该平台已在天津市农业科学院、河北省农林科学院等400多家单位示范应用，涵盖玉米、水稻、小麦、大豆、油菜等作物，培训育种技术人员2000余人次；在袁隆平农业高科技股份有限公司（以下简称“隆平高科”）、辽宁东亚种业有限公司等单位实现商业化推广，累计开发出了面向种植业、养殖业、农产品加工业企业的农业专家系统200多个，经济社会效益显著。

三、北京现代种业发展问题与需求分析

（一）北京现代种业发展的主要问题

1. 种质资源库数据实用性弱，育种效率低

种质资源具有不可创造性和不可再生性，是农作物育种工作的物质基础，育种工作者可以使用的种质资源越丰富，育种的预见性就越强，越有可能培育出优良的新品种。在全国农作物种质资源保存体系中，北京农作物种质资源保存位列全国首位，但由于系统数据陈旧、种质资源和基因资源挖掘深度不够，原创性种质不足，具有重要利用价值的资源较少，种质资源无法直接用于组配，大规模的精准鉴定和综合评价工作尚未全面展开，需要通过大量的人工手段完成，耗时耗力，且容易造成不同育种家的重复工作。

2. 主要育种环节还未完成信息化改造，费时费力

北京绝大多数种业企业“小而散”，多靠“小作坊”的“经验式”育种，育种规模小，信息化基础设施较差，尚未在育、繁、推等关键环节实现信息管理自动化。例如，大部分育种人员仍采用传统育种方式获取形状、结构、

大小、颜色等作物表型数据，费时费力、效率低、主观性强，而系统、高效的作物表型信息获取技术仍停留在实验室阶段。此外，种业企业的信息化程度普遍较低，工作过程无法实现自动化和智能化，工作形成的信息数据无法自动采集和入库分析，计算机仅仅代替了纸和笔的记录功能，信息化提升业务功效的潜能无法发挥。例如，种质资源表型数据无法智能汇总分析，表型性状与关联基因信息脱节，海量品种组合与测试数据难以深度挖掘利用、分子设计育种仅停留在概念上无法实质推动、作物繁育中环境预测失灵、品种适宜性量化分析不准、农户种植个性化解决方案难寻。

3. 种子质量安全监管难度高，存在隐患

种子是最重要的农业生产资料，也是风险最大的特殊商品，种子的质量安全问题具有放大性和延后性，一旦出现问题，往往波及范围广，且损失无法挽回。在制种环节，目前遵循“育种公司将种苗发放给农户、基地或农业合作社——农户、基地或农业合作社将种苗培育成种子——育种公司再将种子回收，销售给种子销售公司”的模式。该模式下制种主体是农民，由于农民在技术和管理方面有一定的局限性，导致许多制种基地的生产经营管理达不到预期标准，存在着制种基地互相交叉、繁殖品种多而混杂、隔离区的距离缩小、病虫害控制不到位等问题，致使种子纯度下降、种子质量不达标，增加了整个产业链的不稳定性和风险性。推广环节中种子经营的主体数量大、规模小，点多面广且分散，一般的农业执法人员主要集中在县城的农业部门，而种子经营网点为了方便农民设立得较为分散，增加了监管难度，加之传统的手工记录方式存在信息汇报的延时性，往往因为缺乏证据而使执法困难重重。

4. 种业信息标准化程度低，商业化进程受阻

商业化育种是以满足市场需求为目的的工厂化流水线育种。商业化育种较传统育种具有速度快、成本低、种子产品标准化程度高等优势。目前，北京育种机构多而分散，竞争激烈而缺乏交流，在数据标准、操作规范、管理理念等方面差异性较大，种业信息资源没有形成一套由数据元素标准、信息分类编码标准、用户视图标准、概念数据库标准、逻辑数据库标准组成的信息资源管理基础标准，所以无法实现数据交换和信息规范表达，造成现有信息系统功能单一、系统之间不能兼容共享、种业数据库“孤岛”现象严重。此外，一些大型种企已使用商业化育种软件，但大部分是国外育种软件，与

国内种业产业流程、标准都存在一定差异，导致软件只在用户部分业务环节应用，或仅仅使用软件中的少数几个功能模块，无法实现标准化以及持续不断的工厂化流程，难以实现商业化育种。

5. 生物技术与信息技术有待进一步协同发展

伴随着信息科技和农业科技的发展，种业发展是一个协同创新、多学科交叉合作的新模式，需要农学、分子遗传育种、生物信息学、计算机图形图像、计算数学、自动化、生物传感器等多学科专业技术力量的协同融合。目前，北京的育种研究力量分散薄弱、各自为战情况严重，各研究机构间存在数据不共享、信息不联通的问题，严重制约了资金、设备的使用率，资源利用率及成果产出率。基因组学、遗传育种领域的科研人员缺乏计算科学的背景，图形图像、计算数学领域的研究人员又不懂生物学知识，跨专业的复合型人才短缺，极大地限制了学科交叉融合、协同创新能力的提高。

（二）北京现代种业发展的信息化需求

1. 迫切需要加快信息化育种关键技术的研发

虽然“育种家的眼睛”可能永远都不会被完全替代，但信息技术却让育种家看到更多，并为基于表型的筛选提供更好的信息。新一代传感器技术的突破与创新是加速作物表型大数据获取的底层驱动技术，迫切需要加强作物表型—环境感知机理研究，运用生物传感器和新型材料突破多性状的连续监测，提高表型检测精度，增加生育动态、代谢组分等可测表型数量。此外，大田试验是育种中最重要的一环，田间表型采集设备的智能化程度真正决定了作物表型组大数据发展进程的快慢。因此，迫切需要加强植物生理传感器、植物生态传感器等新一代生物传感器的研发，加强边缘计算、机器人技术、无人机和遥感技术在田间育种的应用，加速生物技术与信息技术的深度融合，推动现代育种技术快速发展。

2. 迫切需要加快种业信息标准化、数据化建设

在大数据时代，智能化育种的前提是标准化、系统化大数据体系。特别是随着基因组测序、表型高通量获取技术及数据科学的迅猛发展，为规模化、批量化的种质资源精准鉴定、大数据存储与管理、开放共享的数据库构建提供了硬件基础和技术支撑。迫切需要加快高通量、精准化、规模化、数字化的种质资源精准鉴定体系建设，加强基于大数据技术框架的育种数据采集、

存储、管理、整合、挖掘技术研究，如在表型大数据构建方面，加强作物表型组大数据的结构标准化，推进挖掘语言的标准化，促进并形成系统化、数字化的作物种质资源数据库；鼓励以种业企业为驱动，建设大数据作物育种信息化体系，实现数据的标准化采集、归类、融合和挖掘，同时实现数据的公共分析与服务，加强种质资源创新和品种研发创新，提高品种研发效率，缩短品种研发周期。

3. 迫切需要加快新品种推广过程信息化

新品种的研发与培育最终是要为农业生产主体服务的，种子只有流向市场才能充分发挥其农业“芯片”的作用。因此迫切需要开发作物种植环境信息监测与智能分析系统、精确用种机械设备、种子产品定制与精准推广信息技术支持系统，开发种子电子商务平台和农技服务信息体系，借助于信息化技术与手段加速其推广与流通。一是使用物联网技术，从农作物品种田块信息、制种过程质量信息、收获、数量、原料批次、加工批次、成品代码信息、销售商数据库信息直至种植户信息等建立全程跟踪系统，确保种子质量安全，实现风险可控、质量可追踪。二是建立种业电子商务平台。按照自愿原则，组织部分重信誉、有实力的大中型企业参与试运行，让零售商和农民足不出户即可购买放心种子和相关服务。三是针对近年来各地农业结构调整带来的农村经营单元变化，建立和完善分作物的种植户信息数据库，配合如短信、飞信、微信等现代通信手段，定向展开种业新品种发布、配套农业栽培技术培训与推广等活动。

4. 迫切需要进一步推进种业信息装备的自主研发

种业智能装备是提高育种效率、转变现代农业发展方式、提升农业综合生产能力的基础与保障，迫切需要进一步加强信息感知、智能检测、大数据、智能设计等理论和方法研究，加快发展大田作物精准播种、精准施肥/药、精准收获等种业智能装备，如研发适应恶劣作业环境、完成高质量作业要求的田间作业机器人，搭载多源传感器无人驾驶拖拉机，实现田间环境信息、作物生长信息及装备作业的实时监控、数据的实时传输与应用，实现整个流程的自动化、智能化等，最终实现“机器替代人力”“自主技术替代进口”的重大转变。

第二节 信息技术促进现代种业发展的内涵、特点与需求

一、信息技术促进现代种业发展的内涵

所谓现代种业，是指利用现代设施装备和现代科学育种技术，采用现代生产经营管理和示范推广模式，推动种业产学研相结合、育繁推一体化，实现种业的先进化、商业化、紧密化和科学化发展。进入21世纪以来，随着互联网、人工智能、深度学习等现代信息技术迅速发展，全球已迈入大数据时代。同时，信息科学与生命科学跨学科交叉融合为育种技术的跨越发展提供了新的契机。因此，本书讨论的基于信息技术的现代种业是指借助于移动互联网、人工智能、区块链、大数据、边缘计算等新一代信息技术，通过与分子标记、转基因、基因编辑、分子设计育种等现代生物技术融合，以熟化信息技术在育种、繁殖、推广、管理、服务等全产业链的应用推广与示范创新为目标，推动现代种业育种专业化、生产标准化、服务综合化、管理信息化、技术装备精准化发展，实现现代种业模式创新、管理创新与技术创新。

二、信息技术促进现代种业发展的特点

（一）促进育种技术精准化

以作物基因型、表型、环境及遗传资源等组学大数据为核心，以人工智能、育种机械化、传感器、大数据、转基因、基因编辑、分子设计育种、合成生物等技术为依托，通过遗传变异数据、多组学大数据、杂交育种数据的整合，构建机器学习预测模型深入地挖掘“基因型—表型—环境型”内在关联，创制智能组合优良等位基因育种设计方案，能够实现基因的快速挖掘与表型的精准预测，最终推动智能、高效、定向培育作物新品种创制。

（二）重构生态化育种体系

通过构建试验管理系统、育种管理系统、模块化育种平台、智能化育种大数据平台，搭建性状采集设备、高通量无人机表型平台、数字化表型组学观测平台，能够覆盖育种、制种、推广、监管、服务等全产业各环节，实现各环节的数据、资源、能力和业务协同，构建优势互补、合作共赢、可持续

发展的协作网络，培育专业化、体系化、市场化、个性化育种新模式，带来现代种业新的技术创新及经济增长点。

（三）推动经营管理数字化

依托表型平台、传感设备、无线通信、数据库和大数据分析等现代信息技术和机械装备，通过农学、植物学、自动化、机械工程、图形图像和计算机科学等多学科人员在大数据形成的各环节紧密协作，推动制种环节管理决策的定量化、精准化，经营推广环节的质量安全溯源透明化，监管环节的在线化与数据化，构建数据驱动的经营决策方案，加强种业链全过程贯通，实现全价值链、全要素资源的动态配置和全局优化，提高全要素生产率。

（四）实现用户服务智能化

基于对育种科研人员、种业企业、政府部门、农业生产主体等不同利益主体的需求分析，开展技术攻关和产品研发，构建辐射全产业链的商业化育种体系，根据用户的种植品种、生产环境等提供个性化定制和现场实施方案，有针对性地、及时地为用户提供符合其需求的多样化服务，有助于种业服务供需主体的精准对接。

三、信息技术对现代种业发展的助推作用

（一）搭建育种信息管理平台，提升育种效率

种子繁育具有育种材料数量多、测配组合规模庞大、试验基地分布区域广、性状数据海量等特点，通过将物联网、互联网等现代信息技术与商业化育种关键环节紧密结合，研发作物育种信息管理平台，能有效提高育种效率、降低育种专家劳动强度。育种管理系统围绕新品种选育的实际过程，以性状数据采集和处理分析为核心，以育种过程管理为基础，实现对育种的信息化管理和数据的科学化分析，全面提高育种的管理水平和数据处理能力。种质资源库管理系统可以实现对仓储种质材料基础信息的采集和管理，详细记录种子出入库和库存信息，为育种工作开展做支撑；育种管理系统能够实现年度育种计划制订、组合亲本材料选配、田间杂交配组、农艺性状采集和分析的全过程数据采集和管理，为育种工作者提供科学的统计分析数据，辅助育种者提高育种效率；田间数据采集系统则基于手持移动数据采集终端，实现采集模板定制，方便育种工作者随时随地采集农业性状数据，并通过 GPRS/

3G 网络与服务器端进行通信，传输数据，极大地提高育种效率。

（二）催生品种权网上交易新模式，使研发与市场接轨

现代种业的科技研发目标应该直接与市场接轨，通过科研人员、产品经理与客户/用户的互动沟通来改变品种选育的方向、品种生产的数量等。传统的种业需要信息收集工作者进入田间地头、乡村和农场进行调研，再结合销售部门的意见进行综合评估，然后各个部门进行汇总，最后制定出一个统筹的规划，而现在可以利用有限的人力资源做目标市场最大、最常态的沟通。种业科技成果产权交易中心及交易平台可以通过推进种业科技成果产权交易，为促进种业科企分工协作、加速成果推广应用、强化行业监管提供可靠支撑。同时，交易中心及交易平台可以发挥大数据种业科技成果信息云平台、一站式交易对接电子平台、可视化展示推介基地等重要功能作用，改变成果转化方式，发挥市场在种业科技公共成果资源配置中的重要作用，提高种业科技成果转化率，促进种业科研成果交易向着更加公平、公开、高效的方向发展。

（三）通过电子商务平台挖掘种业交易大数据信息，实现精准销售，降低交易成本

随着互联网应用的高速发展，电子商务在产业链资源整合、促进产品流通等方面的优势凸显。电子商务的最大优势在于“产销对接”，其提供公开透明的营销平台，让农民享受到出厂价的实惠，并获得企业更直接的技术服务。种业作为我国农业的重要产业之一，借助于电子商务有效整合行业资源，打通产业链，有助于促进种子企业的兼并融合，促进公平竞争，同时有效实现产业结构升级。种企通过 B2B 电子商务模式建立自己的电子商务平台，种企与经销商、零售商和其他合作伙伴组成的电子联盟产生了有关客户、产品、竞争者及市场和销售的商业信息。种企既可以了解客户的销售历史、产品销售历史、条款和折扣、产品供应以及促销、销售和市场信息，又可以得到运送成本和条款、运送安排、存货位置、运输花费和存货补给的响应时间。海量用户和良好的数据资产将成为未来现代化种业的核心竞争力。通过电子商务平台种企与客户建立高效、密切的联系，既可以加强外部资源的开发和利用，又可以利用获得的大数据在竞争中科学地制定生产经营策略，降低交易成本，提高企业竞争力。

（四）构建种子质量安全全程可追溯体系，保障用种安全

我国近 6000 家种子企业经营着 15000 多个品种，服务着数以亿计的农户

种植的1.2亿公顷耕地。由于种子企业和品种数量过多，每家种子企业又有数量庞大的经销商，对农民选种用种和有关部门规范管理造成很大的困难，增加了市场监管难度和农民用种风险。种子质量安全全程可追溯体系可以将种子产地、种子企业、种子销售商、种植农户、管理部门、包装种子、种子库等元素通过互联网络连接起来，在种子生产供应链上的各个环节对种子信息进行标识、采集和传递，建立智能化的管理应用平台，实现覆盖生产、加工流通的全过程精确管理和质量追溯，保障生产用种安全。通过种子质量安全全程可追溯体系，农民和监管部门可以实现对种子信息的全程追溯，包括品种名称、包装式样、审定编号、适宜区域、企业资质等；种子企业的管理员也可实现对种子从基地制种、加工包装到发货配送、终端销售等环节全程的查询。追溯系统不仅能让农民买到放心种子，帮助监管者更高效地查处假冒伪劣和套牌侵权种子案件，还可以使企业实现更完善的内部管理、收集更完善的市场销售信息，从而带动种业的整体进步，全面提升我国种业的水平。

四、信息技术促进现代种业发展的未来发展趋势

伴随着大数据、人工智能、元宇宙等信息技术的不断深化，作物育种技术也正在进入以基因组和信息化技术高度融合为主的“育种4.0”——智能设计育种。“育种4.0”通过“常规育种+生物技术+信息技术+人工智能”的有机结合，将生命科学、信息科学等多学科交叉与协同创新，以作物基因型、表型、环境及遗传资源等组学大数据为核心，以人工智能技术为依托，整合遗传变异数据、多组学大数据、杂交育种数据，实现基因的快速挖掘与表型的精准预测，基于全基因组层面建立机器学习预测模型，创制智能组合优良等位基因育种设计方案，最终实现智能、高效、定向培育作物新品种。目前，以美国为代表的种业强国已率先进入了智能设计育种4.0时代，而北京仍处于2.0到3.0时代的过渡阶段，与种业强国的差距十分明显。在我国建设种业强国和北京建设种业之都的背景下，数字技术和智能装备及软件在复杂对象的特征表征、多模态融合、基因挖掘、预测模型、决策反馈等方面表现出的独特的优势为提速北京现代种业发展，实现复杂农艺性状精准、高效、个性化的智能设计育种提供了可能。

特别是伴随着新一代基因测序、表型获取技术的高速发展，作物育种研究领域涌现出越来越多的基因数据、表型数据和环境数据，人工智能、信息

技术与常规育种、生物技术深度融合，推动育种从杂交育种和田间筛选的传统育种流程向数据驱动的智能育种技术体系转变。未来育种将呈现数据获取（表型、基因型、环境型大数据、人工智能、5G）+数据处理（人工智能、算法、模型）+田间管理（机械、栽培、植保）的大数据驱动的育种模式。在此新的育种体系中，信息技术与智能装备技术应用在育种数据获取、解析、存储、管理、应用等各环节，将形成计算机辅助或代替人脑工作，智能装备代替人工劳作的颠覆性育种新模式。

第三节　信息技术促进现代种业发展的应用场景分析

一、面向政府管理部门：种业监管大数据

大数据作为新型“互联网+”技术的热点前沿技术之一，已经应用到种业全产业链的信息化建设中。国际著名数据公司（IDC）认为，大数据是新一代的技术和架构，使用高速获取、发现和分析方法提取的各种数据，具有四大特征，即海量的数据规模、快速的数据流转和动态的数据体系、多样的数据类型和巨大的数据价值。种业数据具有典型的大数据特征，种业监管大数据是“互联网+”现代种业的典型应用场景之一。

（一）场景概述

种业监管大数据以种业大数据分析、挖掘和可视化为支撑，以提供精准的数据信息服务为内容，覆盖品种审定、品种登记、品种保护、品种推广等各项种业行业数据，可实现品种追溯、质量追溯、市场主体追溯和一站式信息查询及业务办理。种业监管大数据的关键技术在于种业数据的采集、预处理、存储、管理、分析、挖掘、检索和可视化等。种业监管大数据的用途在于实现种业跨数据融合，挖掘种业信息资源，形成“纵向贯通、横向融合”的种业信息体系，有利于国家以及地方各级部门加强种业监管，强化对种业发展全局性、战略性和前瞻性工作的布局，有利于建立更加规范、有序、开放、竞争的行业发展环境，不断强化管理职能，提高管理效率，创新管理模式，提升政府服务和监管能力，推动政府管理精简化。

（二）场景特点

种业监管大数据以种业数据的采集、处理分析和利用为核心，具有数据

量大、决策支撑能力强、服务便捷和公益性等特征。

第一，种业监管大数据资源丰富，采集手段更加先进。种业大数据的数据源复杂多样，是多品种、多数据源、多数据类型的融合，交叉信息资源的集合。种业大数据包括重要的气象数据（降水、温度、光照、湿度、蒸发量等），土壤数据（肥力、酸碱性、矿物质、盐分等），种子生长中遇到的病虫害、种子中的微量元素、基因组信息、种子生理信息指标等种子生产数据，品种数据，政务管理数据等。从数据类型角度看，采集的数据包括文本、音频、视频、图像、数字等结构化、半结构化和非结构化的类型。利用网络数据抓取技术对微信、微博、新闻客户端、自媒体、相关网站等互联网上出现的有关的种业数据进行动态监测并定向挖掘采集，采集的数据包括种子价格、生产流通成本、种子供需、进出口、质量安全以及种子育种科研实验数据、野外调查信息、基因图谱数据等。因此，需要应用到大数据采集技术，包括智能化感知设备、数据采集系统以及各类数据库等。

第二，种业大数据的挖掘分析可提供决策支撑。种业大数据基于现代智能算法对海量数据流进行批量化处理分析，涉及种业上下游产业链的各类数据信息形成一个循环、共享、互联互通的生态圈，打破各数据主体之间数据连接隔阂，降低数据获取成本，提高数据利用效率。从数据运用角度，海量的数据通过处理分析，成为指导生产经营的依据和基础，包括用来分析种子研发所需的自然条件，预测种子种植产量、价格走势、生产成本、虫害预防等，政府主管部门能更加有效、精准地发挥监管职能。

第三，种业大数据的可视化服务更加便捷。数据可视化是大数据应用的最后环节，是将数据分析结果转换成静态或动态的图片、表格等更符合人们观感的视觉形式，数据可视化涉及信息技术、图形学、计算机视觉等多门学科，是一个跨学科的研究和应用领域。种业大数据平台可根据不同用户的需求，利用可视化分析技术，针对各类种业数据的详细信息，生成不同的可视化展示图像。对于政府加强种子投入监管、种子质量溯源以及育种生产基地的制种过程管理和用种地图可进行形象化展示。

第四，种业监管大数据具有明显的公益性特征。农业种质资源是保障国家粮食安全与重要农产品供给的战略性资源，是种业原始创新的物质基础。《数字农业农村发展规划（2019—2025 年）》提出要构建基础数据资源体系，建设重要农业种质资源大数据。种业大数据的建设由政府部门主导建设，因此具有明显的公益性特征。全国统一的国家种业大数据平台建设可实现全国农业种质资源的收集，形成全国农业种质资源分布底图，实现全国农作物、畜禽、水产、微生物等种质资源的数字化动态监测、信息化监督管理，为行业监管、产业发展提供大数据支持。

（三）适宜性分析与典型应用

种业数字化一直以来都是国家非常重视的发展方向，经过持续投入，目前种业领域已经具备了发展大数据的基础，数据的存储量也已经达到了一定的规模，结构化、半结构化和非结构化的数据类型都在持续攀升。种业监管大数据可为政府管理部门和执法部门提供大数据支撑，为发挥政府职能提供决策支持。

从实践应用来看，在国家层面上，以中国种业信息网、中国种子网为基础搭建了第一个专门针对种业的大数据平台——中国种业大数据平台，平台汇集了品种审定、品种登记、品种保护、品种推广等各项种业行业数据，基本实现了从育种创新到品种测试的数字化、经营主体管理和决策的科学化、市场监测和公共服务业务的信息化。中国种业大数据平台利用互联网、大数据等信息技术，以信息公开、强化监管、优化服务为宗旨，按照统一数据格式、统一数据接口、统一数据应用的原则，对国家、省、地市、县四级的种业管理数据信息进行整合，打通了品种审定、登记、保护以及种子生产经营许可、种子市场监管等种业管理相关信息，通过种业信息互联互通、数据共享公开，实现品种可追溯、种子质量可追溯、市场主体可追溯，有效解决了我国种业存在的信息孤岛问题，为全面提升种业管理水平提供了技术支撑。

（四）面临的问题和挑战

当前我国种业监管大数据建设主要面临以下 3 个方面的问题和挑战：

一是农业种质资源丰富，类型多样，数据资源采集困难。种质资源是种业创新的源头。我国拥有 52 万份农作物种质资源，居全球第二。但是，完成资源精准鉴定的不到 10%，真正有用的基因还没被完全挖掘。同时，种质资源多来自国内，群体遗传基础狭窄，选择空间有限。此外，各地各级政府部门和企业等主体建设的种业数据库系统采集的种质资源数据存在标准不统一、格式不统一、接口不统一等问题，种业大数据整合共享不足。因此，种业大数据所涉及的种子生产环境数据如土壤肥力、温度、湿度，种业网络数据如网站、社交平台、媒体的最新资讯，种业市场数据如种子价格、种子流通，以及种子生命信息数据如种子基因、蛋白等多种类型的相关信息严重缺乏，使得大数据技术难以发挥作用，少量的数据分析结果难以成为科学决策的依据，难以推动种业的数字化发展。

二是种业监管大数据系统的处理分析和展示技术研发应用不足。首先，当前种业大数据平台的处理分析仍采用传统的数据分析方式，利用标准的统计方法，进行简单的线性分析，没有融入数据挖掘、算法分析、机械学习等前沿的大数据分析技术，多重组学大数据整合分析模型算法等发展明显滞后，无法对海量数据进行批量处理和流处理。此外，数据分析呈现的可视化水平低。当前，种业大数据平台数据分析的呈现主要以文字、图表为主，展示的数据多是以一年或一个季度为周期。先进的可视化工具如 JupyteR、Tableau、GoogleChart 等尚未得到较好应用，无法对收集的数据进行运算、转换，无法根据需求建立可视化场景，将数据转换成方便人们了解的视觉化图表，数据的利用效果被弱化。种业大数据平台由于缺乏核心的大数据处理分析技术，使得平台系统整体上对数据的利用率偏低，无法发挥出数据的最大价值。

三是种业监管大数据平台的功能模块建设有待完善。2021 年 8 月，国家发展改革委、农业农村部联合印发《“十四五”现代种业提升工程建设规划》，指出种业处于农业产业链的源头，是建设现代农业的标志性、先导性工程，是国家战略性、基础性核心产业。种业大数据的建设能够有力支撑种业创新，为种业全产业链各环节主体提供全面的信息服务和决策支撑。但当前我国种业大数据平台的建设仍不完善，仅覆盖农作物种子管理集成平台和农作物种子企业集成业务办理平台，全国农业种质资源大数据平台尚未建立，商品种子质量安全追溯平台数据和功能难以满足种业监管和市场需求。面向当前种质资源创新、应用与保护的需求，应尽快搭建全国统一的农业种质资源大数据平台，实现用户注册、资源身份信息登记填报、资源身份信息查询和统计分析、登记资源发布共享等功能，推动资源登记交流共享；完善商品种子质量安全追溯平台，建设数字化种业政务监管与服务系统，实现种子基地监管、种业市场监管、种子质量追溯、种业社会化服务、种子检测认证等，打通品种、市场、种业主体数据流，加快推动数据融合，提升种业全链条、全流程数字化监管与服务水平。

二、面向科研单位：农作物种质资源管理平台

农作物种质资源是保障国家粮食安全与重要农产品供给的战略性资源，

是农业科技原始创新与现代种业发展的物质基础。种质资源信息类型多样、数据量大、结构复杂，标准不统一，传统的信息管理手段难以高效管理日益增长的种质资源。基于新型“互联网+”技术的分布式种质资源管理平台，能够为科研人员提供更加高效的信息管理与共享平台，为种质资源深度挖掘和数字化育种提供新的技术支撑。

（一）场景概述

农作物种质资源管理平台是对粮、棉、油、菜等作物种质资源和遗传材料的数字化管理和利用，种质资源管理平台的数据包括种质考察、引种、保存、监测、鉴定、评价和利用数据，作物品种系谱、区试、示范和审定数据，以及作物指纹图谱和 DNA 序列数据等，通过条形码或电子标签技术等为每一份种子建立唯一标识，以促进育种资源的妥善保管和优良品种的选育。种质资源管理平台通过对农作物种质资源的登记，可以进一步摸清资源家底，全面掌握全国各级种质资源保存机构、科研单位、公司和个人等持有的农作物种质资源情况；利用资源登记信息开展信息共享，从而推动优异种质资源的共享利用，并提高共享效率，同时为农作物种质资源权益相关法律法规的制定提供数据支撑。

（二）场景特点

农作物种质资源管理平台以农作物种质资源大数据建设为核心内容，平台登记的种质资源具有唯一的电子标识，可实现种质资源的查询检索、育种分析和资源共享。具有以下 3 方面特征：

第一，种质资源的数字化、信息化管理。通过信息化手段采集农作物种质资源信息，包括该种质的作物类型、种质类别、科属种等基础信息和基本农艺性状信息，对育种及生产具有重要利用价值的信息等。利用区块链等数字化、信息化技术为每一份种子建立唯一标识，实现种质资源的分布式存储和统一身份信息管理。种质资源出入库时可实现自动识别，支持育种资源批量出库、入库，可批量处理已有的育种资源数据以及图片，并可根据不同用户的需求进行种质资源的信息服务和数据安全的管理。

第二，种质资源的信息共享。种质资源信息的收集、存储、管理是一项长期性工作，随着种质资源相关研究的深入，新品种、新特性将不断涌现，种质资源的数据类型和数据量将不断扩大。农作物种质资源管理平台通过加强种质资源的收集与整合，不断扩大农作物种质资源的储备数量，为科研院所、大专院校、企业、政府部门、生产单位和社会公众提供农作物种质资源实物共享和信息共享，能够有效减少种质资源的重复建设，使运行服务更加高效。

第三，种质资源的挖掘利用。种质资源管理系统的开发是提高种质资源管理效率、发掘种质资源潜在信息的有效手段。通过种质资源管理平台可以综合管理育种资源的表型性状、基因等相关信息和图片，可对种质基本信息和性状数据进行多条件检索，查找需要的资源。分布式种质资源管理平台能够满足大数据时代下种质数据不断增长的计算能力需要，方便用户利用数据挖掘等方法获取海量种质数据中潜在的知识、信息。平台挖掘能力的支撑，可为科研人员提供面向海量数据的挖掘业务，包括关联知识发现、野生种质预测、核心种质筛选等，有助于推动种质资源的创新、共享和可持续利用。

（三）适宜性分析与典型应用

农作物种质资源管理平台能够为科研院所、大专院校、企业、政府部门、生产单位和社会公众等提供种质资源信息服务，适用于育种科研单位、种质资源管理和保护单位等。

从实践应用来看，我国建立了国家农作物种质资源共享服务平台，开发了中国作物种质资源信息系统，其主要用户包括决策部门、新品种保护和品种审定机构、种质资源和生物技术研究人员、育种家、种质库管理人员、引种和考察人员、农民及种子、饲料、酿酒、制药、食品、饮料、烟草、轻纺和环保等企业。国家农作物种质资源数据库系统，除具有数据生成、维护、查询、报表打印、数据连接变换等功能外，还实现了大样本数理统计分析、作物系谱分析、图形分析、多字段分类统计等，可为全国农业生产和科研单位提供种质信息。

（四）面临的问题或挑战

当前我国农作物种质资源管理平台建设主要面临以下 3 个方面的问题和挑战：

一是农作物种质资源采集设备缺失，数字化采集技术应用推广不足。目前，我国种业信息化程度总体不高，发展信息化所需要的技术设备严重不足。例如，农业遥感技术可实现对农作物、土壤环境及气象环境的自动监测，通过光波射频技术、传感器等获取农作物生长态势、土质情况以及当前的气象变化状况等信息。但当前我国农业遥感技术普及率仍然较低，现有的采集设备大都布局在现代农业示范区、农业信息化示范基地等。由于缺乏专业的数据采集设备，所获取到的种业田间基准数据等资源极其有限。此外，农作物生命信息智能感知设备普及率极低，目前基本上只有在实验室育种或良种试验时应用。广大的田间地头尚没有相应采集设备，因此导致有关种子内部信息的 DNA 构成、蛋白质含量、基因组、种子活力、叶绿素含量等，以及可视信息如生物量、茎干直径、叶面积、病虫害等信息采集困难，造成此类信息严重缺乏，严重影响了对种质资源数据的分析和挖掘利用。

二是农作物种质资源数据挖掘利用滞后。尽管我国已经建立了部分作物种质资源数据库，但大部分数据库只具有种质资源信息查询功能和初步的统计分析功能，针对海量种质资源开展的数据挖掘研究较少。农作物种质资源数据的挖掘不仅能够总结出有关种质资源农艺性状、品质、抗逆、抗病虫等特性的关联知识，还能为核心种质资源保护、优良品种选育等提供精准服务。目前，数据挖掘技术虽然已在种质资源领域有一定应用，但由于种质数据本身具有量大、多维的特点，且与其密切相关的气象数据、地理数据等，都是数据量高达 TB、PB 级的海量数据，种质资源表型精准鉴定、全基因组水平基因型鉴定以及新基因发掘不够，难以满足品种选育对优异新种质和新基因的需求，资源优势尚未转化为经济优势。此外，基于云计算技术的种质资源数据挖掘技术、算法和平台研究仍然滞后，不能满足种质资源数据不断增长的计算能力需要，难以充分发挥国家作物种质资源数据库的作用。

三是农作物种质资源数据共享不足。目前，我国农作物种质资源共享利用不足，一方面，农作物种质资源信息共享机制不健全，导致优异种质资源难以有效利用。当前，科研人员均主要通过查找文献资料了解并获知相关农作物种质信息，单位间种质交换和自行收集种质居多，农作物种质资源信息共享服务不能完全满足科研与农业推广生产的需求。另一方面，农作物种质资源共享平台建设滞后，种质研究信息不畅、互相割据、重复研究现象普遍存在，亟待制定科学合理的种质资源利益分享机制，整合、集成全国性农作物种质资源数据共享平台，优化种质资源信息共享服务，提高种质资源的共享效率，提高作物种质资源利用效率，更好地保护和利用我国丰富的作物种质资源，提升国家农业创新体系的整体实力和水平。

三、面向育种单位：商业化育种软件

随着我国育种年限的增长、育种规模的不断扩大，及商业化育种体系的不断完善，育种材料得以快速积累，传统人工种质材料筛选评价工作面临较大挑战。而应用软件在辅助用户利用计算机进行数据分析管理方面的优势，使商业化育种软件研发成为必然的发展趋势。迫切需要通过商业化育种软件的研发熟化与推广应用，突破育种家精力有限的难题，为育种单位种质资源挖掘、亲本选育、组配方案制定等提供规模化精准决策、智能化预测评估，以显著提高育种效率效益。

（一）场景概述

商业化育种软件是指集成应用计算机、GIS、人工智能等技术，推动大数据、物联网等现代信息技术与传统育种技术融合创新，通过搭建材料管理、组合管理、试验管理、数据分析、基于 Android 手机/掌上电脑的性状数据采集系统、系谱和世代追溯系统、二维条码种质资源管理系统等功能模块，实现育种试验设计、数据采集、数据存储、数据分析等育种过程的标准化、程序化、数字化管理，从而提高育种选择效率，为育种工作服务。

（二）场景特点

一是促使育种试验更加便捷。商业化育种软件一般设置“组合管理”“试验管理”等板块，能够通过提供手动、计算机辅助配组等方法，按年度、配组人等多角度查询配组结果，为亲本材料评价和下一步组合选配提供参考，以及通过提供对比法、间比法、完全随机区组等常用试验设计方法，支持田间育种材料图形化排布，自动生成电子记载本。二是方便育种数据采集与管理。通过综合管理育种过程中获取的文字、数值及性状特征图片、分子标记图谱信息，能够提供多种形式数据获取以及多层次的数据筛选查询。三是提供育种数据科学分析。通过提供方差分析、配合力分析等常规统计分析，结合育种家的经验，能够辅助育种家筛选出综合性状优良的种子。

（三）适宜性分析与典型应用

商业化育种软件主要为科研机构、育种企业等育种单位在商业化育种过程中提供完整信息化解决方案。故该场景多适用于科研机构、育种企业等各类育种单位。目前，面向育种单位的商业化育种软件典型场景已较为广泛。

例如，由华智水稻生物技术有限公司研发的现代化育种软件平台“华智育种管家”主要包含种质库存、繁育活动、品种测试、分子育种、移动应用、系统管理等八大核心模块，能够提供育种材料、杂交配组、田间测试等服务，以及开展育种数据分析与品种综合评价，已在隆平高科、川农高科、中国农业大学等 37 家育种单位开展合作与应用推广。

（四）面临的问题或挑战

当前育种数字化发展主要面临以下 3 个方面问题：

一是育种人员商业化育种软件接受程度有限。商业化育种软件的应用能够削弱育种人员的经验依赖，增强育种的准确性。但目前有相当一部分育种人员依然主观上偏好传统的育种方法，通过简单的数据记录进行选育，同时也有较多育种人员客观上缺乏计算机基础，很难主动了解、学习和应用商业化育种软件，难以跨越育种软件应用的门槛，使育种软件仍难以实现大范围推广应用。

二是商业化育种软件技术产品仍不够成熟。作为育种工作的核心工具，目前国内商业化育种软件仍难以满足日益变化的育种工作需要，技术产品适用性有待提高。例如，市场上主要的育种软件大多安装在计算机上使用，没有适配移动端，使得育种数据采集、核对工作的效率和准确度较低。受到遗传评估程序计算效率限制，很多商业化育种软件测定无法在当天完成选留工作，影响了育种效率。同时，育种决策的数学运算模型还不够成熟，使软件的定量化和智能化决策效果不明显。

三是商业化育种单位数据共享存在障碍。相较于国外，国内大多数育种单位的育种工作开展得时间比较晚，种质资源数据积累量整体较少。同时，受国内育种领域体制机制障碍、共享技术支撑不足、政策法规建设滞后、共享标准规则缺乏等因素影响，育种过程面临数据资源无法互联互通、数据孤岛现象频现等制约，对整个育种工作中的数据分析工作形成一定的阻碍，导致较难实现育种决策过程的数据信息交流。

四、面向育/繁种基地：种业物联网

种业集约化、信息化发展的新形势，对我国育种繁种方式提出了新的要求，传统人工现场管理方式在效率效益层面已存在较多局限与不足，而借助于种业物联网建设，实现自动化的远程智能管理，将成为我国现代育种的重要发展方向。因此，迫切需要大力推动种业物联网建设，将无线传感器、远程监控系统、信息传输处理技术、无线手持机采集器等技术设备综合应用于现代育种繁种过程，以帮助育种家及时发现问题、远程操控管理，实现育种繁种全过程智能化。

（一）场景概述

种业物联网是指基于二维码、传感器网络、视频监控、移动通信、RFID等信息技术，运用温湿度传感器、光传感器、CO_2 传感器，以及作物表型观测技术与设备、考种系统、智能催芽装备、自动移栽机械装备等，建立起涵盖感知层、传输层、应用层 3 个层次的物联网体系，实时显示育种繁种环境参数，自动控制育种繁种过程，实现育种繁种全程自动化、数字化、智能化，从而保证种苗拥有良好、适宜的生长环境，显著降低育种繁种人工成本，促进育种繁种提质增效。

（二）场景特点

一是实时感知育种繁种环境信息。种业物联网基于传感器体系能够实时感知、获取、传输环境信息，育种繁种人员通过物联网系统平台与移动终端随时随地查看育种繁种基地现场情况，了解温湿度等环境信息。二是智能分析种苗表型特征。通过配备作物表型观测技术与设备，整合自动化控制系统、叶绿素荧光成像、植物热成像、植物近红外成像、植物高光谱等多项技术，能够在育种繁种过程中实现高通量植物表型成像分析测量、植物生长分析测量、性状识别及植物生理生态分析。三是提高种苗培育效率。通过配置考种系统、智能催芽装备、自动移栽机械等设施设备，能够全程自动化开展种子发芽、种苗培育等工作，有利于促进种苗生长、提高抗病性，提升育种繁种效率。

（三）适宜性分析与典型应用

种业物联网主要面向育种繁种基地在育/繁种过程中依托全程信息化实现提质增效，故该场景多适用于各类育种繁种基地。现阶段，面向育种繁种基地的种业物联网典型场景已开展较多实践。例如，托普云农开发的考种系统、叶片形态测量仪、作物冠层分析仪、智能光照培养箱等，能够对种子的根、茎、叶及果实进行全方位检测，为种苗生产提供最适宜环境；同时搭配智能农机装备和 App 使用，实现作物品种繁育的网络化、智能化，已在国内高端种业发展区之一的四川邛崃市推广了考种、测产、植物性状检测仪器等，助力其打造中国“种业硅谷”。

（四）面临的问题或挑战

当前种业物联网发展主要面临以下3个方面问题：

一是种业物联网传感器技术瓶颈尚未突破。我国农业传感器整体在基本原理研究、新材料应用、核心制造工艺创新等领域都存在明显不足，传感器精度难以符合实际应用需求。就种业物联网体系中的传感器应用而言，目前除了空气温湿度、光照、二氧化碳传感器等技术比较成熟外，种苗营养元素（氮素）传感器、激素传感器、氨基酸传感器、生长物候传感器等种苗生命信息感知传感器的研发水平均相对较低，难以对育种繁种工作提供有价值的数据支撑。

二是育种繁种智能化装备创制有待完善。我国作物表型观测、智能催芽、自动移栽机械装备等育种繁种智能化装备研发起步较晚，目前虽然具备了一定基础，但在表型高通量获取、机械臂研制等方面与发达国家相比差距较大，存在关键技术“黑盒子”、设备不稳定等问题。同时，农业生物技术、大数据技术与智能装备的融合程度也不够，使得育种繁种智能化装备在日常工作中实际应用效果一般，在育种繁种效率提升方面没有显出明显优势。

三是种业物联网建设运营成本高、推广难度大。种业物联网相关技术产品前期投入成本与后期维护成本均相对较大，且受制于国内传感器、育种繁种智能化装备等适用性不强，育种繁种基地信息化基础设施较差、工作人员信息化意识不高等因素，种业物联网在育种繁种领域中的推广应用力度不足，整体仍处于试点示范阶段，大规模商业化应用尚未实现。

第四节　信息技术促进现代种业发展的典型案例分析

一、国家作物种质资源库——国家作物种质资源平台

（一）基本情况

国家作物种质库是全国作物种质资源长期保存中心，也是全国作物种质资源保存研究中心，负责全国作物种质资源的长期保存，以及粮食作物种质

资源的中期保存与分发。该库于1986年10月在中国农业科学院落成，中国作物种质资源信息系统（CGRIS）1988年初步建成并对外服务，实现了国家对作物资源信息的集中管理，克服了资源数据的个人或单位占有、互相保密封锁的状态，使分散在全国各地的种质资料变成可供迅速查询的种质信息，为农业科学工作者和生产者全面了解作物种质的特性，拓宽优异资源和遗传基因的使用范围，培育丰产、优质、抗病虫、抗不良环境新品种提供了新的手段，为作物遗传多样性的保护和持续利用提供了重要依据，使我国作物种质信息管理达到世界先进水平。

中国作物种质资源信息系统由一系列特定的数据库组成，包括作物种质资源基本情况数据库、国家种质库管理数据库、青海国家复份库管理数据库、国家种质圃管理数据库、农作物种质特性评价数据库、国内外种质交换数据库、中期库管理数据库、中国农作物审定品种数据库、中国作物种质资源地理分布图库和国家种质库种质监测数据库。

（二）平台主要服务

中国作物种质资源信息平台的主要功能体现在以下4个方面：

一是作物种质信息发布。包括发布新闻动态：平台及时发布种质资源相关的资讯、动态和新闻，为用户提供种质资源研究领域的最新科研成果；展示优异资源：将新品种、优良品种资源向种业科研机构、种业企业以及其他需求个体进行展示，扩大优异资源的影响力；政策法规发布：发布种业相关的法律、法规、政策等，为需求个体提供方便的检索服务。

二是提供种业数据共享服务。包括数据标准查询服务：提供种质资源相关的标准和规范；元数据查询服务：提供种质资源数据库和数据集的元数据的查询和检索；资源地理分布服务：直观看到农作物种质资源在全国各地的分布情况；其他数据共享服务：作物多样性图谱展示服务、数据统计分析服务等。

三是系统管理功能服务。首先是用户的管理，分级对用户进行访问控制和管理，为保证数据的安全性，特别是要防止非授权用户的访问。其次是数据的管理，包括数据导入、数据汇总、数据分析、数据维护、数据备份等，较大程度地减少因人工导致的误差，同时提高数据的管理效率。最后是其他方面的管理。

四是对种业资源进行科普宣传。主要包括作物遗传资源科普以及其他农业科普知识，如以文字、图片、视频等方式对作物遗传资源进行科普，还有农业百科知识、植物病虫害知识等模块，实现对种业资源相关知识的宣传和推广。

（三）取得的成效

国家作物种质库新库于2019年2月开工建设，2021年9月建成并投入试运行。新库在原来的基础上进行更新和升级，主要表现在以下3个方面：

一是平台容量更大，种质信息总容量达到150万份，保存能力全球领先。据预测，现有的保存能力可以满足今后50年我国农作物种质资源安全保存、品种鉴定、数据挖掘以及新品种培训等重大需求。二是保存方式更加完备，增加了基础设施建设，满足种子低温、超低温保存的条件，此外，还实现了试管苗和DNA的保存，目前的保存方式可以覆盖全球所有植物种质资源。三是保存技术更先进，种质资源库充分应用新一代信息技术、生物技术等，实现了种质保存全流程的智能化、标准化与信息化，保存技术已达到或超过联合国粮农组织的有关标准，种子贮藏寿命可以达到50年之久，超过了欧美等种业发达国家。目前，该平台的年访问量超过50万人次；不仅可以为我国作物种质资源、育种、栽培、植保等领域的研究提供查询参考，还可以为50多个国家科技项目提供技术和数据支撑服务。

二、一体化商业育种云平台——金种子育种云平台

（一）基本情况

金种子育种云平台于2017年1月17日正式发布，该平台由北京市科委支持，北京市农林科学院信息中心主导研发。平台集成应用了计算机、GIS、人工智能等技术，将大数据、物联网等现代信息技术与传统育种技术进行深度融合创新，是我国构建的首个具有自主知识产权“互联网+”商业化育种大数据平台。该平台面向全国育种企业和科研院所，可以提供种质资源管理、试验规划、性状采集App、品种选育、品种区试、系谱管理、数据分析、基于电子标签（RFID）的育种全程可追溯等服务。

（二）主要做法

金种子育种云平台集成应用计算机、人工智能等技术，通过大数据、物联网等现代信息技术与传统育种技术的融合创新，构建了全国首个具有自主

知识产权的“互联网+”商业化育种大数据平台。该平台面向全国育种企业和科研院所提供种质资源管理、试验规划、品种选育等育种全程可追溯服务，可有效解决育种材料数量多、测配组合规模庞大、试验基地分布区域广等带来的工作繁重、效率不高等问题，为商业化育种提供了完整的信息化解决方案，有效推动了我国由传统育种向商业育种、由经验育种向精确育种转变。

金种子育种云平台搭建了包括材料管理、组合管理、试验管理、数据分析、基于Android手机/掌上电脑的性状数据采集系统、系谱和世代追溯系统、田间小区/株行电子标签（RFID）标识系统、二维条码种质资源管理系统、基础数据和用户权限管理等在内的子系统。平台具有系统功能权限、数据权限，作物性状、材料编码可灵活自定义；株行标识标签与试验规划图、排种子、性状采集、种子出入库的集成应用；试验规划图的自动生成、自动后生成、田间核查和更新；基于Android手机/掌上电脑的性状采集、系谱追溯、世代追溯、田间决选；区域试验的设计规划、性状采集和“一年多点”“多年多点”数据分析；随机区组、间比法等多种试验设计方法及数据分析方法；灰色关联度分析、DTOPSIS、多重比较等多维度分析方法，辅助材料决选等主要特点，能够为商业化育种提供完整的信息化解决方案。

（三）应用效果

该平台针对我国农业专家缺乏的现状，遵循人工智能的技术原理，基于构建理论和面向对象的技术，建立了开放、灵活的农业技能系统开发平台。其运用知识表示、推理、知识获取等智能技术，总结农业专家长期积累的宝贵经验、实验数据及数学模型，建造农业辅助决策软件系统，有效指导广大农民对农作物进行合理施肥、灌溉、施药、选种、壮苗、田间管理，成为农民致富奔小康的好朋友、好帮手。

目前，全国各地利用该平台已打造隆平高科、山东圣丰种业等大型种业企业深度应用的成功案例，累计开发出了面向种植业、养殖业、农产品加工业企业的农业专家系统200多个，经济社会效益显著。金种子育种平台以知识为纽带促进科企合作共同进步，以企业商业资本为纽带加快农业产业化发展，以核心技术为纽带促进科技创新要素，助力农业结构战略调整，推动农业产业精准化、信息化发展。平台将持续推动我国由传统育种到商业育种、经验育种再向精确育种转变，为北京建设“种业硅谷”夯实基础。

三、北京市优秀种业企业——北京德农种业股份公司

（一）基本情况

北京德农种业股份公司是集科研、生产、经营、服务于一体的现代大型综合高新技术种子企业。公司成立于2002年10月，注册资本1.86亿元，专营玉米杂交种子，公司2012年入围全国首批育繁推一体化企业名单，是首批获得全国经营许可证的企业之一。先后荣获中国种业五十强、北京市农业产业化重点龙头企业、企业信用评价AAA级信用企业、北京市种子企业五星级信用企业、中国种业骨干企业、北京市高新技术企业、中关村科技园区海淀园优秀新技术企业等荣誉称号。

公司以科技为先导，成立至今科研投入达3亿多元，建立起一个布局合理的自主研发体系，下设育种研究中心、生物技术中心、综合试验站（点）。截至2021年4月，公司有3个育种研究中心、1个生物技术中心、130余个综合试验站（点）。公司与国内外知名企业、高校、科研院所开展全方位的科研合作。截至2020年公司共审（认）定玉米品种74个，其中国审玉米品种35个、省审品种39个。

（二）主要做法

一是信息化助推种子质量安全。首先，公司开发应用种子质量追溯系统，只需输入种子的追溯码，平台即会对种子资源进行识别，从而判断种子的来源、质量等信息，确保了种子质量。其次，公司执行大于国家标准的企业内控标准，田间、车间检验工作以过程控制为重点，确保生产加工流程执行到位。种子的活力、发芽率、纯度、净度、水分、破碎率、霉籽率从加工到销售需经过3次检验，严防不合格种子生产销售。

二是应用智能装备，提高制种质量和效率。公司建有国内先进的果穗烘干、脱粒、精选、包衣、包装一条龙的现代化种子加工生产线16条，科学精细的加工最大限度地保持了种子的活力。

（三）主要成效

公司应用先进的加工生产线，日加工包装能力250吨以上。截至2020年底，公司共审（认）定玉米品种74个，其中国审玉米品种35个、省审品种39个，包括德单5号、德单123、德单1104、德科622、德单1403、德科

766、德科 833 等主推玉米品种。审定其他经济类作物品种 50 余个。2020 年，参加国家和省审定试验玉米品种共计 46 个，其中参加区域试验和生产试验品种 42 个，参试品种覆盖 9 个主要玉米生态类型区。2020 年，各育种中心和试验站共承担试验 19 项，其中国家玉米试验 6 项，省（自治区、直辖市）玉米试验 3 项；中玉科企绿色通道试验 5 项；京科联合体试验 1 项、省联合体试验 1 项、科技部项目试验 3 项。

第五节　信息技术促进现代种业发展的路径分析

一、推进种质资源保护数字化转型，提升种质资源保护与开发能力

农业种质资源是保障国家粮食安全与重要农产品供给的战略性资源，是农业科技原始创新与现代种业发展的物质基础，更是打好种业翻身仗的关键。北京市作为全国种业创新资源要素聚集的现代化大都市，加强农业种质资源保护与利用已成为其发展具有源头性领先优势的现代种业创新链的重要内容。近年来，北京市农作物种质资源保护与利用工作取得积极成效，明确了北京市农作物种质资源库、北京市百合种质资源圃、北京市芳香蔬菜种质资源圃 3 家农作物种质资源保护单位、6 万余份农作物的种质资源保护与利用工作。然而，由于自动化、信息化、智能化建设滞后，北京现有的农作物种质资源信息难以互联互通，制约了种质资源的开发利用、种源精准鉴定与深度挖掘。针对种质资源登记与身份信息管理效率低下、种质资源开发利用不充分、保护体系与配套政策不完善等问题，建议以全面提升种质资源保护与利用水平为目标，聚焦于北京地理标志产品的恢复、挖掘、复壮及推广，加快推进种质资源保护数字化转型。

（一）健全种质资源管理信息化平台

以北京市种质资源保护工程为依托，加快编制种质资源保护和利用大数据专项规划，进一步完善农作物种质资源库数字化、智能化建设，推动甘蓝等蔬菜、特色玉米、节水小麦、马铃薯、桃、乡土树种等北京优势特色物种种质资源和遗传材料管理的信息化。

（二）建设市级种质资源大数据平台

构建互联互通的市级农作物种质库（圃）的信息网络和物联网络，并与

国家种业大数据平台相衔接。研发涵盖种质资源考察收集、资源登记、引种交换、整理编目、库存管理、圃存管理、监测预警、繁殖更新、评价鉴定、分发共享、监控和指挥调度的种质资源大数据平台，为管理部门提供作物资源保护和持续利用的决策信息，为作物育种和农业生产提供优良品种资源信息，为社会公众提供作物品种及生物多样性方面的科普信息，提升农作物种质资源管理与共享利用的信息化水平。

（三）开展基于大数据的种质资源精准鉴定与深度挖掘

接续推进北京现代种业大数据技术研究与应用平台建设工程，综合运用物联网、人工智能、分子检测等技术，构建市级重要农作物种质资源表型与基因型鉴定平台。充分利用高密度、高质量的分子标记实现种质资源唯一分子身份证，构建种质资源分子指纹数据库。在此基础上，重点聚焦甘蓝等蔬菜、特色玉米、节水小麦、马铃薯、西甜瓜、草莓、乡土树种等作物，开展重要性状表型和基因型精准鉴定及综合评价，挖掘高产、优质、广适、多抗、养分高效利用、适宜机械化等重要性状突出的育种材料，有效解决北京市种质资源丰富但育种亲本相对贫乏、育种遗传基础狭窄、种质资源利用效率低等问题，为企业育种与个性化定制提供高效服务。

二、开展作物组学大数据研发应用，推动实现育种数字化、智能化

随着新一代信息技术与各行各业的深度融合，社会由传统工业社会进入信息社会。与此同时，信息科学与生命科学的跨学科融合，为智能育种技术与产业的升级提供了新的契机。现代种业作为北京市重点培育的高精尖产业，在数字科技与生物科技的双轮驱动下表现出强劲的发展韧性，如国内首个蔬菜高通量分子育种平台率先实现高通量分子标记辅助育种技术在蔬菜上的规模化应用。但与国际育种前沿技术相比，北京市智能育种技术与产业的创新力、竞争力、辐射力有待加强，其国际地位与北京国际科技创新中心的定位仍有一定距离。针对北京市育种效率不高、智能育种技术创新不足、商业化育种平台应用滞后等问题，建议紧追国际育种前沿技术和方向，开展基因组学、表型组学、环境组学大数据核心关键技术攻关，跻身多组学研究国际领先方阵。

（一）加强智能育种关键技术研发

发挥在京种业科研院校和种业企业优势，围绕品系改良与新品种培育数

字化建设问题，以低成本定点定向设计育种为主线，聚焦甘蓝等蔬菜、特色玉米、节水小麦、马铃薯、西甜瓜、食用菌、草莓等优势特色品种，开展农作物智能育种关键技术联合攻关，重点攻克全基因组关联分析与分子设计育种模型、作物分子表型和田间表型效应精确预测技术与知识模型、田间高通量规模化商业育种信息获取技术、表型智能解析算法和组学大数据管理系统等关键技术，实现以全基因组分子设计育种为代表的智能育种技术升级。

（二）着力构建作物组学大数据平台

充分利用多组学、大数据工具，集成基因型、表型和环境型大数据，加强品种研发创新，以不断提高品种研发效率，缩短品种研发周期。加快建设环境仿真、高通量作物环境和表型采集平台，实现多生境表型和环境数据高效获取。着力构建作物表型精准鉴定知识体系，为品种试验的科学管理、精准决策提供智能化分析工具，实现基于多组学大数据的智能设计育种。

（三）全面推广商业化育种软件

充分发挥首都种业科研院校、育繁推一体化企业、种业创新中心的引领带动作用，立足北京、协同津冀、辐射全国，全面推广以金种子云平台为代表的商业化育种软件在育繁推领域的应用。构建国内首个基于育种大数据的工程化育种软件服务云平台和商业化运营平台，着力打造具有国际先进水平的基础性、前沿性的商业化育种软件产业体系，支持育繁推一体化企业开展全基因组选择智能育种，为定向高效改良和培育新品种提供科技与服务支撑。

三、加快繁育基地智能化改造，提升“京字号”种子产业竞争力

农作物种子，是农业生产最基本的生产资料，是特殊的商品。搞好农作物良种繁育推广工作，对于实现农业的持续稳定增长至关重要。近年来，北京市在通州国际种业科技园区、国家南繁科研育种基地以及新疆、甘肃、四川等地的良种繁育生产与加工基地积极开展了数字科技赋能种子生产的零星实践。但总体上看，与育种环节相比，北京对种子繁育的科技支撑力度长期以来始终不足，良种繁育与制种基地数字化水平总体落后于农业其他产业数字化水平。针对主要农作物制繁种关键环节的管控需求，亟须加快制繁种基地生产经营智能化改造，研究推广种子繁育基地的信息化管理解决方案，极力推进种子生产基地由劳动密集型向技术密集型转变，以此提升“京字号”

种子产业竞争力。

（一）加大制繁种基地新型基础设施建设

重点支持环北京农作物新品种试验示范转化基地，海南三亚、文昌的国家南繁科研育种基地，以及新疆、甘肃、四川等地的北京良种繁育生产与加工基地的5G网络设施、安防设施、业务运营软件系统、数据中心建设。建立基于高分卫星遥感、敏捷微型无人机遥感及地面巡检监测三位一体的制繁种基地遥感监测网络，并结合网络舆情构建多维应急预警机制，支撑制繁种的宏观管理与智能决策。

（二）大力推广制繁种基地智能装备应用水平

加大力度引导北京重要农作物制繁种基地生产经营智能化，重点开展精量播种机、水肥一体化、智能收获测产机械等智能农机装备的示范应用。研究并推广适用于种子质量监督检验测试的便携式现场转基因和真实性检测设备、试验机械化、性状采集网络化和数据分析智能化。

（三）研究推广种子繁育基地的信息化管理解决方案

落实国家“双碳”目标，针对主要农作物制繁种节水、节肥、节药的管控需求，以促进制繁种基地提质增效与减排固碳为目标，探索基于数据驱动的种子生产经营决策方案，加强种业链全过程贯通，实现全价值链、全要素资源的动态配置和全局优化，提高全要素生产率与绿色发展水平。构建基于二维码的种子生产流通体系，结合生产经营备案，实现种子全程可追溯。

四、构建高效的种业数字监管体系，全面提升种业监管服务水平

种业监管关系着种业高质量发展，关系着种业自立自强。近年来，北京市积极开展种业监管执法活动，不断深化品种管理制度改革，品种试验渠道进一步拓宽，释放了企业创新活力，为保障国家粮食安全和重要农产品有效供给提供了重要支撑。然而，由于品种的保护、审定、登记、检测生产经营许可及备案、标签、市场监管等数据库太过分散，同时缺乏数据库管理系统和自动化的市场信息采集方法，北京市种业监管执法与智能服务水平有待进一步提升。鉴于此，亟须加快构建高效的种业数字监管体系，建立统一的种业监管应用平台，显著提升品种权保护与综合执法能力。

（一）建立统一的种业监管应用服务平台

汇集品种登记、品种审定、品种保护、生产经营许可、生产经营备案、种子（苗）进出口、质量与价格监测、种子储备、执法检查信息，完整记录市场监管的全过程，构建以品种、生产经营者和商品种子为对象，覆盖种业全链条的市级种业监管大数据中心，加速建设部省联通的种业政务一体化平台。

（二）完善种业生产经营主体征信体系

进一步完善在京种子企业信用标准规范体系、诚信信息共享机制和失信行为联合惩戒机制，研究基于大数据的重点监管与执法机制，提升市场监管效能；加强非现场监管执法，实现全方位、实时化在线即时监管，建立大数据时代的智能监管模式。

（三）建立农作物种业监管和经济运行动态监测和快速调查系统

研发北京种业安全监测预警与风险评估信息平台，对种业相关政策、产业链布局、品种供给、市场舆情、自然灾害、国际贸易环境等因素引发的种业安全审查、预警、应急应对提供数字化支撑。

五、建立市场化种业智能服务平台，推动实现种业用户服务便捷化

种业服务是推动种业科技成果落地的重要一环，关系到现代种业科技成果能否惠及首都甚至是全国千村万户。近年来，北京市通过科普平台、互联网平台、展销中心、12316、12396 等渠道，积极推动在京育种单位的新品种展示推广，为在京育种单位科技成果转化提供了重要支撑。然而，与千村万户良种更新需求以及现代种业市场主体交流交易相比，存在着服务不便捷、针对性不强等问题。由此，亟须创新数字化农技服务体系，加快建立面向市场各类主体的种业智能服务平台，实现全产业链条主体精准服务，为种业利益相关者创造最大价值。

（一）构建农业生产用种需求数量与结构大数据服务平台

主动对接种业下游的千村万户种植户、粮食收储加工企业和期货交易市场的数据资源，通过市场需求驱动育种方向，扩大制种面积，完善繁育体系，提升种子市场营销的决策能力及种业企业产销运筹能力和政府调控能力。

（二）构建面向京津冀、服务全国千村万户的良种推广平台

以北京市“10+1”品种展示网为依托，着力构建京津冀协同发展品种试验示范展示信息化平台，面向京郊、武清、廊坊、保定、涿州等地开展线上品种试验示范展示。坚持“立足北京、协同津冀、面向全国”，构建面向全国千村万户的“互联网+”北京优势品种的试验示范推广平台。依托平台为农民合作社等新型生产经营主体提供特色经济物种的品种更新与技术应用服务。以市级农技推广云平台、12316热线、12396热线等互联网渠道为载体，大力推广节水、优质、高产小麦，抗旱、节肥玉米以及优质、抗病等绿色高效农作物品种，满足千村万户农民的良种更新需求。

（三）构建种业数据共享与服务平台

构建具有品种创新、种业市场、种业主体3条种业核心主线的种业大数据服务中心，形成部省两级业务系统的数据治理与数据共享标准规范与工作机制。面向各级政府、农业企业、科研单位、农业社会化服务组织等各种类型用户提供作物品种全息数据检索与验证接口服务，引领种业全行业的数字化转型与升级。鼓励信息服务企业积极利用移动互联网、大数据、VR/AR等技术研制一批种业信息服务App，大力推动种业企业“上云用数赋智”，加快发展种业科技与信息内容服务。

（四）推动种业交流、交易、展示在线化

加快建设种业交流交易及成果转化平台，汇聚国内外种业创新成果，聚焦转移转化、试验示范、交流交易等环节，利用互联网渠道定期发布国内外种业科技创新成果信息，推进创新成果在京集成融合与价值释放。依托一年一度的北京种业大会，探索建设以线下会展为主、线上直播为辅的种业高峰论坛。构建覆盖种质资源、关键基因、中间材料、亲本和品种交易的种业成果托管、交易和展示平台，筛选一批展示度高、集约化强、具有代表性的成果，利用虚拟现实、情景交互技术对其育种手段、育种过程、育种结果进行虚拟展示；采用三维虚拟园区展示成果，对京字号优质良种和在京育种企业进行全方位、立体展示和推广，实现全方位、全媒体、全渠道成果转化服务。

第六节　对策建议

一、政策保障建议

（一）加强顶层设计

充分认识新阶段推进种业振兴的重要性和现实紧迫性，准确把握北京现代种业振兴的方向、目标任务和措施要求，结合各地种业发展阶段与发展特色制订信息技术促进种业发展的顶层规划与细化方案。切实摸清本地种业发展现状与资源要素状况，立足北京市打造“种业之都”的目标，找准主攻方向和特色重点领域。充分听取相关部门、科研院所、企业和农户意见建议，遵循育种创新规律，确保方案可操作、能落地。结合各区实际发展需要和优势，合理规划种业产业区域布局，与推进农业农村现代化发展的相关规划做好充分衔接。

（二）完善政策与资金支撑

建立种业重大科技项目“一事一议”机制，开辟绿色通道，实行特事特办。加大种业人才引进和培养力度，支持引进智慧农业、数字农业、农业信息化领域的领军人才、高层次人才、紧缺人才和高水平创新团队，支持在京种业企业、第三方机构与高校合作设立种业人才培训基地。落实国家种业人才发展和科研成果权益改革政策，用足用好现有各项政策措施，鼓励相关科研人才向种业企业流动。市区两级要不断研究对现代种业的支持方向，通过统筹整合现有政策，加大对种业发展的支持力度。探索多元投入方式，充分发挥市场主体作用，吸引社会资本参与种业信息化和数字化建设发展。加强在京种业企业上市、并购重组等投融资服务，拓宽企业融资渠道。

（三）建立健全保障机制

坚持上下联动、部门协同，加快建立健全覆盖范围更广、支持力度更大的种业政策支持体系，努力形成齐抓共管、合力推进的工作局面。加强组织领导，形成一级抓一级、层层抓落实的工作体系，建立定期会商制度，强化种业振兴相关任务与目标考核，引入第三方专业机构对任务落实进行独立评价，实行一年一考核评价，三年一整体评估，三年一滚动实施，保障有效落实。要强化基层种业管理队伍建设，有专门机构的要进一步配强力量，没有的要明确主责主抓机构，完善信息化设施装备条件，落实必要的运行经费，有专门力量来抓种质资源普查保护、良种试验示范、检验检测和执法监管等工作。建立党委政府领导下的部门工作协调机制，农业农村部门牵头抓总，相关职能部门密切配合，细化实化规划审批、用地保障、人才激励、执法监管等工作措施，协调解决实际困难和问题，督促指导行动方案各项部署有力有序推进。

二、平台支撑建议

（一）搭建北京现代种业大数据技术研究与应用平台

持续发挥以北京市农林科学院为主的科研院所在农业信息技术领域的优势，完善构建国内首个基于育种大数据的工程化育种软件服务云平台和商业化运营平台，加大在育种数据采集、模型构建以及AI算法等方面的研发投入力度，打造具有国际先进水平的基础性、前沿性研究和商业化育种体系，加快构建作物智能设计育种技术体系，形成辐射全国的种业科技创新平台。完善北京市作物种质资源库建设，实现与中国农业种质资源大数据平台对接，以大数据技术为核心驱动，发挥种质资源库在资源收集保存、鉴定评价与分发利用等方面的职能，使其成为北京市作物种质资源保护、鉴定评价、种质创新的条件平台和支撑平台，构建多层次收集保护、多元化开发利用和多渠道政策支持的种质资源保护体系。

（二）构建现代种业交流交易及成果转化平台

构建覆盖种质资源、关键基因、中间材料、亲本和品种交易的种业成果托管、交易和展示信息化平台，部市共建具有行业引导支撑作用的北京种业智库等协同共享平台，将北京现代种业发展的“三中心一平台”，即全国种业人才集聚中心、全国种业创新中心、全国种业企业聚集中心及北京种业大会这一全国种业交流交易平台等优势种业资源要素进行整合与聚集，并与长三角农业科技成果交易平台、国家种业科技成果产权展示交易平台等区域性及全国性的种业科技成果转化交易平台相对接，打通科技成果转化的多元化渠道，建立种业成果信息汇聚和定期发布机制，推进种业科技创新成果在京集成融合与价值释放。

（三）打造现代种业监管与服务联盟链平台

充分应用区块链、大数据、云计算等信息技术，围绕种业数据的收集和完善、维护和治理、运用和服务三方面，打造覆盖种业全产业链、服务种业上下游企业的现代种业监管与服务联盟链平台，建立以全程质量控制为核心的生产加工体系，以种质可确权维权为核心的销售推广体系，实现“育、繁、推、管、服”各方面、各环节数据紧密结合，实现与中国种业大数据平台连通和对接，促进种业监管数据的共建和管理，创新监管模式与体系，全面提升信息化监管能力与水平，营造参与主体有动力、市场主体有活力、种业市场有秩序的良好种业发展环境，支撑和保障现代种业发展。

三、发展模式建议

（一）延伸种业产业链条，构建全产业链发展模式

在原有传统以育种为核心的产业链模式的基础上，逐步拓展重点优质种子培育研发以及种子生产信息大数据管理等新式链条，在市场化进程中不断创新，弥合原有产业链中的不足，提升整体竞争力；围绕全产业链找短板，围绕全要素找优势，打通种子产业链关键节点的梗阻，进行产业创新，建立区域间协调发展的种子产业链集群，推动种子产业链主体单元的优化重组；以创新园区、创新基地和创新平台建设为重点，夯实产业创新基础，做精北京种业的产业链，建立研发、展示、示范、推广、交易、服务一体化的产业发展模式，支撑都市型现代农业发展，构建具有行业引领辐射作用的现代种业产业链。

（二）培育科企联合“双轮驱动”的种业技术研发模式

加强科研单位与企业联合的“双轮驱动”，探索建立优势科研单位与优势种业企业实质性结合的途径，开展协作研发育种，促进种质资源交流，通过合作选育出一系列优秀的后备品种，保障产品线及时更新，为企业快速发展源源不断地增添动力，提高种业企业核心竞争力；围绕北京现代种业发展的目标，以转基因重大专项、行业科研专项等重大项目为依托，形成育种科研教学单位与种业企业的实质性结合的联合体，分工协作、联合攻关，加快培育一批具有自主知识产权的重大品种、攻克一批突破性关键核心技术。加快构建实体化科企商业化育种战略合作平台，真正建立以企业为主体、基础公

益研究为支撑、产学研用融合的种业创新体系，推进科企深度融合，实现高端人才、种质资源、核心技术、育种仪器共建共享。

（三）构建整体推动、递次推进的种业企业发展模式

充分发挥市场在种业资源配置中的决定性作用，强化种业企业主体地位，推动育种人才、技术、资源依法向企业流动，激发企业创新活力；持续加大对种业企业“多、小、散、弱”问题的整治力度，鼓励企业之间通过市场手段进行整合，提高种业企业准入门槛，提升北京市种子企业整体水平；按照领军型企业、差别化特色企业、专业化平台企业3个类别递次培育和打造具有差异化竞争能力的种业企业集群，支持领军企业的技术研发、技术改造和提档升级，支持特色企业在细分市场发挥作用，鼓励专业化平台企业在重点环节上提供专业化技术支撑或服务，鼓励企业差异化发展，形成种业企业矩阵。

四、品牌打造建议

（一）狠抓种子质量，打好品牌基础

种子质量是种业品牌建设的重中之重，也是创建名优种业品牌的核心。在政府监管层面，强化种子质量监管，完善种子质量标准体系，不断强化检测能力建设，以种业大数据平台为依托，以种子标签二维码为载体，全面开展追溯监管，加大执法监管力度，全面实施种业企业“红黑名单”制度，以监管推动种子质量提升；在种业企业层面，以制种为重点，提升企业种子生产技术水平，引导企业加强种子生产、收购、加工、包装及贮藏过程中的质量控制，积极参与优良品种繁育、性状鉴别、包装仓储、质量追溯等技术的开发和应用，以保障核心品牌产品的生产、鉴别、流通与销售，加强各个环节的质量管理，从根源上提升种子质量，为品牌建设打下基础。

（二）加快种业品牌化培育，推动品牌差异化发展

推动种业企业顺应市场需求和行业发展特点，找准品牌定位，通过不同的品牌运作将品种分出档次和价位，针对不同的市场、不同的渠道、不同的消费者需求实施精准化营销，围绕市场进行核心种子品牌的打造，加快延长优秀品种的生命周期，加快成果转化，更快提高市场份额，创造良好的经济效益和社会效益；强化龙头带动作用，加快培育种业产业相关的龙头企业，

通过兼并、联合等方式引导种业龙头企业带动中小企业，通过采取研发新品种、改进生产加工技术和质量控制等措施积极打造企业品牌。

（三）增强品牌建设意识，拓宽品牌营销宣传渠道

切实提升政府、科研机构、种业企业等各类主体的品牌意识，实施种业品牌价值战略，增强各类主体对种业品牌价值的认知度和感知度，包括品牌认知度、地域感知度、特性及其价值等，在品牌打造初期形成合力与共识；拓宽营销宣传渠道和方式，借助于淘宝、拼多多等互联网营销平台，微信、微博、抖音等新媒体平台以及产销对接等新型流通方式，突破传统分销商或代理商营销宣传的方式，线上线下相互联动、融合发展，拓展北京地区种业品牌营销宣传路径，拓宽种业品牌发展空间。

第三章　下乡人才可持续流入的推进策略研究

第一节　乡村振兴战略下强化乡村人才队伍建设的动因分析

乡村振兴战略给现代农业发展带来了新的发展机遇和希望。人才是农业发展的重要支撑，回顾我国农业发展的历史进程，各类人才在其中发挥了重要作用。要推进农业长远健康发展，离不开人才的支撑。谱写新时代乡村全面振兴新篇章同样离不开乡村人才能动性的发挥。党的十九大报告、《中共中央、国务院关于实施乡村振兴战略的意见》、《乡村振兴战略规划（2018—2022 年）》等文件都明确指出了实施乡村振兴战略，必须强化乡村振兴人才支撑，乡村人才队伍建设对乡村振兴这个宏伟战略起着“顶梁柱”的作用。为更好地开展研究，首先要理清理顺乡村振兴战略与乡村人才队伍建设的关系，进而明确在实施乡村振兴战略背景下加强乡村人才队伍建设的必要性，以及乡村振兴战略对乡村人才队伍建设的硬任务和新要求。

一、乡村人才队伍建设与乡村振兴战略的关系

乡村振兴战略的总要求是“产业兴旺、生态宜居、乡风文明、治理有效、生活富裕”，实现这二十字目标，离不开人才的支撑。乡村振兴战略的提出是为了解决人民日益增长的美好生活需要和不平衡不充分的发展之间的矛盾，这个问题在乡村最为突出。“城乡二元结构”实行城乡两种户籍类型，采用城乡两种不同的资源配置制度，构筑了城乡之间的壁垒，导致了农村人口向城市的单向流动和部分农村高素质人才的流失，主要包括进城求学的农村子女和农民工两大群体。当前，中国大约有 2 亿多农民工，成为仅次于农民而多于城市工人的第二大劳动力群体，因此，在一定意义上可以说，农民工带来了农村的“空壳化”和农民的“老龄化”。乡村振兴需要解决“谁来干”的迫切问题，而乡村人才队伍建设的目的就是组织培育一批有知识、有技能的

人才投身乡村振兴。同时，乡村振兴战略的实施也让人才有了用武之地，为其提供了成才机遇，成为推进乡村人才队伍建设的“新摇篮”。两者此呼彼应、相辅相成，表里相合且共利共荣。

（一）乡村人才队伍建设是乡村振兴战略实施的重要支撑

2018 年中央一号文件《中共中央、国务院关于实施乡村振兴战略的意见》指出“实施乡村振兴战略，必须破解人才瓶颈制约”。2021 年，中共中央办公厅、国务院办公厅印发了《关于加快推进乡村人才振兴的意见》，为促进各类人才投身乡村建设做出了明确部署。人才是关乎乡村振兴成败的关键因素，是乡村振兴取得成功的必然法宝，是乡村振兴的重要保障和支撑，是乡村振兴的源头活力。要实现乡村振兴战略的总目标，达到产业兴旺、生态宜居、乡风文明、治理有效、生活富裕的乡村振兴战略的总要求，就必须要以人才为支撑。乡村振兴之“人才”，一定是在农村天地里有所作为，有见识、明政策、懂技术的能人精英，具备坚定的政治立场和较高的思想素质，能够紧跟时代步伐、了解大政方针，承担普及现代化农业新科技和新理念的责任，是战略大计实实在在的“播放机”。乡村人才队伍也是实施乡村振兴战略的实践者，乡村人才通过有序地开展政治建设、经济建设、文化建设、生态建设，依靠自身的资源禀赋，在乡村事业实践中探索释放磅礴伟力。同时，乡村人才依靠自身的号召力和影响力把村民的“人气”凝聚到乡村振兴的伟大工程中来，为实施乡村振兴战略添砖加瓦，为“三农梦”的实现提供最基础、底气与信心更足的支撑。乡村人才队伍更是实施乡村振兴战略的推动者，各类人才作为领头雁在农村广阔天地大显身手、尽展才华，共同促进农业高质高效、乡村宜居宜业、农民富裕富足。“人才重千斤，知识重九鼎”。有了人才，乡村振兴就会事半功倍，乡村振兴就会乘风破浪；没有人才的贡献，乡村的振兴就无从谈起。乡村振兴必须充分发现用好现有人才，做到人尽其能；必须大量培养本地人才，做到后继有人；必须通过多方式、多渠道，广开贤路吸纳四方人才，为人才提供大展身手的舞台，让各方人才竞相迸发，脱颖而出，努力形成“一马当先、万马奔腾”的良好人才环境，聚天下英才而用之。

（二）乡村振兴战略实施搭建人才成长的“练兵场”

中共中央、国务院在《乡村振兴战略规划（2018—2022 年）》中指出“要实行更加积极、更加开放、更加有效的人才政策，推动乡村人才振兴”。

乡村人才振兴首要任务就是乡村人才队伍建设，也是农村人力资本开发的关键内容。在乡村振兴战略大环境下，乡村变得更加开放、公开，创业者会如鱼得水，干事者将大行其道，乡村人才队伍建设将会迎来大发展机遇。同时，乡村振兴战略的实施也会给乡村发展带来诸多挑战，不断激励乡村人才队伍的提升和精进。

在乡村振兴战略的实施下，农村面临综合改革的推进，大量有利于“三农”发展的政策施行，各类资源向农村倾斜，国家对乡村发展的愿景需要更多的精英存量作支撑，也就迎来了乡村人才队伍建设的“内生”+“外引”战略机遇期。内生机遇在于：一方面，乡村建设对人才的需求将会远远大于现有人才资源水平，唯有实现自身“造血”才是治本之策。为此，国家致力于在强化人才支撑的大政方针上做引领，地方政府也陆续积极落实乡村人才发展规划及利民政策，推动乡村本土人才的挖掘和培育，减少乡村人才的外流，这会让乡村人才队伍有量上的提升。另一方面，国家不断加大对于乡村人才队伍开发和提升的投入，不仅为乡村人才提供了生产、生活保障，使其可以在乡村振兴中大展拳脚，而且为乡村人才带来了自我提升的机遇，使其接受各类培训教育、进修学习，晋级晋升的机会也更加多起来，这将促进乡村人才队伍质的飞跃。外引机遇在于：乡村振兴涉及政治、经济、文化、社会等领域，乡村振兴战略是一个关联整个产业链、经济价值链、各类人才梯队的系统性工程，为保障乡村振兴战略的实施，向乡村“输血”也是一剂良方。一方面，国家号召各行各业的人才都加入其中，改变过去乡村单向支援城市的现象，尤其是高素质、高科技、高层次人才会由城市引进，到乡村进行技术指导并立业。另一方面，乡村振兴战略的实施使得乡村公共服务水平提高、基础配套设施完善、社会保障和医疗卫生逐渐与城市接轨，这也将吸引大批外出劳动力和乡贤能人回归聚集。基于此，实施乡村振兴战略将会带来乡村人才队伍内部的重大变革，激发乡村人才队伍建设的无限潜力。

二、乡村振兴视角下乡村人才队伍建设的必要性

乡村振兴战略是一个全方位的战略蓝图，习近平总书记指出，乡村振兴是包括产业振兴、人才振兴、文化振兴、生态振兴、组织振兴的全面振兴。“功以才成，业由才广”，最具能动性的人才必然是乡村振兴这巨幅蓝图的执笔人，承担着乡村各类资源的利用，决定战略实施的最终效果。因而，人才

振兴是实施乡村振兴战略最重要的因素，人才振兴对产业振兴、文化振兴、生态振兴、组织振兴具有支撑性作用。加强乡村人才队伍建设以实现人才振兴，才能保障乡村振兴战略的实施不偏离、不走样。

（一）乡村人才队伍建设是推进组织振兴的“牛鼻子”

实现组织振兴，能够为乡村振兴提供环境支持、组织保障、群众基础，事关乡村政治生态和政治稳定，而乡村基层组织振兴在乡村振兴的进程中面临诸多的问题和困难亟待解决。办好农村之事，关键靠党，农村富不富，关键看支部；支部强不强，关键看“头羊”。一个好的组织必须由优秀人才团队组成，加强乡村人才队伍建设也就抓住了乡村振兴战略系统工程的“牛鼻子”，整个乡村振兴工作就有了原动力。第一，组织振兴需要更多的智慧支持，需要不断地增加“头羊”储备。由于当前基层组织存在人才培养意识淡薄、人才机制不健全等问题导致组织人才储备不足，缺“骨干”、缺“头雁”、缺“领跑人”，而通过加强乡村人才队伍建设可以繁殖“骨干细胞”，加强农村党员的培育和吸收，建强基层党组织党员队伍；可以“以情召雁”，用政策牌和感情牌回引大学毕业生、复员退伍军人等加入乡村组织队伍中，建强基层党组织带头人队伍；可以“助力领跑”，通过培养本土致富带头人、乡贤模范，激发基层组织干事激情。第二，组织振兴需要组织力强化，需要不断增强“头羊”能力。一方面，当前基层党组织存在组织力弱化现象，一些基层党组织领导干部、管理人员年龄结构偏大，思想觉悟不高，专业能力不强，工作态度消极，乡村组织涣散，加强乡村人才队伍建设，可以选拔出有能力、有号召力的组织干部为乡村发展掌舵和领航。另一方面，部分基层党组织的党员队伍松散，外出党员较多且不利于集中管理，党员活动形式单一，加强乡村人才队伍建设，也是加强党员管理和思想教育，能更好地发挥党员队伍对乡村的政治引领示范作用。第三，组织振兴需要提高乡村治理能力，健全乡村治理体系，但是目前村民法治意识、整体素质不高。加强乡村人才队伍建设，能够集聚更多治理人才参与，各方高质量协同，推动乡村善治良序。以乡村人才队伍建设为“纵贯线”，可以保障组织振兴有力量。

（二）乡村人才队伍建设是推动产业振兴的“加速器”

乡村振兴，产业振兴要先行，产业振兴是基础，基础牢了，农民富裕了，有了钱，农民办事就有奔头了。产业振兴需要大力发展农村产业经济，以农业高质量发展并稳产保供为基础，以打造独具特色的产业集群为辅助，通过发展集约化生产提升竞争力，有效开发农村市场，促进价值提升。人力资本理论指出，人力资本对经济增长起决定性作用，只有加大人力资本投资，才能有经济的增长。首先，产业振兴需要大量以农业为主业、生产水平高且以农业为主要收入来源的农民，即习近平总书记强调的“爱农业、懂技术、善经营”的新型职业农民。其次，我国农业的发展一直存在小生产和大市场的矛盾。为解决这种矛盾，政府一直在进行各种方式的农业组织创新，包括新型合作社、农村专业技术协会、一二三产业融合、“公司+农户”、“公司+基地”等，所以产业振兴需要经营管理人才以对农村新型组织、农业化产业联合体起启动、协调、推动作用；产业振兴也不再是传统落后、“听天由命”的生产水平能够实现的，而要依靠“高、精、尖”的现代生产设备和“稳、准、狠”的现代科学技术，农业农村现代化呼唤农业科技带头人、产业科研领军人、先进设备应用人为农村的生产方式转型升级、生产水平的提质增效作支撑；产业振兴还需要把握时代变化、分析市场前景，广泛借助于“互联网+”之力。因此，离不开诸如农村电商人才、物流运输人才等作为新的协同力量。当前形势下，只有加强乡村人才队伍建设才能填补乡村产业振兴所需人才缺口，才能真正实现乡村产业兴旺和农民生活富裕的目标。

（三）乡村人才队伍建设是打造乡风文明的“生力军”

习近平总书记指出：“实施乡村振兴战略不能光看农民口袋里票子有多少，更要看农民精神风貌怎么样。”加强乡风文明建设，村民生活更加幸福安定，精神文化生活更加丰富多彩，致富路上更有奔头。乡村振兴，乡风文明是保障，在推进乡村振兴战略中，要抓好乡风文明建设。改革开放以来，我国乡村经济总体形势向好，村民们的物质财富已经有很大程度的增长，但在精神财富创造上还有待提高。第一，中华民族5000年的历史留下了许多优秀传统文化，包括风俗习惯、美食服饰、艺术表演、刺绣雕刻等，这些传统文化都是中华民族的瑰宝，支撑我们在世界文化中站稳脚跟，应该代代相传。但是随着市场化、网络化、物质文化的发展，不少老技艺都面临着失传的风险，文化的主体是人，传承载体也是人，加强乡村人才队伍建设，培育挖掘乡土文化本土人才，支持乡村文化能人，就是让文化拥有继承人。第二，文化的振兴需要在不忘本来的基础上，吸收外来、面向未来，但由于城乡二元体制结构和方针政策的影响，乡村文化设施薄弱，教育普及程度不够，原有乡村文化缺乏创造性转化，不能较好地融入时代。同时，一些乡村技艺继承人故步自封、墨守成规，缺乏对传统文化的创新，难为人们接受。加强乡村人才队伍建设，培养一批有担当的文化人成为先进文化的传播者，用创意激活经典，用精神引领风尚，用情怀推动乡村人们的世界观、人生观、价值观的革新。第三，文化振兴既要塑形，也要铸魂。当前农村依然存在封建迷信、铺张浪费、不敬不孝等不良风气，也有危害祖国、背离人民、以权谋私的违规违法行为，距离乡风文明的社会主义新农村建设目标还有差距。加强乡村人才队伍建设，培育挖掘本土乡贤道德模范，能够起到革除“精神荒芜”、教化乡民、净化乡风的重要作用，还可以回引外出打拼且事业有成的新乡贤，将其作为连接传统文化和社会主义核心价值观的纽带，引导村民形成正确的价值观。在当前形势下，加强乡村人才队伍建设才能有华夏文明的接力者，才能培养起具有文化自信和中国风采的精神担当者。

（四）乡村人才队伍建设是生态环境持久的“竞争力”

良好的生态环境是农村最大优势和宝贵财富，也是吸引优秀人才会聚、发挥其作用的条件。习近平总书记指出：“我们既要绿水青山，也要金山银山。宁要绿水青山，不要金山银山，而且绿水青山就是金山银山。”这一科学论断，强调了平衡经济发展与生态保护的关系，乡村“富起来”和“美起来”应该是互为前提的。首先，推动乡村经济发展，既要重速度，重质量，更要保生态，乡村生态振兴需要绿色发展理念的传播。过去部分农民和地方干部由于缺乏环境保护意识，导致生态环境遭到破坏，而乡村生态振兴需要通过乡村人才队伍建设唤醒农民生态意识，让“人与自然和谐共生”的理念得到普及。其次，乡村生态振兴需要农村外部环境的提升：一方面，处理好粪污、污水和垃圾以及农村面源污染问题，建立环境治理长效机制，这个过程离不开环境治理方面的人才。另一方面，外部环境的提升需要“生态宜居”的美丽家园，离不开生态景观、建筑景观、人文景观方面的人才的设计和建设。当然，农村生态振兴不只是表面功夫，还在于实现农业农村产业的绿色发展，走可持续发展的道路。严守生态红线，鼓励农业生产中低化肥的投入，变化学防治为生物防治，实现人与自然和谐共生，这个过程离不开农业科技人才。在当前形势下，这类人才基数小，力量弱，只有加强乡村人才队伍建设才能为乡村生态振兴提供依靠，还乡村一片“绿水青山”的净土，使其承载乡村生态宜居的愿景。

三、乡村振兴战略对乡村人才队伍建设的新要求

通过分析乡村振兴战略和乡村人才队伍的关系，以及实现人才振兴与组织振兴、产业振兴、文化振兴、生态振兴的逻辑联系可知，乡村人才队伍建设是牵动乡村振兴全局的重中之重。乡村振兴战略的实施对乡村人才队伍提出了新的要求，也给乡村人才队伍建设工作增加新的挑战和任务。

（一）乡村振兴战略对乡村人才队伍的新要求

近年来，工业化和快速城镇化的推进造成乡村人才的外流情况严重，队伍不强，素质偏低，乡村振兴战略的实施对乡村人才队伍提出了新的要求。第一，对乡村人才队伍规模提出了新要求。乡村振兴建设要“聚天下人才而用之”，培育土生土长人才、回引土生外长人才、援引外生外长人才，以人才会聚推动和保障乡村振兴。第二，对乡村人才队伍的思想观念提出了新要求。乡村人才需要学习新政策、掌握新科技，摒弃回乡创业就是“大材小用”的传统观念，树立“让青春之花开在祖国最需要的地方”之信念。第三，对乡村人才队伍的能力素质提出了新要求。乡村人才要肩负乡村政治、经济、文化、生态、党的建设等多方面振兴的责任，要具备组织、经营、管理、生产、创新、领导等多方面的能力。第四，对乡村人才队伍的作风提出了新要求。乡村人才要有“能做牺牲”的大局意识、“为国为民”的服务意识、“大有作为”的担当意识，真正做到自强自立、敢为人先、团结协作、廉洁奉献。

（二）乡村振兴战略对乡村人才队伍建设工作的新要求

乡村振兴战略的实施效果事关治国兴邦之急，而乡村人才队伍的建设效果事关乡村振兴之效。因此，实施乡村振兴战略对乡村人才队伍建设工作提出了新的要求。承担乡村人才队伍建设工作的主要是各级党委、政府工作人员，只有明确按照要求去执行，才能建设一支能干事、留得住的乡村人才队伍。第一，建设工作者必须思想上高度重视，转变观念，提高对人才重要性的认识，要把乡村人才队伍建设工作当作战略任务来抓，牢固树立人才意识和公仆意识，既要思想高度上去，又能执行落地。第二，建设工作者要准确把握乡村振兴战略的具体要义，依照乡村振兴战略走符合当地实际的人才队伍建设道路和有当地特色的振兴发展道路。第三，建设工作者要认真学习有关乡村振兴战略的各项政策，了解政策出台的背景、意义及内容，及时将各

个层级政策进行有效优质的传达和普及。第四，建设工作者同样是乡村人才队伍中的一员，在完成人才队伍建设工作过程中，也需要提高自身素质和工作能力，守住初心，在时代的舞台建功立业。

第二节　乡村振兴战略下北京乡村人才队伍建设现状分析

一、北京乡村人才队伍基本情况

（一）乡村人才存量分析

北京从事农业生产的劳动力资源数递减。近5年来，从事第一产业的就业人员比例逐年递减，2014—2018年比例分别为4.5%、4.2%、4.1%、3.9%、3.7%。外出打工的农民工年龄结构也有了变化，据《2018年北京农民工监测调查报告》，外出农民工平均年龄为45.3岁，其中，30岁以下的占比为10.3%，31~50岁的占比为59.0%，50岁以上的占比为30.7%。年轻富有创造力的劳动力大多涌入城市，留守乡村的多为老弱病残。

乡村人才的供给增长缓慢。“大学生村官”的流动性强，在岗“大学生村官”逐年减少。北京“大学生村官”政策自2005年实行以来，截至2019年共选聘“大学生村官”2.2万人，分布在13个涉农区县的3900多个行政村，目前在岗的仅有约7000人。乡村医生和卫生员人数递减。2014—2018年，乡村医生和卫生员的数量分别为3406人、3438人、3364人、3247人、2977人，5年间减少了429人，减少率为12.6%。乡镇企业个数呈下降趋势。2014—2018年，乡镇企业个数逐年下降，从2014年的139809个降到2018年的82791个，减少率为40.8%。农业观光园和民俗旅游园区个数也在降低。农业观光园从2014年的1301个降低到2018年的1172个，降低了9.9%；民俗旅游园区从2014年的8863个降低到2018年的7783个，降低了12.2%。

（二）乡村人才流量分析

乡村人才的流动虽也有“流出”和“流入”两种，但是现有的城乡二元体制下乡村人才更愿意“流出”而很少“流入”，乡村人才的流动处于一种长期失衡的状态，不利于乡村振兴的持续稳定开展。

乡村人才外流严重。2017年北京离开本乡镇外出就业的农民工有31.8万人，占全部农民工的 43.9%，比上年增长 1.6%。在外出就业的农民中，有 39.8%在北京城六区就业，有 32.4%在北京其他城区或全国其他城市就业，有 27.8%在建制镇及农村就业。

乡村人才回流难。从农村出来的大学生毕业后回乡意愿不强，有极大一部分选择在城里就业；外出务工的农民工也不愿回到农村，城里的干部、公务员也不愿意到乡村工作，哪怕是退休人员也更愿意选择在城里安度晚年。

乡村干部的流动性弱。从乡村干部转换成城市干部无异于跨越一道鸿沟，有很多干部一辈子就在乡村内部交流转换，极大地削弱了乡村干部的工作积极性和主动性。

二、北京乡村人才队伍建设的意义与内容

（一）加强北京乡村人才队伍建设的意义

在国家农业发展战略的基础上，北京市反复强调，立足首都战略定位，准确把握“大小农业”“大京郊小城区”的市情和乡村发展规律，坚持农业农村优先发展总方针，坚持稳中求进工作总基调，坚持首善标准，落实高质量发展要求，以实施乡村振兴战略为总抓手，对标全面建成小康社会“三农”工作必须完成的硬任务，抓重点、补短板、强基础，努力走出一条具有首都特点的乡村振兴之路。“盛世兴农，人才为本。”实现北京农业产业持续、快速、健康、协调发展，既是北京面临的长远发展战略，也是一项长期而艰巨的任务，这一任务对北京乡村人才队伍建设提出了更高的要求。然而，根据“三农”普查数据统计，北京市一产从业人员整体年龄偏大，青年人比例很低，35 岁及以下的仅占 10%；受教育程度总体较低，初中及以下学历占 80.2%；农业转移就业劳动力就业质量不高，主要集中在劳动密集型行业，就业不太稳定。另外，乡村对人才的吸引力不足，人才下乡创业的产业用地、用电、金融、社会保障等配套政策还不健全，新型职业农民、“新农人”的认定、管理、服务和扶持制度也没有建立起来，各类人才特别是青年人参与乡村振兴的积极性不高，从而导致乡村人才流失相当严重。

无论是理论还是实践都证明，农业产业要发展，人才是关键，谁拥有了人才优势，谁就拥有了竞争优势。谁能把人才优势转化为产业优势，谁就能够赢得竞争的主动权。面对农业产业发展的大好形势和全新要求，培养高素质、高质量、高水平的创新型乡村人才，对北京农业产业实现历史性的跨越

式发展具有重要的战略意义。在未来北京农业产业发展过程中，如果前述问题得不到彻底解决，北京农业产业的可持续发展将成为一纸空文。在当前砥砺前行振兴乡村的关键时期，当务之急在于加强乡村人才队伍建设，全面提高乡村人才队伍的整体素质。

（二）加强北京市乡村才队伍建设的重要内容

北京市农业高质量发展需要着重解决的突出问题，就是发展得不平衡、不充分。人才兴则农村兴，人气旺则农村旺。拥有一支规模宏大、素质优良的高素质人才队伍，是破解农村发展不平衡、不充分这一问题的根本所在。围绕人才“引得来”，需要突出“刚柔并举”，既鼓励高层次人才通过“上山下乡”等柔性方式服务基层，又可通过创新乡镇事业单位人才招聘方式、建立县域统筹的岗位管理使用制度等方式，吸引人才长期扎根基层。围绕人才“留得住”，从搭建平台载体、出台乡村专业技术人才特殊评聘政策、落实乡村工作人员待遇保障等方面，精准发力，为人才更好在乡村发挥技能、带强产业、带动致富铺路架桥。围绕人才“培育好”，实施高校毕业生基层成长计划、乡土人才培育行动等人才培养计划，激励各类人才在农村广阔天地大施所能、大展才华、大显身手。

乡村振兴是全面、多元的战略规划，不仅需要本土农业人才，更需要“新鲜血液”。聚焦于北京市乡村振兴人才资源短缺的问题，加强乡村本土人才培养、促进城乡人才流动、支持各类人才留在农村建功立业成为未来北京市乡村振兴人才队伍建设的重要内容。不仅要“留住人”，充分激发本乡本土人才活力；在此基础上，更要“吸引人”，积极推进各路人才“上山下乡”，更好发挥这些人才的示范引领作用，带动更多农民致富，有效推进乡村治理是当前亟须解决的重要课题。

三、北京促进人才返乡下乡的措施

（一）搭建和优化乡村创业就业支撑平台

1. 大力发展乡村产业吸引人才创业就业

鼓励和引导返乡下乡人员结合自身优势和特长，根据市场需求和当地资源禀赋，利用新理念、新技术和新模式，围绕发展高效节水农业、设施农业、循环农业、有机农业、现代种业、休闲农业和乡村旅游、精品民宿、养生养老、绿化美化、林下产业等乡村产业，培育和扶持新型农业经营主体。鼓励发展农业电子商务、物联网、互联网+农业，开展农业大数据平台应用，引导金融、互联网、文化创意、旅游管理、市场营销等领域专业人才到农村投资兴业。鼓励返乡下乡人员以“企业+合作社+农户”的经营模式促进生产与市场有机衔接，带动农户增产增收。符合条件的创新创业类农业项目，可申请农业科技项目资金给予支持。

2. 建立农村创业创新园区

依托现有开发区、农业示范园区、农产品加工园区以及专业市场、农民合作社、农业规模种养基地、文化产业园等各类平台，盘活闲置厂房等存量资源，建设具有区域特色的创业创新园区（基地），吸纳各类人才入驻创业。支持中高等院校、大型企业创建一批面向初创期“种子培育”的孵化园区（基地），鼓励各类创业孵化基地为农村人才提供场地支持和创业孵化服务。充分利用北京市科创基金农业创新子基金，支持各类创新创业类农业项目，加速农业科研成果落地孵化及推广应用。

3. 加大财政金融支持力度

提供创业补贴支持。返乡下乡人员（含非京籍）首次创办企业（个体工商户），正常经营且依法纳税 1 年以上、招用人员达到一定规模的，可申请享受一次性创业补贴。返乡下乡人员创办的企业（个体工商户）若招用本区农村劳动力和登记失业人员，依法签订 1 年（含）以上期限劳动合同、按规定缴纳职工社会保险、按月足额发放不低于本市职工最低工资标准 1.2 倍工资的，可申请享受最长 5 年的岗位补贴和社会保险补贴。加强创新创业金融支持。对符合条件的返乡下乡创业人员，可提供最高 30 万元的个人创业担保贷款；对合伙或组织起来共同创业的，可提供最高 100 万元的个人创业担保贷款；对符合条件的小微企业，可提供最高 300 万元的小微企业创业担保贷款。其中，个人创业担保贷款由财政部门据实全额贴息，小微企业创业担保贷款由财政部门按照贷款合同签订日贷款基础利率的 50%给予贴息。鼓励银行业金融机构开发符合农村创业创新需求的信贷产品和服务模式，探索权属清晰的包括农业设施、农机具、林木在内的动产和不动产抵押贷款业务，推进小额信贷保证保险，扩大农机购置补贴贷款范围，把开展农业休闲旅游、农业适度规模经营所需贷款纳入农业信贷担保体系范围予以支持。探索建立“政府+银行+保险公司+企业”的投融资服务机制。

4. 加强创新创业指导服务

从企业家、投资者、专业人才、科技特派员和创业创新带头人中遴选一批“双创”导师，通过一对一、多对一等方式，为各类人员在农村创新创业提供发展规划、团队建设、智力支持、投融资、项目诊断、管理咨询等多样化的专家辅导和创业服务。利用市政府便民服务热线“12345”、农村远程教育等现代化信息技术手段，开展就业创业咨询服务。利用培训实训、创客空间、孵化器、示范园区（基地）等多种形式的农村创新创业支撑服务平台，为各类人员在农村创业创新提供创新资源和成果支持。各级公共就业服务机构全面对接返乡下乡人员创办的企业（个体工商户），主动采集用人需求，加强分类评估，指导其合理制订招聘计划，确定招聘条件。以农村创业就业为主题，每年举办1~2场“百姓就业”宣传、招聘服务活动。

5. 强化用地用电支持和业务便捷服务

支持乡村建设的土地流转、土地租赁、建设用地配额等，鼓励农用地和建设用地复合使用，支持依法使用农村集体土地用于创新创业。发展农业、林木培育和种植、畜牧业、渔业生产，农业灌溉用电以及农业服务业中的农产品初加工用电，均执行农业生产电价。开辟农村创业创新业务办理绿色通道，通过“容缺受理”“全市通办”等一系列服务举措，提供优质便捷的商事服务。市场监管、税务部门实现一窗办理，简化企业开办流程，主要压缩为申请营业执照、刻制公章和申领发票。

（二）畅通各类人才返乡下乡渠道

1. 支持高素质农民提升生产经营水平

完善高素质农民培育体系。根据高素质农民需求，优化调整涉农高校、农业科研院所、农技推广机构等各类农业农村教育培训资源，支持把课堂开到田间地头、畜牧养殖场等生产一线，鼓励农民通过“不离家、不离乡、不离业”的“半农半读”方式就近就地接受职业教育和技能培训。建立完善实训基地，为高素质农民提供创业培训、职业培训、专业培训，不断提升农民职业技能和创新创业能力。坚持以赛促训、以训促用，积极鼓励高素质农民参加市内各类创业大赛、技能大赛，选拔推荐优秀的高素质农民、优秀创新创业项目参加“创业北京”、“中国创翼”、全国职业技能竞赛等重大赛事活动，对具有示范性、引领性的优秀项目给予资助。

定向培养农村专业人才。围绕乡村旅游、精品民宿、养生养老、绿化美化、林下产业等乡村产业发展需求，鼓励市属高校、中等职业院校、各类社会培训机构综合利用教育资源，灵活设置课程和专业（方向），创新人才培养模式，培养培训农业职业经理人、经纪人、乡村规划师、乡村工匠、乡村医生、文化能人、非遗传承人、乡土社工等农村专业人才，提升专业技能。深入推进农村劳动力职业技能提升，农村就业劳动力每年可享受 3 次发放生活补贴的免费技能培训。

2. 支持科技人员引领农业农村创新创业

打通高校、科研院所科技人员到农村的创新创业渠道。进一步落实北京市支持高校、科研院所专业技术人员创新创业的政策，高校、科研院所的科技人员通过兼职、在职创办企业、在岗创业、到企业挂职、参与项目合作、离岗创业等方式到农村现代种业、设施农业、智能装备、绿色发展等领域创新创业的，可兼职取酬、获得成果转化收益；离岗期间可保留相应的人事关系、基本工资和社保相关待遇；在农村的创新创业业绩可作为其岗位晋升、考核奖励的重要依据。

加大对种业科技人员成果权益分配的激励力度。全力推进种业人才发展和科研成果权益改革工作，鼓励从事种业科研、推广的非营利性研究开发机构和高等学校采用转让、许可、作价入股等方式开展种业科研成果转移转化，成果转移转化所获收入全部留归种业科研单位，纳入单位预算，实行统一管理。转化收益的 70%及以上比例经批准可用于对科技人员的奖励和支付报酬，但不纳入本单位工资总额基数，转化收入中给予科技人员的现金奖励，符合条件的，可按 50%计入科技人员当月“工资、薪金所得”，依法缴纳个人所得税。科研单位以股份或出资比例等股权形式给予个人奖励的，科技人员所获科技成果技术入股股权归个人所有。

加大对农业技术人才职称评价的支持力度。鼓励农业技术人才将论文写在“京郊大地”上、将成果转化到农业农村中。重点评价农业技术人才在服务“三农”、促进农业结构调整和发展方式转变、都市型农业集约高效绿色安全发展等方面的业绩和贡献，将农业技术人才在农村的创新创业、人才培养、农民培训等方面的业绩作为职称评审的重要依据。建立健全涉农高校、科研院所农业推广教授（研究员）制度，对于从事农业技术推广、科技成果转移转化，带动农民增收致富的农业推广人员，优先评聘农业推广教授（研究员）。

深入推进科技特派员制度。按照“市场化、信息化、乡土化、社会化”的原则，不断吸引农业科技人员加入科技特派员队伍。支持科技特派员将科技、资本、管理、信息等现代生产要素带到农村，提供科技服务或与农民结成利益共同体。鼓励产业联盟、行业协会、科技中介等社会组织为科技特派员提供电子商务、金融、法律、合作交流等服务。将在普通高校、科研院所、职业学校等事业单位开展农业科技公益服务的科技特派员，纳入事业单位专业技术人员创新创业政策支持范围。

3. 吸引优秀年轻人到农村创业发展

选聘优秀高校毕业生从事支农工作。选聘优秀高校毕业生到农村担任乡村振兴协理员，协助加强农村党建、发展特色产业、建设美丽乡村、提升治理水平，服务和保障乡村振兴战略实施。

发挥大学生创业板作用。高校毕业生在农业领域创办的优质企业，可通过本市区域性股权交易市场登陆大学生创业板，获得企业展示、政策扶持、融资对接、股权托管、培训辅导等服务，进一步提升企业创新能力与抗风险能力。

（三）完善社会保障政策

1. 完善社保教育政策

在农村创业就业的人员，可在创业地按相关规定参加社会保险，按照相关规定缴存并使用住房公积金，其子女符合参保条件的要纳入城乡居民基本医疗保险参保范围。其子女可按照相关规定在创业地接受义务教育，依地方相关规定接受学前教育。

2. 提供初创失败保障救助

对在农村初始创业失败后生活困难且符合北京市社会救助条件的人员，给予最低生活保障或低收入家庭救助；符合北京市相关社会救助条件的，可享受医疗、教育、住房、就业、采暖等专项救助和临时救助。

第三节　北京人才返乡下乡的困境分析

近年来，在北京市对返乡下乡就业创业人员的大力支持下，返乡下乡就业创业的人才不断增加，为北京市乡村振兴注入了新活力，但是仍然存在诸多障碍亟待解决。

一、配套服务保障不完善，精英人才返乡易、留乡难

城乡基础设施和公共服务仍有较大差距，精英人才返乡易、留乡难。近年来，农村就业环境、生活条件虽有很大改善，但仍与人才需求存在差距。农村地区医疗卫生、道路交通、通信网络、快递物流、商超集市等公共服务建设滞后，不同程度地影响正常生产经营活动和正常居住生活，习惯了城市生活的本土精英人才如果无法适应简陋的乡村环境，即使返乡也难以长期驻乡。精英人才干事创业的平台搭建不足。许多地区没有充分认识新精英人才的价值，没有根据精英人才特征搭建回归平台和渠道，或者已有平台条件有限，无法得到干事创业专项基金等保障，精英人才的发展空间和发挥余地都相对狭窄，这在一定程度上阻碍了精英人才返乡留乡参与乡村振兴。精英人才补偿机制尚未建立。在职精英人才返乡或以其他方式反哺乡村总要产生一定成本，这个成本支出需要获得一定补偿。但乡村社会关系复杂，精英人才返乡奉献和公益行为有时得不到村民的认可与信任，甚至会被质疑，这极大地打击了精英人才返乡入乡的积极性。精英人才基本权益有待进一步保障。受到市场运行紊乱、缺乏足够财力与政策优惠支持等多种因素影响，不少精英人才难以真正融入基层组织，导致其合法权益与基本权利无法获得更好保障，这会对其参与乡村振兴的积极性造成一定打击。

二、营商环境有待优化升级，企业家入乡积极性不高

对接机制有待完善。企业和社会资本参与乡村振兴要从双方的需求出发，因此，信息的对接与沟通非常重要，目前供需对接机制和对接平台还不完善。企业、社会资本与地方政府、农村集体经济组织之间存在信息不对称问题，难以同频共振，导致很多企业对政府已出台的相关扶持政策知晓度不高，对各涉农区“三农”发展现状缺乏了解，对各地的优势和需求掌握不全面。而涉农区也不熟悉各类企业、社会资本的业务特长，企业在参与乡村振兴过程中能在哪些领域、哪些项目精准对接不明确。农业融资困难。农业抵押物较少，经营风险高，融资困难。虽然农业贷款担保公司降低了贷款门槛，但没有大幅度降低贷款成本，反而增加了担保费用，而且担保贷款审批周期较长，难以及时解决企业资金短缺问题，加重了企业融资成本。土地产权关系不够稳定，下乡企业土地投资收益难以保障。自 2023 年起，第二轮土地承包开始

大批到期，下乡企业流转的土地可能面临因承包到期农户重新选择流转对象的风险。一旦变更土地流转，此前企业土地流转的投资将难以追回，土地产权变更将带来较大不确定性，降低企业土地投资的积极性。

三、创业帮扶援助机制不足，返乡大学生成功创业难

一方面，社会舆论不利于大学生返乡。从大学生返乡创业意愿来看，尽管乡村振兴战略实施以来，国家层面和北京市层面已从各个方面积极引导，倡导新农村建设，提高农村地位，但来自家庭教育和社会舆论的压力对大学生返乡创业仍影响较大，农村地区家长普遍认为大城市一切都比乡村好，所以从小给孩子灌输以后要去大城市发展的想法；而且由于长期以来明显的城乡差距，农村地区因经济发展不足、生活环境差等原因普遍被社会歧视，导致大学生对返乡产生心理压力。另一方面，返乡大学生成功创业难。受资金、技术、市场、经验约束，返乡大学生满怀创业激情，但创业高风险带来的创业受挫和失败也是常态。如果创业失败，缺乏创业援助机制的支持，大学生再次创业时资金筹措更加困难、创业风险仍然较高。从调查情况看，市场销路是大多数创业者遇到的最难克服的问题，创业成功是屡败屡战、摸爬滚打的结果，而单靠创业者自身力量往往难以化解创业风险、摆脱创业困境。目前，虽然北京市对于支持返乡下乡人员创业创新出台了相关措施，但从总体上看，创业失败救助机制还有待进一步健全完善，亟须建立社会救助、商业保险、风险投融资相结合的返乡人才创业失败救助和再创业帮扶机制，促进返乡人才走上创业—再创业—成功创业的循环之路，以创业保障政策吸引人才，以实现成功创业留住人才。

四、激励保障机制不完善，科技人才不愿不敢下乡

乡村产业兴旺需要科技推动，然而大多科技人才对下乡助力乡村振兴的主观意愿不强烈。虽然北京市在相关文件中提出“推动科技人才下乡”，但配套激励政策和实施细则有待进一步健全，一些单位虽然出台了本单位的激励政策，对下乡的专业技术人员给予一些经费支持以及工作量的核计，但与论文发表、项目评奖等激励相比，前者激励的有效性显然不足。科技服务创造的价值，在当前人才评价考核体系里，还没有很好地纳入进去。此外，很多科技人员对于发挥自身专业技术优势助力乡村振兴信心不足、畏首畏尾、顾

虑重重。保障机制不足、不全。首先，表现为经费不足，专项资助项目少，经费使用的灵活性也不够，下乡大多是在偏远山区山村蹲点调研和服务，交通、住宿、用餐等费用支出大多无法提供发票，无法满足现有的财务报销要求。其次，“不足”还体现在时间不足。科技人员的日常工作已较为繁重，没有空余时间下乡。最后，“不全”指供给侧的人才资源和需求侧的服务需求这两类信息资源的汇聚和对接机制尚未健全，推动科技人才下乡的长效机制尚未形成。信息不对称、对接不精准或难以对接，都将成为科技人才下乡面临的重大困难，严重阻碍了科技人才下乡的步伐。

五、平台建设仍存在短板，教文卫人才下乡动力不足

乡村教师、医生岗位吸引力不足。每千人应该配备 1 名乡村医生，但乡村医生无论从数量还是从质量看，都不太能满足需求。乡村医生和乡村教师生活条件艰苦，待遇低、职业成长慢，人员流动性大，弃乡进城现象突出。教文卫专业人才下乡平台搭建不足。从农村出来的大学生一大部分进入教育、医疗、文化行业，这些人才长期在城市体制内单位工作，大部分没有参与到乡村建设中来。相对于城市，乡村更需要这些人才，但乡村没有正式工作岗位，个人领办创办科教文卫等社会事业服务机构受到资金、人力等各种限制，需要城市教育、医疗、文化机构建立人才下乡通道，在乡村设立分支机构及工作岗位。然而，目前城市教文卫机构向农村延伸不足，人才大都在体制内单位，岗位稳定，已在城市安家落户，下乡入乡的家庭羁绊较多。从政策设计看，向基层倾斜（即越到基层、越到艰苦的地方待遇越高）的分配机制有待建立健全，没有逆人才流动方向设计政策安排，对城市教文卫人才返乡下乡的激励不足。

第四节　国内外推进人才下乡参与乡村振兴的经验借鉴

一、发达国家的经验总结

（一）美国

美国是典型的现代化农业大国。美国在城市化水平飞速发展的阶段，农

业的式微导致了农村人才的大量流失，这与当前中国的现状十分相似，为了突破这样的窘困局面，美国建立起了一套科学的人才引入保障体系。

1. 多元化的农村人才输送通道

美国农村人才培养要么在公立大学内进行，要么就通过公立学校外开展的非正规农民职业培训来进行。前者主要包括：①由专家学者教授的辅助行业教育（SOE）。主要面向从事生产管理和农业投资的农村人才。②为美国农业输送新鲜血液的“未来美国农民”教育（FFA）。③强调将所学知识应用到农业各个方面的辅助农业经验（SAE）。④由公立大学主导的在农村高中开办农业课程。值得一提的是，公立大学内进行的农业培训是美国农村人才培养的主要形式。后者则主要面向成年农民，培训地点不限于教室，农场、果园和田间都可以成为教学场所；培训时间大多在农闲时节；农业企业经营者、农场主、社会团体和个人等都可以参加。

2. 多样化的农业教育形式

美国农村人才引入保障体系按阶段分，包括初、中、高三级农村人才教育；按时间分，又有各种类型的短、中、长期的培训；在教学内容上，美国根据市场需求，通过突出实践性来设置有关课程。农村人才不仅需要掌握农业科学知识，也要学习农村建设、农产品营销、农业企业经营等方面的管理知识，还需要掌握实际的农业生产技巧，如种植、养殖、园艺、农机操控等知识。光有理论是不够的，学生还需要具有一定时间的农场或农业企业的工作经验，要帮助解决一个农场或企业的实际问题，才可以拿到国家认可的毕业文凭和专业技能鉴定书，从而成为名副其实的农村人才。

3. “软”条件和“硬”条件兼顾，引导优秀人才流向农村

只要农业的弱质性还在，农业农村优秀人才的外流趋势就不会改变，所以美国通过改善“硬”条件和优化“软”条件来形成激励机制，留住农村人才。改善“硬”条件就是建设良好的农村生活环境。美国十分重视乡村整体布局，要求达到“七通一平”的布局效果（给水通、排水通、电力通、电信通、热力通、道路通、煤气通和场地平整），还要求乡村必须重视绿化，早在20世纪60年代，美国政府就开展了“生态乡村”建设运动，使乡村生活充满生机和活力。2002年美国共计投入约1700亿美元用于改善农村生活条件。优化“软”条件指的就是调整户籍登记制度。美国户籍登记的主要目的是为政府提供人口信息，而不是抑制人口流动，户籍不和居民的工作、社会福利

和子女入学挂钩。美国公民迁移至美国的任何一处地方，都可以通过社会保障卡（美国缴税、就业、保险和社会保障都需要此卡）无偿享有所在地的福利待遇。这种户籍管理制度有利于农村人才的自由流动和优化配置，方便各界高素质劳动力进入农村就业和生活。

（二）韩国

韩国在20世纪70年代实施了“新村运动”，极大地改善了农村面貌，焕发了农村活力，但仍然没能扭转农村人口不断下降的趋势。进入20世纪，由于金融危机导致大量失业，婴儿潮一代（1955—1963年出生）即将退休以及城市人对田园生活的向往，使韩国出现了较为明显的“归农归村”潮。韩国政府顺势而为，出台了“归农归村”相关政策，有效补充了农村人力资源短板，缓解了农村老龄化趋势，也使韩国农村人口自2010年起止跌回升，农村又一次焕发了活力。

1. “归农归村”是激发乡村活力的制度创新

“归农归村”改变了人们对农民从事农业、市民从事工商业的传统观念，在尽量减少农村劳动力转移的同时，通过教育培训，培养城市居民，使城市居民学到农业新技术、新的经营理念，是以培养新型职业农民为主的一种制度创新。“归农归村”人员本身是在城市工作的工程师、设计师、教师或其他城市白领、蓝领等人员，自身综合素质较高。这些高素质人才的回归为农村注入了新的血液。据调查，韩国归农人口的80%以上为高中学历，32%为大学高学历人才；而当地农民61.1%的学历为中学以下。韩国城市居民的“归农归村”有效地弥补了农村人力资源的短板，特别是缓解了乡村高素质专业人才不足的问题，“归农归村”人员成为农村发展的重要力量。

2. “归农归村”的实施需要政府各部门通力合作

韩国以政府为主导，以城市居民为主体，以“归农归村”者的需求作为政策制定的方向，采取多部门合作和上下联动的方式来推动和落实。即不仅需要中央政府协调农业、财政、教育、金融、保险等部门相互合作，也需要中央政府和地方政府的相互协调和合作。尤其是“归农归村”最终由地方政府来执行，因此，地方政府各同级部门之间的相互协调合作显得尤为重要。

3. “归农归村”的发展离不开政策扶持和财政支持

城市居民的“归农归村”，虽然是缘于自身需求（不管是向往田园生活还是为了再就业），但如果没有政府的政策扶持和财政支持，就很难实施。政府不仅举办各种活动进行“归农归村”的宣传，还成立了专门机构，对“归农归村”者提供咨询服务，帮助其制订和实施“归农归村”计划，了解其需求，解决其困难，适时调整政策以推进“归农归村”的实施。其中，政府财政投资主要体现在农业创业、购买或新建宅基地、房屋修理或装修、归农者教育培训等方面。住宅支持对成功回流有正面影响。

4. “归农归村”教育对于成功回归至关重要

“归农归村”人员在农村发展中发挥积极作用的过程并不顺利。“归农归村”人员与当地原住民之间的矛盾，无法融入农村共同体以及难以适应农村开发活动等问题是他们面临的主要障碍。解决这些问题的重要途径是“归农归村”教育。一方面，“归农归村”人员需要在回归前接受“归农归村”的思想教育，了解与原住民的相处之道；另一方面，地方政府要在原住民中加强“归农归村”的宣传教育，让原住民能够包容和接纳“归农归村”人员，并举办“归农归村”人员与原住民相互了解和互助的各种活动，使双方友好相处、相融，齐心协力投入农村建设当中。

5. 地方支持是“归农归村”者成功定居的重要影响因素

据韩国“归农归村振兴会”的调查，最受欢迎的“归农归村”目的地是庆尚道，占被调查人数的26%，其次是京畿道，占被调查人数的20%，还有江原道、全罗南道、济州道。而庆尚道之所以成为“归农归村”的首选地，除了当地良好的农业生产条件、相对便宜的土地价格，还有完善的“归农归村”政策。庆尚北道各市郡根据当地的实际情况和财力状况，出台了多达186条的“归农归村”配套政策。例如，提供归农实行前的教育培训费支持、归农实习与现场实习支援、房屋修缮费与搬家费支持；提供归农实行后的归农安置资金、归农贷款利息支持、农地保障费、务农费与收入支持、医疗费与归农家庭子女学费支持、其他事业补助等；发布了归农指导、农用机械贷款或租赁补贴、归农者农地购买所得税和注册税减免等条例。庆尚北道设立了9个“归农归村”援助中心，通过农民学校的归农课程和归农实习提高“归农归村”者学历水平，通过现场学习农业经营技术、开设“归农归村”论坛、举办“归农归村”庆典活动等拉近原住民与归农者的关系，大力发展六次产业为“归农归村”者创造更多的创业和就业机会等。积极完善的配套政策使庆尚道的“归农归村”发展迅速，成为韩国“归农归村”落户最多的地区。

（三）德国

1.“普适性”的欧盟资质框架

该框架通过知识、技能和能力 3 个要素来衡量评价德国整个教育体系下的毕业生。知识就是理论性的知识；技能包含了认知技能和实用技能；能力主要涉及责任感和自律。资质水平共 8 级，拥有师傅证书的农村人才相当于 EQF6 级水平（博士毕业生为 EQF8 级水平）。它使得农业和其他行业的资质评价认定汇集到了同一个资质评价框架内，让不同行业人才的学习成果和能力水平能有一个共同的参照物，这样既促进了资格的比较和转换，又提高了农村人才的认可度。不仅如此，在 EQF 下，最初选择专科职业教育的农村人才只需要到高级职业院校进修并考试合格后，便可以前往公立大学进行理论深造，而公立大学的学生同样可以转入更为注重实践能力教育的专科职业院校。这样，青年们便可以根据自身的实际需要及资质水平，选择不同的教育路线。更重要的是，选择职业教育的学生不会被当作“差生”而被社会轻视，职业院校和公立大学是平等的。

2. 优厚的农村福利待遇

一方面，德国社会养老保障体系健全，分为 2 大主系统和 6 个子系统，而农村社会养老保险体系是一个独立的养老保险体系，是国家养老保障体系的重要一环。目前，德国农村的养老和医疗都由专门的农业社会保险联合总会承担。另一方面，由于过去的农业直接补贴政策对新进入农村的青年极为不公，所以德国近些年不断深化农业脱钩补贴改革。比如青年农民计划（young farmers scheme），可以将不超过 2%的直接支付资金用于支持 40 岁以下的青年农民，而且所有从事相关农业工作的人都可以获得一定的额外津贴，津贴补贴年限不得超过 5 年。成功的农村人才培养体制为德国培养了一批又一批的新型现代化农村人才，为德国农业发展提供了充足的后备人力资源。统计数据显示，2010 年，德国 69%的农业企业管理层都接受过职业培训。农业企业管理层中 59%的人员拥有职业进修教育学历，31%的人员拥有中等职业教育学历，22%的人员拥有专业资格证书或师傅证书。这些高素质的农村人才为德国农业发展做出了重大贡献。

（四）国外经验借鉴

1. 整合各方资源，构建目标多层次、功能多元化的农民教育培训体系

综观发达国家农村人才培养的经验，制度化、规范化的农民教育培训体系的构建起到了至关重要的作用。尽管中国一直高度关注农业农村的发展，并积极开展新型职业农民培育工程，但仍然存在各部门组织不协调、培训主体不明确、培训水平参差不齐等问题。伴随着乡村振兴战略的提出，农业农村的发展亟须注入新鲜血液，这要求中国加大力度支持农民的职业培训，构建起由政府统筹规划，农业院校、农民合作社、农业企业等社会组织协调作用，目标多层次、功能多元化的农民教育培训体系。一是要发挥政府在农村人才培养工作中的统筹规划作用，做好组织协调、监督管理的工作，同时要确保对农村人才培养的财政支持。只有政府加大投入的力度，才能更好地引导民间资本进入农业教育事业。二是各培训主体要发挥自身的比较优势，做到权责分明、目标明确。例如，农业院校负责农业科研人才的培养；农业推广机构负责农业科研成果的推广与农业生产技术的传授；农业企业应更注重教育培训与产业、市场的结合，提高农民经营管理的能力等。三是要发展多种形式的培育方式，根据农民发展方向的不同因材施教，利用多元化的培育方式达到最好的培育效果。四是要注重农村基础教育，提高国民的农业素养。

2. 树立新型的农村人才观，注重对新农人的培养与引进

随着乡村振兴战略的提出，农村有了更广阔的发展空间，新农人也不断崛起，为农业农村的发展增添了活力。因此，中国亟须构建起新型的农业人才观来推进农村人才培养事业的进展。一是要提高新型职业农民的社会认可度，鼓励高学历、高素质的青年加入新农人的队伍。由于长期存在的城乡二元结构，农村在经济、教育、医疗、文化等方面均与城市有较大差距，使得大量农村人口外流。然而乡村的振兴离不开高素质的人才，只有组建一支有技术、懂经营，能够更好地与市场对接的新农人队伍，才能够更好地促进农业农村的现代化。因此，政府应该加大对农业领域人才的引进力度，为农业农村的发展注入新鲜血液。二是要重视对农民的职业化培训。农村人才不能光靠引进，还需重视本土农民的培养与教育，只有不断提高农村地区劳动者的综合素质，才能更好地进行农业现代化技术的推广与经营理念的传播。三是要加大对新型农业经营主体的培育与支持。随着城镇化的不断推进，农业也走向规模化经营的道路，新型农业经营主体作为未来农业生产的主体必须

得到重视。因此，应加大政府对新型农业经营主体的资金支持与技术指导。

3. 构建良好的发展环境，为农村人才培养的推进保驾护航

从制度环境来看，一是要构建起农村社会保障体系。由于长时期的城乡二元结构，农村的社会保障水平远不及城市，因此，只有完善农村社会保障体系，保障农民的生活质量，才能留住人才。二是提高农民的组织化程度，大力培育新型农业经营主体。中国是以小农经济为主的国家，农民组织化程度较低，抵御市场风险的能力较弱，因此，应该加快土地的流转，发挥农民合作社等新型农业经营主体的作用，有针对性地开展农村人才培养工作。三是要提高农民的收入水平。城乡收入的巨大差距是农村劳动力外流的主要原因，因此，政府应加大对农民的收入补贴支持政策，只有提高农民的收入水平，才能吸引青年从事农业行业。除了制度环境的优化，还需加强农村教育基础设施的建设，加大农村公共物品的供给，为农民的教育培训提供良好的物质基础。

二、国内的经验总结

（一）浙江“湖州模式”

作为习近平总书记“绿水青山就是金山银山”重要论述的诞生地和美丽乡村的发源地，浙江湖州通过近十年的探索和实践，总结出了乡村人才振兴的“湖州模式”。该模式的主要内容包括：第一，创新乡村人才教育培训体系。根据新技术、新产业、新业态和新模式对乡村人才的需求变化，成立全国首家农民学院，开展“学历+技能+创业+文明素养”教育教学，实现农民学历“中职+大专本科+研究生”梯度推进，培育了一批适应农业现代化要求的新型职业农民。该市还以湖州农民学院为龙头，搭建起了“以湖州农民学院、湖州职业技术学院（电大）教育资源为主体、浙江大学等高校院所专家教授为支撑，以中等职业教育学校和乡镇学校为基础，以开放教育为主要形式”的乡村人才教育培训体系。第二，开辟乡村引才专项通道。湖州在本市率先实施“南太湖精英计划”的同时，专门设置乡村人才引才专项，大力引进带项目、带技术、带资金、带团队的农业创业创新领军人才。该市安吉县在落实湖州市《关于高水平打造人才生态最优市的若干意见》“1+N”人才新政基础上，还实施了“美丽英才计划”、美丽乡村科研院人才驿站引才机制、异地孵化器建设三个创新举措，会聚了一批农村创新创业人才。第三，组建

农业技术推广联盟。与浙江大学战略合作建立了湖州市现代农业十大主导产业联盟，创新了“1（利用1个高校院所专家团队）+1（配备1个本地农技专家团队）+N（联结N个现代农业经营主体）”运行模式，不仅为乡村引进了高水平农业科技人才，而且有效地促进了当地农业技术推广人才队伍的成长和发展。

（二）湖北“咸宁模式”

位于湖北省东南部的咸宁市，认真学习贯彻习近平总书记视察湖北重要讲话精神，在乡村振兴过程中，牢牢抓住人才这个关键，探索出了乡村人才振兴的“咸宁模式”。该模式的主要内容包括：第一，分层分类推进乡村人才队伍建设。咸宁市较早出台《关于全面推进乡村人才振兴的实施意见》，围绕产业兴旺、生态宜居、乡风文明、治理有效、生活富裕的总要求，重点建设产业发展、农村专业、乡土文化、乡村治理四支乡村人才队伍。第二，充分发挥乡村人才振兴过程中不同主体的整体合力。咸宁市党委、政府汇聚地方党委组织、宣传等部门和政府人社、民政、农业、教育等部门的力量，住房管理部门发挥在保障性住房、公租房等人才安居方面的保障功能，金融部门采取贷款贴息、投资补助、以奖代补等方式，对乡村人才给予政策支持，教育部门对各类乡村人才在子女入学等方面提供优先服务，人社部门实行“一对一”服务，在薪酬福利、医疗保险、养老保障、创业投资等方面解决其后顾之忧，各部门分工协作从发现、引进、培育、流动、留用、发展等方面为乡村人才振兴提供全方位保障。第三，创新乡村人才振兴工程。不仅全面落实该省关于市民下乡、能人回乡、企业兴乡的“三乡”工程，而且创新“一村多名大学生计划”“一村一名大学生村医”“村（社区）干部培养选聘千人计划”“回乡创业计划”“大学生下乡”“人才创新创业超市”等工程引进一批高层次人才。譬如，该市实施“一村多名大学生计划”，充分利用咸宁职业技术学院教育资源，开设电子商务、现代农业技术等贴合农民急需的专业，创新人才培养模式，为乡村振兴培养了一批高素质技术技能型人才。创新实施“村（社区）干部培养选聘千人计划”，从复转军人、外出务工经商人员、回乡大中专毕业生、机关事业单位干部等人员中，择优选聘村（社区）党组织书记助理或村（居）委会主任助理，参照当地村（社区）副职干部标准发放工作报酬，有效改善了基层组织队伍的人员素质结构。

（三）重庆“永川模式”

近年来，位于长江上游地区的重庆市永川区较早地开展了乡村人才振兴的探索与实践，其在全市启动的“民间乡土人才领跑带富计划”项目荣获2017年全国人才工作创新最佳案例奖，同时获得了2018年重庆市乡村人才振兴试点示范区。该模式的主要内容包括：第一，启动了“民间乡土人才领跑带富计划”。2015年，重庆市永川区坚持“本乡本土、领跑带富、扎根民间”的工作原则，开展乡土人才的全面摸底调查工作，建立乡土人才数据库，对乡土人才进行分级分类认定并颁发证书，挖掘了一批“土专家”“田秀才”，在项目倾斜、税收优惠、信贷服务、生产用地、用水用电等方面出台乡土人才激励政策，成立各类民间乡土人才协会、定期举办“百名优秀民间乡土人才”评选表彰活动，用好用活了民间乡土人才，充分发挥他们在乡村人才振兴过程中的领跑带富作用。第二，实施了“农业科技人才下乡计划”。在不断培育新型职业农民、管理型农民、农技服务型农民的同时，该区还实施了“农业科技人才下乡计划”，组建由农业专家、大学教授、企业工程师等构成的专家团队，深入田间地头，为乡土人才解决农业生产经营难题。利用重庆市职教城优势资源，整合重庆市和在永高校院所涉农专家和科技工作者，建立了市级专家大院和永川区级专家大院，为乡村振兴提供农业技术服务。第三，开展“乡贤聚力计划”。该区大力弘扬乡贤文化，发挥他们在思想观念、创新观点、生活方式上的示范带动作用。一方面，根据“草根群体、民间力量”的定位，凝聚了1000余名成长于乡土、奉献于乡里的“在家”型、“离土”型、“外来”型乡贤队伍；另一方面，建立了以引领社会风尚、宣讲法律政策、调处矛盾纠纷、反映社情民意、倡导移风易俗为主要任务的“乡贤评理堂”108个，不仅在区域经济发展中发挥了积极作用，而且有效推动了乡风文明建设和乡村社会治理。

（四）国内经验借鉴

1. 注重满足人才的物质需求

人才参与乡村振兴工作使其获得薪酬激励、物质奖励、工资福利等，并对特定的人才群体设立专属基金以满足其科研、创业或发展的需要。物质需求是人才在参与乡村振兴工作中最基本的需求，注重从物质的角度出发对人才进行激励有利于充分发挥人才工作的主观能动性。在制定专业人才相关公共政策时应从这个角度出发，加大财政补贴力度，以切实的利益激励机制调动人才参与乡村振兴工作的积极性。

2. 着力畅通人才参与渠道

充分发挥各级人力资源和社会保障部门的作用，吸引多方人才。只有打通人才向乡村流动的渠道，实现乡村振兴与人才供需双方的无缝对接，才能够使人力资源得以有效的利用。破除阻碍人才流动的机制，鼓励各方人才参与乡村振兴，能够为乡村振兴提供有力的人力资源保障。在引进乡村振兴所需人才的过程中应注意消除人才流动中的阻碍与壁垒，确保人尽其才。

3. 制定灵活的人才引进政策

人才参与乡村振兴的工作方式多样化，如挂职、兼职、离岗创业等；工作形式多元化，如定期服务，常驻服务等；收入分配多样化，如协议工资、项目工资、年薪等。工作方式和形式的多样化能使更多的人才参与乡村振兴，使人才不受限于某种固定的工作形式，给予了人才更多的选择性，使参与乡村振兴的工作变得灵活起来，极大地提高了人才参与乡村振兴的积极性。

4. 充分保障不同人才的需求和权益

为专家学者等建立研发、成果转化平台，创新实践基地等满足其科研需求；对有意到乡村创业的成功人士给予创业政策扶持；对体制内人才给予职称评定、岗位晋升的倾斜等，针对不同类型的人才采取个性化的激励方案。针对不同的人才需求施以不同的政策优惠，切实保障不同人才群体的切身权益，是推动政策朝人性化、科学化发展的重要表现。针对不同群体精准施策不仅激发了人才参与乡村振兴的热情，还避免了政策实施的形式化。

第五节　鼓励人才下乡参与乡村振兴的对策建议

推动人才返乡下乡需要立足人才差异化需求，营造宜人宜居的生活环境，完善激励相容政策，创造条件，使人才下得去、干成事、留得住、有退路。

一、加快营造良好用人环境，增强人才返乡下乡的内生动力

第一，大力培育乡贤文化，以乡愁乡誉为纽带吸引乡贤返乡。应以镇村两级为主导建立新乡贤数据库，培育新乡绅文化。区级政府建立乡贤馆、乡

贤榜、乡贤会，利用新媒体宣传新乡贤文化，开展新乡贤文化进课堂、进讲堂、进礼堂、进祠堂等活动，营造全社会崇尚新乡贤的文化氛围。建立新乡贤信息库和政府智库，利用网络新媒体搭建新乡贤与家乡之间情感联络的通道，吸纳新乡贤参与基层政府决策、举办教育、担任司法调解员、联系对接城乡社会资源等。

第二，加快乡村基础设施和公共服务体系建设，营造便利、快捷的服务环境。完善医疗卫生、乡村道路交通、电信网络、快递物流等公共设施，支持流通、销售企业服务网点向农村延伸，建立农村现代化流通体系，构建宜人宜居的社会生活环境。

第三，完善城乡社会服务政策，保障下乡人才进得来、出得去。允许城市人才带着原有福利返乡下乡，如保留城市户籍、城市福利、工作职位等。返乡下乡人才子女若留在城市，可就近优先选择入读学校，如跟随父母下乡，可由新工作地教育行政主管部门安排就近入读重点学校或优质学校。

第四，营造公平竞争的用人环境，促进下乡人才健康成长。制定体制内人才服务乡村振兴的支持政策，明确在农村、基层、一线和艰苦边远地区检验人才、发现人才、使用人才的用人导向，打造德才兼备、甘愿奉献的人才评价机制，营造公平竞争的人才环境。

二、完善乡村创业支持援助机制，以成功创业留住返乡人才

第一，完善返乡创业融资机制。一是引导建立乡村创业风险投资基金。引导社会资本和区级政府设立乡村创业风险投资基金，市政府根据实际状况给予风险补偿。各类农业产业发展基金优先用于支持返乡下乡人才创业。二是探索开展农业融资租赁业务。拓宽涉农融资租赁标的物范围，鼓励试点开展涉农生产加工机械、农业设施、生物资产、农业物资、猪场圈舍、农产品等融资租赁业务。三是完善返乡创业融资担保体系。建立银行与担保机构之间、北京市农业信贷担保机构和区级分支机构之间的多层次风险分担机制和业务联动机制，简化担保办理手续，促进创业人员便捷融资。

第二，完善返乡创业帮扶和失败救助机制。建议实行涉农龙头企业与返乡创业人员结对帮扶和救助机制，龙头企业为返乡人员创业提供各种支持，并将新创企业纳入供应链管理，实现创业企业产销对接、供求衔接，推动形成优势互补、彼此衔接的农村产业链、供应链。由人社部门选聘创业指导专

家组建的创业导师团针对返乡创业人员创业中遇到的难题，帮助其分析创业失败原因，寻找解决办法。政府向创业失败者提供再创业资金支持，帮助其尽快恢复元气，走上再创业之路。

三、畅通精英人才返乡通道，开辟精英人才兴乡多元化路径

第一，充分挖掘精英人才优势，采取多样化方式促进精英人才兴乡。一是明确精英人才优势在哪里，回乡适合干什么，确定返乡路径和岗位，为其报效乡里找到一条可行路径。二是区分退休和在职精英人才。对于退休人员，要明确是否愿意回乡定居，如果不愿意回乡定居，可以定期返乡或以其他方式报效家乡；对于在职人员，可以采取软引进方式，即将其作为乡村链接城市资源的媒介，通过精英人才推介，吸纳城市要素返乡，充分利用城市资源要素为乡村服务。

第二，加快推进农村土地管理制度改革，进一步放活宅基地使用权。允许还乡精英人才租用农村闲置农房或村两委建设标准化公共住房租赁给入乡人才居住；农村宅基地整理节约出的耕地和建设用地，可根据实际情况用于支持返乡下乡人才创业。

第三，切实保障和尊重精英人才的基本权益与合法诉求。满足他们尊重、自我实现等多个层面的需求，将物质激励与精神激励有机结合，为其免费参与乡村治理的各项活动提供必要的补贴和奖励。

四、加大政府引导与资源支持，激发企业联农兴乡动能

第一，促进不同主体的供需对接。既要发挥市、区两级农业农村局的作用，及时收集乡村振兴中村级层面的项目需求信息，又要发挥国资委等相关部门的作用，鼓励所属企业参与乡村振兴，并向企业提供更多乡村需求信息，同时，收集企业的投资与项目需求，向农业农村部门进行传递；还要发挥行业组织的作用，通过行业组织向企业主体传达关于乡村振兴的相关政策，让市场主体及时了解乡村振兴建设过程中的机会。政府部门及行业组织除及时传递政府政策、供需信息外，还可以组织企业到郊区农村进行实地考察，让市场主体对乡村振兴有更多的了解，对乡村振兴过程中的投资机会有更清楚的认知。

第二，引导支持企业家返乡经营产业或经营村庄。探索整合本乡镇内困

难村帮扶资金，加上政府贴息贷款资金，支持下乡企业创办农业龙头企业，带动当地农户就业和增收，区政府根据下乡企业联农带农作用确定补贴水平。区、镇（乡）政府在土地流转、行业准入和信贷担保等方面给予企业特殊支持，政府与下乡企业之间结成相互依赖、共生共赢的合作关系。地方政府不仅可以吸纳下乡企业经营产业，还可以探索企业家下乡经营村庄的适宜模式。企业家具有村内外资源整合能力和市场洞察力，有助于发展壮大村庄新型集体经济，带动村庄产业兴旺。

第三，稳定下乡资本与农户土地流转关系。支持下乡资本与农户签订土地流转补充协议，约定承包到期后土地流转关系不变更。作为条件，下乡资本将土地连片整治后优先转包给流转土地的农户，优先雇用流转出土地承包权的农户。流转出土地的农户有权监督土地的合理使用，防止土地非农化、土地闲置或不合理开发利用。

五、构建激励约束和退出机制，促进大学生下乡历练

第一，注意舆论引导，破除社会阻力。大学生回乡创业，尤其是回本乡创业，均会遇到周围群众不理解的问题，“大学白上”“读书无用”之类的说法在一段时间内就会大行其道。有些有创业想法的大学生也会因为这种世俗的眼光、议论、压力而放弃初衷，打退堂鼓。但如果能在创业之初就打破僵局，并初步获得一定收益，这些类似于“大学白上”的说法自然就会消失。要顺利度过这一段时期，需要社会各界，尤其是舆论界及时予以引导，并帮助回乡创业的大学生解决实际问题，唯其如此才能坚定那些创业者的信心，引导他们走向成功。舆论环境的改善也会吸引更多的大学生自主回乡创业，服务乡村振兴。

第二，建立返乡大学生退出机制。如果返乡大学生创业不成功，无法在乡村扎根生存，应该支持其再次离开乡村。借鉴广东省做法，本科、硕士毕业 2 年（博士毕业 5 年）内认定为应届毕业生。高校毕业生自愿回农村工作的，保留城市户籍；如果无法扎根，2 年内仍按应届毕业生认定。这样即使创业不成功，大学生仍可以凭借应届毕业生身份找工作。

第三，实施大学生返乡创业支持政策。针对大学生创业存在资金短缺、技能欠缺和市场把握不准等短板，一是开展返乡大学生创业培训。地方政府根据创业需求，组织专业技术人员和企业经理人员为大学生开展免费的创业

培训，包括种养殖技术、小微企业管理、电商销售、市场分析评估等。二是采取保留城市户籍、政府缴纳社保、给予住房和生活补助、进入创业孵化园等组合措施降低返乡成本，吸纳大学生入乡归田。三是借鉴山东省做法，“三支一扶”期满考核合格的大学生，可以根据本人意愿直接进入乡镇事业单位工作，或优先招录为区、镇（乡）公务员或入区级事业编制。

六、创新体制内人事管理制度，推进科技人才入乡创业

第一，创新激励政策，让科技人才“想下去”。要在科技人才最关注的人才评价考核体系中进行改革、创新。比如，将下乡这样的基层工作经历作为职称评聘的必要条件，对工作业绩突出的科技人才，在评优、晋级和职称评聘中优先考虑；将在助力乡村振兴过程中承担的项目与成果转化作为其职称评聘的重要依据；将科技人才承担下乡派驻任务视同承担市级科技计划项目，优先推荐助力乡村振兴的科技人才承担企业横向项目和各类创新推广项目等。在物质奖励上，要将下乡助力乡村振兴纳入本单位工作绩效考核，核计相应工作量，确保其薪酬收入高于原有水平；还要加大对科技人才重要科研成果、项目的奖励力度。在精神奖励上，政府及所在单位要树立一批下乡科技人才的典型，对工作业绩突出的科技人才，要大力宣传其突出事迹，并给予隆重表彰和鼓励。

第二，健全保障机制，让科技人才“下得去”。一是组织领导保障。一方面，政府充分发挥主导作用，用顶层设计指导、推动多部门（如市乡村振兴局、市委组织部、市人社局、市科委、市科协）联动协作，从人事管理、职称评聘、科技项目全方位制定推动科技人才下乡助力乡村振兴的配套政策，形成政府职能部门协同、上下联动的组织体系；另一方面，科技人才在助力乡村振兴过程中，服务内容可能会涉及研发、种植、加工、品牌打造、销售等诸多环节，需要精准对接科技、农业农村、经信局等不同的主管部门。这就需要农业、科技、产业部门协同，为科技人才提供组织保障。二是对接机制保障。市、区、镇（乡）三级政府有关部门要加强统筹规划和组织协调，要为广大科技人才下乡搭建平台，切实发挥桥梁纽带作用。三是业务经费保障。市级层面及所在单位要建立科技人才下乡专项工作基金，用于交通、住宿、用餐等日常业务费用支出，也可用于相关的项目研究、绩效工资、成果奖励等激励政策费用支出。此外，应充分考虑到下乡交通、住宿、用餐等大

多无法提供发票的实际情况，建立灵活、科学的经费使用和财务报销制度，探索项目经费使用“包干制”改革，让科技人才不再“有钱难花、花钱难报”。

七、设置组织机构和岗位平台，畅通教文卫人才下乡渠道

第一，制定体制内人员回乡从业的激励政策。建议出台公职人员返乡下乡从业的激励政策。体制内工作人员自愿调动到区、镇（乡）同类同级别的工作岗位或一定时期内（保留原工作岗位）到区、镇（乡）政府工作，财政给予相应的岗位补贴。如广东省政策规定，凡是具有正高级、副高级、中级职称的专业技术人员自愿到镇（乡）工作的，省财政分别给予每人每年10万元、8万元、5万元岗位补贴。实行乡村工作荣誉制度，凡是在区级以下部门工作一定年限的人员，由市里颁发乡村工作荣誉证书，鼓励城市人才返乡下乡并扎根农村。

第二，建议市教育、医疗单位在区里设立分支机构，组织专业人才轮流下乡驻点，所在单位为下乡人员保留岗位，发放薪酬，并帮助解决子女上学、老人照护等问题。下乡人员既从事教育、医疗等专业技术服务，又承担区、镇（乡）教育及医疗机构人员业务指导和专业技术培训等责任。

第三，开展城乡教育机构结对帮扶行动。制订实施市级中小学校与乡村对应学校结对帮扶行动计划，包括城乡专任教师交流制度、城乡教师结对帮扶制度、学生互访参观体验制度等。以城市人才软下乡帮助乡村教师快速成长，通过以城带乡促进乡村教育事业健康发展。

第四章　提升北京农村基本公共服务水平研究

第一节　北京农村基本公共服务概况

2016年，北京市有东城、西城、海淀、朝阳、丰台、门头沟、石景山、房山、通州、顺义、昌平、大兴、怀柔、平谷、延庆、密云16个市辖区（合计16个县级行政区划单位），147个街道、144个镇、33个乡、5个民族乡（合计329个乡级行政单位）。国家统计局数据显示，2019年常住人口有2153.6万人，乡村人口数为289万。

一、基础设施服务

《北京市第三次全国农业普查主要数据公报》显示，全市各村在保持100%通公路的前提下，路面结构进一步优化、路面质量明显提高。2016年末，在196个乡级单位地域范围内，37个乡级单位有火车站，占比约为18.9%；96个乡级单位有高速公路出入口，占比约为49.0%。100%的村通公路；3812个村主要道路有路灯，占比为99.3%。村委会到最远自然村、居民定居点距离以5000米以内为主（见表4-1）。

表4-1　北京市乡级单位、村交通设施情况　　单位：%

	全市	城市功能拓展区	城市发展新区	生态涵养发展区
有火车站的乡镇	18.9	12.5	17.4	23.6
有高速公路出入口的乡镇	49.0	68.8	63.0	22.2
通公路的村	100.0	100.0	100.0	100.0
是水泥路面的村	28.1	6.0	21.6	42.5
是柏油路面的村	71.6	94.0	78.4	56.7
是沙石路面的村	0.1	0.0	0.0	0.1
村内主要道路有路灯的村	99.3	100.0	99.1	99.6

注：城市功能拓展区包括朝阳、海淀、丰台、石景山4个区；城市发展新区包括通州、顺义、大兴、昌平、房山5个区和亦庄开发区；生态涵养发展区包括门头沟、平谷、怀柔、密云、延庆5个区县。下同。

2016年末，100%的乡级单位集中或部分集中供水，100%的乡级单位生活垃圾集中处理或部分集中处理；146个乡级单位有污水处理厂（站），占比为74.5%。

3810个村生活垃圾集中处理或部分集中处理，占比为99.3%；1429个村有生活垃圾分类收集，占比为37.2%；3500个村有专职环卫人员，占比为91.2%；1639个村生活污水集中处理或部分集中处理，占比为42.7%；3599个村完成或部分完成改厕，占比为93.8%（见表4-2）。

表4-2 北京市乡级单位生活基础设施情况

单位:%

	全市	城市功能拓展区	城市发展新区	生态涵养发展区
集中或部分集中供水的乡级单位	100.0	100.0	100.0	100.0
生活垃圾集中处理或部分集中处理的乡级单位	100.0	100.0	100.0	100.0
有污水处理厂（站）的乡级单位	74.5	65.6	70.7	83.3
生活垃圾集中处理或部分集中处理的村	99.3	100.0	99.6	98.7
有生活垃圾分类收集的村	37.2	41.7	30.9	45.9
有专职环卫人员的村	91.2	84.1	90.2	94.1
生活污水集中处理或部分集中处理的村	42.7	96.1	36.5	41.4
完成或部分完成改厕的村	93.8	96.8	91.6	96.5

二、教育服务

到2016年末，全市有体育健身场所的村占全部村的比重为90.6%，与10年前二农普时期相比提高了30.7个百分点。全市有农民业余文化组织的村占全部村的比重为50.9%，与10年前二农普时期相比提高了3.4个百分点。全市有公园及休闲健身广场的乡级单位占比为84.7%，与10年前二农普时期相比提高了37.7个百分点。全市有图书馆、文化站的乡级单位占比为89.8%，与10年前二农普时期相比提高了20.4个百分点。文化服务进一步提升，农村居民生活更加丰富。

到2016年末，195个乡级单位有幼儿园、托儿所，占比为99.5%；100%的乡级单位有小学；176个乡级单位有图书馆、文化站，占比为89.8%；36个乡级单位有剧场、影剧院，占比为18.4%；24个乡级单位有体育场馆，占比为12.2%；166个乡级单位有公园及休闲健身广场，占比为84.7%。

978个村有幼儿园、托儿所，占比为25.5%；3478个村有体育健身场所，占比为90.6%；1954个村有农民业余文化组织，占比为50.9%（见表4-3）。

表4-3 北京市乡级单位教育服务情况

单位：%

	全市	城市功能拓展区	城市发展新区	生态涵养发展区
有幼儿园、托儿所的乡级单位	99.5	100.0	100.0	98.6
有小学的乡级单位	100.0	100.0	100.0	100.0
有幼儿园、托儿所的村	25.5	41.3	31.5	13.1

三、医疗卫生服务

随着北京农村经济社会的不断发展和农村居民就医需求的转变，农村基层医疗卫生服务体系和乡村医生队伍与广大农村居民日益增长的医疗卫生服务需求已不相适应。农村地区特别是边远山区，工作环境艰苦、人员待遇偏低，使得人员补充困难，致使目前出现乡村医生队伍老化、后继乏人现象，基本公共卫生和基本医疗职责履行不能完全到位。目前，北京3919个行政村中尚有847个村为医疗卫生服务空白村，农村居民就医还存在诸多不便；近90%的乡村医生年龄在50岁以上，具有大专以上学历的乡村医生仅占8.6%，执业（助理）医师仅占6.5%（见表4-4）。

表4-4 北京市农村医疗情况

单位：%

	全市	城市功能拓展区	城市发展新区	生态涵养发展区
有医疗卫生机构的乡级单位	100.0	100.0	100.0	100.0
有执业（助理）医师的乡级单位	100.0	100.0	100.0	100.0
有社会福利收养性单位的乡级单位	92.9	87.5	90.2	98.6
有本级政府创办的敬老院的乡级单位	71.9	50.0	66.3	88.9
有卫生室的村	68.5	59.7	66.5	73.3
有执业（助理）医师的村	36.2	41.7	37.9	32.4

四、文化体育服务

《北京市第三次全国农业普查主要数据公报》显示，2016年北京市人均文化事业费达到162.36元，排名全国第三。2017年北京市文化局围绕“歌唱北京”“舞动北京”“戏聚北京”“艺韵北京”“影像北京”和“阅读北京”

等六大板块，形成市、区、乡镇（街道）和行政村（社区）四级文化品牌活动联动机制；组织开展“文艺演出星火工程”“周末场演出计划”“百姓周末大舞台”等公益惠民演出活动超万场；针对农村，特别开展了“一区一品、一街（乡）一品、一社（村）一品”建设活动，引导形成具有地方特色的文化品牌；民间群众也通过广场舞、诗朗诵、大合唱等形式，丰富了自身的广场文化生活。截至2016年末，北京市农村地区拥有图书室（馆）和文化站677个、剧场和影剧院53个、体育场馆40个。其中，图书馆、文化站，剧场、影剧院，体育场馆，休闲健身广场，体育健身场所，农民业余文化组织均比10年前有了较大提升（见表4-5），但门头沟、平谷、怀柔、密云、延庆5个区县的乡村文化公共空间建设略显滞后。截至2017年，北京市四级公共文化服务网络已基本形成，基层文化设施达6815个，覆盖率超过98%；新增乡镇（街道）和行政村（社区）文化设施163个，新增面积10万平方米。

表4-5　北京市乡村文化公共空间设施情况

单位：%

	全市	城市功能拓展区	城市发展新区	生态涵养发展区
有图书馆、文化站的乡级单位	89.8	96.9	89.1	87.5
有剧场、电影院的乡级单位	18.4	43.8	16.3	9.7
有体育场馆的乡级单位	12.2	28.1	13.0	4.2
有公园及休闲健身广场的乡级单位	84.7	93.8	81.5	84.7
有体育健身场所的村	90.6	85.9	90.7	91.5
有农民业余文化组织的村	50.9	55.1	51.2	49.6

资料来源：北京市第三次全国农业普查。

农村公共文化空间中的图书馆、活动室、益农信息社等正成为乡村振兴、产业扶贫和文化交流的众创空间，为农村民俗旅游和休闲农业发展提供了基础支持，促进了科技与文化的融合发展。截至2016年末，北京市依托农村地域、农业生产、农事活动从事休闲农业和乡村旅游的经营性单位与个体经营户达到3.2万个，民俗旅游挂牌单位475个，民俗旅游挂牌户8717个。2017年，北京市文化创意产业实现产值3908.8亿元，同比增长9.2%，占全市地区生产总值的14.0%。其中，旅游休闲娱乐产值增速超过12.0%，一批“文化示范村”和“北京最美的乡村”不断涌现。如北京市延庆区下湾村（特色民居村）、昌平区康陵村（特色民俗村）、平谷区玻璃台村（现代新村）和房山区水峪村（历史古村）等已经成为农业农村部推荐的4个美丽乡村示范点。

五、社会保障服务

北京市2016—2018年社区服务机构覆盖率分别为95%、94.5%和93.3%，远高于全国25%左右的平均水平［社区服务机构覆盖率计算公式为：社区服务机构覆盖率=社区服务机构数/（村委会数+居委会数）×100%］。农村合作医疗参加人数达186.9万人（2017年），人均筹资1300元，享受新型农村合作医疗补偿支出受益人次逐年大幅增加（新农合补偿支出受益人次指年内新农合参合人员因病就医获得补偿的人次数，为住院、家庭账户形式、门诊、特殊病种大额门诊、住院正常分娩、体检和其他补偿人次之和）。例如，2013年农村受益人次为562.90万人次，到2015年则增长为731.96万人次。农村居民家庭恩格尔系数从2010年的41.1下降到2019年的30.0。

六、信息化服务

《北京市第三次全国农业普查主要数据公报》显示，截至2016年末北京市通光纤的行政村为3509个，开通使用互联网宽带的农业户籍家庭达到60.3万户，占比为64.4%。伴随互联网基础设施的不断完善，北京农村出现了数字化图书馆、公共电子阅览室等，数字化的党建宣传栏、LED显示屏、广场照明灯、广播音响、表演区、Wi-Fi等软硬件基础设施也逐步完善，农村公共文化空间中的线上线下服务能力较过去有了较大提升。100%的村通电话；3835个村安装了有线电视，占比为99.9%；3836个村通宽带互联网，占比为99.9%；1872个村有电子商务配送站点，占比为48.8%。

政府部门不断加强数字化的文化产品供给，一是通过整合基层图书服务资源，加强图书馆一卡通服务平台建设，实现了图书通借通还、国家图书馆和首都图书馆读者卡互认。二是通过加快对公共图书馆、博物馆、美术馆、文化馆馆藏资源的数字化加工，实现了乡村的异地播放。三是通过完善基层综合文化中心、文化室的公共电子阅览室、有线电视双向网络等信息资源，实现了互联网服务共建共享；群众则充分利用微信平台、手机App等融媒体平台，通过微信群组、微信公众号等参与互动，特别是短视频成为文化传播的新空间。据《2018抖音大数据报告》，2018年北京成为年度“抖音之城”，成为国内城市中用户打卡最多的地点，点赞次数达到28.3亿次。

第二节　北京农村基本公共服务水平的评价

一、评价指标的构建

（一）选择指标遵循的原则

合理科学的指标体系是系统评价准确可靠的基础和保证，也是正确引导系统发展方向的主要手段。因此，指标体系的建立必须遵循一定的原则：

1. 全面性、公共性

指标体系的设计应当充分反映和体现乡镇基本公共服务业的内涵，从科学的角度系统而准确地理解和把握农村基本公共服务的实质。指标体系必须是符合公正和公平的价值观的具体体现，同时，选择指标应该尽可能涵盖体现基本公共服务水平的代表性指标，避免遗漏。

2. 系统性、层次性

指标体系的选择应根据农村基本公共服务评价目标分出层次，由整体到局部构建“目标层—准则层—指标层”的结构，使得指标体系结构清晰合理。

3. 针对性、代表性

指标体系必须针对农村基本公共服务水平评价而不是一般的发展评价，因此指标的选取必须以反映均等化水平为限。本书评价指标体系基本涵盖了反映农村基本公共服务水平的主要领域，分别选择最能代表各领域特点、整体发展状态以及结构的指标。

4. 可比性、可操作性

选择那些有相对意义的、有代表性的综合指标和主要指标，能够全面真实地反映不同乡村农村基本公共服务水平的差异。评价指标可在统计资料（年鉴或年报）中查到或者通过相关资料取得，在选择过程中还考虑到数据的可量化度、可靠度，确保其可操作性。

（二）指标体系的构建

要对各乡村的基本公共服务水平的差异进行准确描述，必须构建农村基本公共服务水平评价指标体系。指标体系的框架与内容依据农村基本公共服务的内涵和特征，由宏观到微观、由抽象到具体，构建“目标层—准则层—指标层”的总体框架结构体系（见表 4-6）。目标层即北京农村基本公共服务水平，准则层为公共基础设施服务、医疗卫生服务、教育服务、社会保障服务四个子系统层，指标层即为选取的具体指标。

表 4-6　农村基本公共服务水平评价指标体系

目标层	准则层	指标层	指标的说明
农村基本公共服务水平	公共基础设施服务	自来水普及率（%）	反映自来水的普及概率
		有线电视入户率（%）	反映有线电视利用的概率
		每千人互联网上网用户	互联网普及程度
	医疗卫生服务	每千人病床张数	病床张数/乡村总人口
		每千人拥有的医务人员数	医务人员数/乡镇总人口
		每千人中小学数	中小学数/乡镇总人口
	教育服务	幼儿园、托儿所密度（所/平方千米）	幼儿园、托儿所个数/乡镇总面积
		师生比	教师人数/学生人数
		每千人敬老院福利院个数	敬老院福利院个数/乡镇总人口
	社会保障服务	参加养老保险率	参加养老保险人数/乡镇总人口
		参加新型合作医疗率	参加新型合作医疗人数/乡镇总人口
		享受最低生活保障率	享受最低生活保障人数/乡镇总人口

二、评价模型方法

基于对农村基本公共服务内涵的分析，建立北京市农村基本公共服务水平评价的指标体系，结合评价指标体系，利用熵值法对其基本公共服务水平进行测算评价，运用基尼系数微观深入分析北京农村基本公共服务水平差异，根据评价结果对综合水平分异格局特征进行分析。本章的研究方法主要包括：

（一）熵值法

在对北京市乡村基本公共服务水平进行评价时，每个指标具有不同的权重，采用熵值法对其进行计算，并根据权重和指标的标准化数值计算最后的综合评价值。熵值法原理及计算过程如下：

1. 基本原理

在信息论中，熵是对不确定性的一种度量。信息量越大，不确定性就越小，熵也就越小；信息量越小，不确定性越大，熵也就越大。根据熵的特性，我们可以判断一个事件的随机性及无序程度，也可以利用熵值来判断某个指标的离散程度，指标的离散程度越大，该指标对综合评价的影响越大。

2. 计算步骤

（1）设有 m 个样本、n 个指标，这些样本与其指标构成原始矩阵，则 x_{ij} 为第 i 个样本的第 j 项指标的数值。

（2）数据的标准化处理。在研究中，由于初始数据具有单位，为了方便不同数据之间的比较，需要对原始数据进行标准化处理。

（3）计算第 i 个评价对象第 j 项指标占该指标的比重。

$$p_{ij} = x_{ij} / \sum_{j=1}^{n} x_{ij} (i = 1,\ 2,\ \cdots,\ m;\ j = 1,\ 2,\ \cdots,\ n) \qquad (4-1)$$

（4）计算第 j 个指标的熵值。

$$e_j = - k \sum p_{ij} \qquad (4-2)$$

式（4-2）中，$k=1/\ln m$。

（5）计算第 j 项指标的差异系数，对于第 j 项指标，指标值的差异越大，对样本评价的作用越大，熵值就越小。

$$g_j = 1 - e_j \qquad (4-3)$$

（6）计算指标权重。

$$w_j = g_j / \sum g_j \qquad (4-4)$$

（二）基尼系数（G）

基尼系数是区域经济发展差异实证研究中广泛采用的一种度量方法。由于基尼系数给出了反映居民之间贫富差异程度的数量界限，可以较客观、直观地反映和监测居民之间的贫富差距，预报、预警和防止居民之间贫富两极分化，因此得到世界各国的广泛认同和普遍采用。它没有取区域指标平均值的偏离值，而是把所有区域的指标值取差，然后加总所有的绝对差距，就好像区域差异是所有可能想象的“两两区域之间差异”的加总，再通过除以所有区域的个数（区域总数）和区域指标的平均值，将基尼系数归一化。计算公式如下：

$$G = \sum_{i=1}^{n} \sum_{j=1}^{n} n_i n_j \left| y_i - y_j \right| / 2n^2 u \qquad (4-5)$$

其中，G 为基尼系数，n 为乡镇总数，u 为指标的平均值，n_i 和 n_j 分别为 i 和 j 乡镇的人口占所有区域人口的比重，y_i 和 y_j 分别为 i 和 j 乡镇的评估指标值。基尼系数的取值范围在 0 和 1 之间，其数值越大，表明区域之间的差异越大。按照联合国有关组织规定：若其低于 0.2 表示绝对平均；0.2~0.3 表示比较平均；0.3~0.4 表示相对合理；0.4~0.5 表示差距较大；0.6 以上表示差距悬殊。本章采用基尼系数（G）来测算反映北京农村公共服务水平的总体差异程度和不平衡性，基尼系数越大，表明农村之间的公共服务水平差异越大。

三、数据来源

本章的基础数据主要来自国家统计局公开数据、《中国卫生健康统计年鉴》、《中国农村统计年鉴》、《中国教育统计年鉴》、《北京区域统计年鉴》、《北京统计年鉴》。部分分析应用了实地调研与座谈材料。

四、农村基本公共服务水平评价

（一）数据处理及运算

根据建立的指标体系，对基本数据进行了加工处理，根据对基本数据的处理结果，选择熵值法计算指标权重，根据计算的权重与标准化数值计算北京农村基本公共服务水平的综合得分。2019 年北京农村基本公共服务评价指标体系权重见表 4-7。

表 4-7 农村基本公共服务评价指标体系权重

目标层	准则层（%）	指标层	权重（%）
农村基本公共服务水平	公共基础设施服务 32.517	自来水普及率（%）	10.753
		有线电视入户率（%）	11.449
		每千人互联网上网用户	10.315
	医疗卫生服务 16.370	每千人病床张数	8.137
		每千人拥有的医务人员数	8.233
	教育服务 24.271	每千人中小学数	8.058
		幼儿园、托儿所密度（所/平方千米）	8.210
		师生比	8.003
	社会保障服务 26.842	每千人敬老院福利院个数	5.828
		参加养老保险率	6.409
		参加新型合作医疗率	8.052
		享受最低生活保障率	6.553

（二）农村基本公共服务的指标权重分析

根据熵值法计算的权重值，对影响北京农村基本公共服务水平的指标进行分析，从而得出公共服务综合水平的影响因素的重要程度。

公共基础设施服务贡献度最大，社会保障服务和教育服务次之，医疗卫生服务作用最小。从表 4-7 看，就准则层权重而言，公共基础设施服务（32.517%）>社会保障服务（26.842%）>教育服务（24.271%）>医疗卫生服务（16.370%），说明影响北京农村基本公共服务水平的因素中，公共基础设施服务的贡献率最大，其权重值超过 30%。教育服务和医疗卫生服务的权重值都在 25%以下，说明这两类因素的贡献率不高。尤其是医疗卫生服务，其基本公共服务水平贡献率最低。

（三）基于基尼系数的农村基本公共服务水平差异测度

利用基尼系数公式，用四个准则层各自的公共服务水平得分和总的服务水平得分作为指标来计算北京的整体差异，结果如图 4-1 所示。

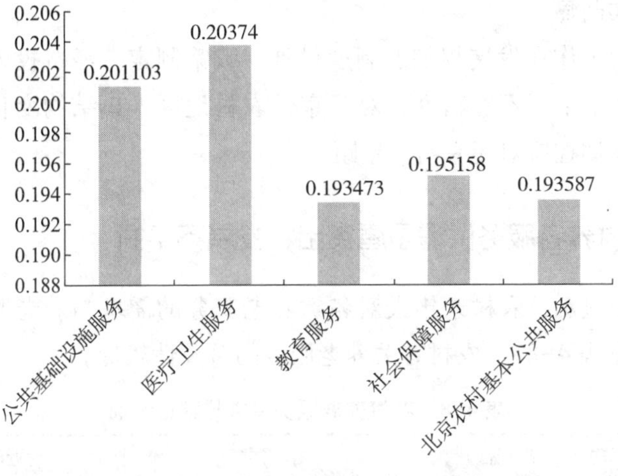

图 4-1　北京农村公共服务水平基尼系数

计算出来的基尼系数准则层分别是公共基础设施服务 0.201103，医疗卫生服务 0.20374，教育服务 0.193473，社会保障服务 0.195158，目标层北京农村基本公共服务 0.193587。我们可以看出北京农村基本公共服务水平的基尼系数偏低，说明从整体来看各区的乡镇之间的服务水平差异都不大。另外，我们从准则层内部看，四个准则层的基尼系数也偏低，说明乡镇准则层之间的服务水平差异也不大。

虽然乡镇之间的服务水平差异不大，但是还是有差别。公共基础设施和医疗卫生服务基尼系数大于0.2，相对于教育服务和社会保障服务而言乡镇之间的差异更大。从图4-1中也可以看出，北京农村在医疗卫生方面的服务水平差异最显著。

第三节　农村居民重点关切问题

调查表明，农村居民呼声最高的需求是“养老”，其次是“医疗”。生病了怎么办？紧急情况下谁来照顾老人？远郊养老有没有充足的生活资源、医疗资源？这些现实问题，向人们明确传达了一个信息，在现代社会，临近医疗资源、亲近子女亲朋、不脱离熟悉生活圈的养老模式才是农村老人理想的选择。

农村老年人仍相对贫困，看病难和医药费贵的问题依然存在。乡村养老院的护理功能相对较弱，医疗配套不够健全，老人遇到急诊、重症，还得到市区求医，高品质养老服务供给十分稀缺。在新冠肺炎疫情防控期间，服务断档现象更加凸显。

农村老龄工作在发展规划、制度设计、政策制定、经费投入、项目实施等多个工作环节上还不够精准，对于京郊农村地区人口结构变化和需求变化的反应速度及调控应对还有明显差距。

一、农村养老服务供需矛盾突出，发展不平衡

调研情况显示，农村老年人对各类养老服务的需求与养老服务配置之间差异明显（见表4-8）。农村有关养老服务的可及性较低。

表4-8　农村养老服务需求与配置情况

单位：%

养老服务需求（由高到低）	需求	附近配置情况
上门看病	45.03	13.91
健康教育服务	40.37	31.84
就医陪同、陪护	32.93	11.99
聊天解闷/心理咨询	30.08	10.47
康复护理	24.23	9.92
日间照料	17.32	10.78

资料来源：本课题调研以及农业农村部2019年“农村基本公共服务标准化研究”项目调研综合数据。

二、农村养老服务质量不高，发展不充分

一是农村养老机构（敬老院）普遍存在设施设备陈旧现象。农村养老服务配套不全、功能欠缺、设备陈旧、机构养老辐射半径有限，农村幸福院等互助服务设施持续发展能力不足。二是服务供给不足，质量总体不高。在居家社区养老服务方面，老年人真正需要的康复护理、助浴助医等服务，由于专业化水平要求高、服务成本高，还未形成成熟的盈利模式，专业化机构难以为继，行业可持续发展能力有待加强。由于收入低、社会地位低、劳动强度大，养老服务行业难以吸引专业化、高素质人才，服务人员综合素质偏低，养老服务的专业化程度不高。

三、农村医疗服务水平偏低，农村居民获取医疗服务可及性有待提高

一是农村医务人员专业技术素质普遍较低。截至 2018 年底，乡镇卫生院卫生技术人员中仅 15%的人员取得大学本科及以上学历，仅 2.2%的人员拥有副高及以上职称；村卫生室人员中仅 9.5%的人员取得大学本科及以上学历，仅 0.6%的人员拥有中级及以上职称。其中，仅 0.2%的执业（助理）医师拥有副高及以上职称。二是乡村医生缺乏高素质人才。农村既存在医疗条件和待遇不佳等问题，又缺乏合理的人才激励机制，导致高素质医疗人才流失严重。三是农村居民可获得的医疗服务质量不高。在药品配备方面，现有农村卫生所、社区医疗卫生站所能够开的药品种类以及可以采用的注射针剂明显少于城市。农村所拥有的医疗器械更是十分有限，设备更新周期缓慢，医疗器械陈旧老化。农村居民可获得的医疗服务与需求相比存在巨大差距。

第四节 影响因素分析

通过对造成当前北京市农村基本公共服务水平差异的原因进行深入剖析，除了历史基础等原因之外，还主要有以下几个原因：

一、社会经济发展的不均衡

由于区位、交通、资源环境等多方面因素的影响，北京市城乡之间、各

乡镇之间、各乡村之间社会经济发展水平参差不齐，区域内的经济发展明显呈现出以市区和各区县中心镇为经济增长中心的空间格局。以市区、中心镇为中心形成不同经济发展水平的圈层，城市功能拓展区>城市发展新区>生态涵养发展区，类似于磁铁的场效应，随着距离由远而近，经济辐射影响力逐渐增大。这也意味着，这些地区的乡镇较其他地区乡镇经济更加发达，故乡村基本公共服务设施水平也相对较高。

二、交通与区位的影响

北京市各乡镇农村基本公共服务水平与交通和区位因素呈现出明显的正相关关系。交通条件较好和距离主城区较近的乡镇及村庄，其基本公共服务设施配置水平往往比较高，服务半径也更广。距北京市主城区较近的昌平、顺义等辖区的医疗和养老设施配置水平会高于密云、延庆、平谷等远郊深山区的乡镇和村庄。

三、政府因素的影响

农村基本公共服务水平的差距与各级政府（主要为乡镇级政府）因素的影响密切相关。乡镇政府处于国家政权的末梢，是公共服务这一政府职能的最终供给者，农村基本公共服务水平的差距直观反映在乡镇政府财政投入力度上。同时，受到政府政策的影响，通过相关的政策，政府对相关的基本公共服务设施的扶持或限制，也会直接影响到区域基本公共服务水平的高低。

第五节　提升北京农村基本公共服务水平的对策建议

一、不同基本公共服务项目分层次推进衔接

根据国家《人力资源和社会保障事业发展“十四五”规划》和北京市社会发展的实际情况，应对农村公共服务不同项目采取分层次逐步提质升级策略。将农村基本公共服务的保障项目，根据轻重缓急，划分出不同层次。将农村居民最为关心和急需的养老保障和医疗卫生保障服务作为最基本或最重要的层次，优先进行规划、制度和品质的提升，尽量实现城乡

统筹、城乡统一。不一定要（或目前不必要）实现城乡统一的，可以保留一定的差异。

二、不同经济发展水平乡镇分区域推进衔接

根据北京市各区经济发展水平不平衡的现状，在构建有利于城乡衔接的社会保障体系过程中，要坚持从各区县的实际情况出发，分类实施。在推进社会保障体系建设的次序上应体现一定的差异。加大各项目，特别是基本养老、大病医疗的筹资力度，以提高农村人口的保障水平。政府应实行财政倾斜政策，不断加大对远郊区的财政补贴。在做好充分调研和评估的基础上，加大农村基本公共服务设施及人员保障。

三、加快健全农村养老服务体系

“十三五”时期（2016—2020 年），北京人口老龄化程度进一步加深。截至 2020 年底，60 岁及以上常住人口已达常住总人口的 19. 64%，农村老年人口占 1/4。“十四五”时期是应对老龄化战略和战术储备的关键窗口期，应加快建立健全农村养老服务体系。一是深化农村养老服务供给侧结构性改革。加快建立起以区级失能照护机构、乡镇综合性养老机构为中心，村级互助养老服务设施相衔接的农村养老服务设施供给网络，为农村老年人提供综合性服务。以居家和社区养老服务为导向，以长期照料、护理康复和社区日间照料为重点，分类完善不同养老服务机构和设施的功能。二是继续推进市场化改革。让市场机制更大更充分发挥作用，推动公建民营，落实优惠扶持政策，稳步开展农村公办养老机构改革试点，积极鼓励民间资本通过委托管理等方式，运营公有产权养老服务设施，激发养老服务发展活力。三是推动农村养老硬件基础设施建设。加大财政资金和福彩公益金投入，在农村深入实施特困人员供养服务设施（敬老院）改造提升工程，优化农村存量养老机构的床位结构，提升农村护理型床位比例，提高利用效率。推进“互联网+养老服务”，推动智慧养老，为农村老年人提供更为便捷高效优质的养老服务。

四、构建疫情防控、服务留守群体等多维度的农村医疗卫生体系

一是建立健全农村疫情防控体制机制。加快建立农村应急物资储备制度，

提高预防和处置突发重大公共卫生事件的物资保障能力，健全重大疾病医疗保险和救助制度，建立统一的急救医疗网络体系，实现急救信息共享和急救网络连通。二是建立多元化农村医疗卫生服务网络。完善“向基层倾斜”的人才政策机制，制定和实施医疗卫生大中专毕业生到基层工作的计划，实施农村订单定向免费培养项目。多渠道提高乡村医生待遇水平，制定常态化的乡村医生优惠政策，推动解决乡村医生养老问题，加大对偏远地区乡村医生的补助力度。三是利用“互联网+医疗”推动农村医疗卫生事业实现新跨越。采用更多智慧医疗手段，打破问诊的物理空间限制，促进优质医疗资源城乡共享，帮助农村居民获得更多的医疗资源和医疗人才支持。

第五章　北京乡村公共文化服务数字化发展策略研究

第一节　北京乡村公共文化服务现状、问题及其数字化转型需求

一、北京乡村公共文化服务供给历史演进与制度变迁

（一）恢复阶段（1978—2000 年）：经济体制改革背景下北京乡村文化事业快速发展

自新中国成立以来，北京作为全国文化中心的性质始终未变。但在“文革”时期，北京市的公共文化服务建设遭到了严重破坏。1978 年，社会主义市场经济体制改革目标确立，文化市场政策也随之向市场化过渡，国务院制定颁布了一系列推进文化市场有序发展的管理条例。随着物质经济的逐渐复苏，人们对精神文化的需求日益提升，文化建设开始逐渐恢复。为满足北京农村居民对文化服务的迫切需要，北京农村文化设施建设和文化活动建设进入飞速发展阶段。在“六五”计划期间，北京市提出加快乡村文化基础设施建设，尤其是推进文化馆、文化站的建设，同时促进城市文化下乡服务，激发乡村农民文化建设积极性，逐渐推进乡村文化产业发展。由此，北京乡村文化设施基础逐渐夯实，文化活动逐渐活跃，形成由单一向多元化发展的态势。截至 1984 年，北京乡村广播站发展到 226 个，村级广播室增加到 2895 个，通广播的村达到 3623 个，乡村集镇文化中心达到 25 个，全年城市文体团队到农村演出场次达 1217 场。在“七五”计划期间，北京市重点新建了 14 个区、县的文化馆、图书馆，共计 20 余处，总建筑面积达 10 万平方米。20 世纪 90 年代，北京乡村文化建设呈现多种发展态势，以群众喜闻乐见的形式服务当地村民，逐渐形成文化专业服务户。例如，位于密云县城的十里堡镇庄屯村是水库移民村庄，不仅在经济上依托村办企业实现全村劳动力安置就业，在乡风文明建设方面，投入了大量资金，抓教育、重宣传，加强村幼儿

园和小学办学基础建设，并在村内开展丰富的文化娱乐活动，邀请村内老艺人演大鼓戏、戏曲小段、歌曲等节目。截至1999年，北京乡村文化站达到211个，集镇文化中心达到93个，农村文化专业户已经发展到8户。

（二）重塑阶段（2000—2015年）：制度保障下北京乡村文化服务的重构与完善

进入21世纪以来，特别是新农村建设战略提出之后，国家对文化建设的重视程度日渐提高。2002年，全国基层文化工作会议在北京召开，北京市依据《国务院办公厅转发文化部、国家计委、财政部关于进一步加强基层文化建设指导意见的通知》（国办发〔2002〕7号），结合北京市基层文化发展实际情况，制定并颁布了《北京市人民政府关于进一步加强基层文化建设的意见》，围绕文化活动开展和文化基础设施，提出加大对乡村综合性乡镇文化服务中心、图书馆（室）以及文艺、教育、体育、科普等综合性文化服务配套设施建设，同时提出坚持推进文化下乡活动和农村文化市场的培育，继续实施“2131工程”，实现每村每月放映一场电影的目标。2002—2006年，北京市基层建设专项资金投入2790万元补助279个农村文化站建设，投入5697万元对4007个农村文化室进行了广场演出的灯光、音响以及各种演出设备的提升完善。同时，投入资金鼓励艺术表演团体深入边远山区演出，支持“2131工程”放映电影近6万场。随后，在2006年、2008年和2010年分别启动“周末场演出计划”“文艺演出星火工程”和“百姓周末大舞台”三类基层演出，实现了北京全市文化演出的全覆盖，每年演出万余场。2005年12月，为解决农民群众“买书难、看书难、用书难”问题，延庆县大榆树镇东桑园村在总结以往服务“三农”“送书下乡”经验的基础上，实践了“益民书屋”。自此，京郊各地开展了“益民书屋”，形成覆盖全市城乡的书屋网络体系。2010年，京郊3975个行政村全部建立“益民书屋”，在全国率先实现了“村村有书屋”的战略目标。2011年，北京市开始对延庆、怀柔等偏远的“益民书屋”进行数字化升级，试点建设卫星数字书屋，通过推进“天地一体化”乡村公共文化卫星网络平台，开拓了乡村数字阅读新局面。例如，北京延庆县八达岭镇小浮坨村作为全市第一个安装卫星数字农家书屋的乡村，通过在数字影院里安装卫星数字农家书屋设备，数字影院变成了卫星书屋，也变成了村里人气指数最高的场所。2013年，对北京地区200家卫星数字农家书屋调研的结果显示，认为卫星数字技术为传统书屋带来更多人气的受访者占比为86%，各村通过卫星数字农家书屋组织活动的占比为94%。卫星数字农家书屋解决了覆盖全国所有行政村的60多万个农家书屋的出版物更新、功能拓展等问题，为数字农家书屋管理提供了信息化平台。在乡村电影放映方面，2006—2009年，北京市重点扶持或新建农村乡镇电影固定放映点，实施了每个放映点给予10万~15万元的扶持资金“折子工程”。到2009年，北京共建成3939个农村数字电影放映厅，配置325辆流动放映车，在全国率先实现农村电影固定放映行政村全覆盖。此外，在公共文化基础设施的逐步完善和文化活动的繁荣发展下，北京乡村民俗文化得到快速恢复，呈现出“百里而异习，千里而殊俗”的乡村民俗文化特点，自然大气的庄稼图画、巧夺天工的乡村雕刻、朴实无华的乡村各区以及玉米迷宫、麦田怪圈等京郊民俗文化层出不穷。

（三）转型阶段（2015年以来）：北京乡村公共文化服务向数字化转型

随着“互联网+”已经成为产业融合和业态创新的核心要素，数字化成为农村公共文化服务转型升级的重要抓手。2015年，北京市出台了“1+3”公共文化政策，包括《北京市人民政府关于进一步加强基层公共文化建设的意见》《北京市基层公共文化设施建设标准》等。2017年出台的《关于加快推进公共文化服务体系示范区建设的意见》及运行机制和行动计划，构成了北京市公共文化服务体系的基本政策框架。其中，《北京市人民政府关于进一步加强基层公共文化建设的意见》明确提出“充分利用互联网、移动通信网、广播电视网等手段统筹实施全市数字图书馆、博物馆、美术馆、文化馆和数字文化社区、广播电视‘村村通户户通’、农村电影放映等重点项目”。在制度不断完善、政策引导能力不断提升和资金投入不断增加的基础上，北京市在全国率先完成市、区县、街道（乡/镇）、社区（行政村）四级公共文化服务体系和网络建设，农村图书馆、阅览室向数字化和共享化转型取得显著进展，数字化的党建宣传栏、LED显示屏、广场照明灯、广播音响、表演区、Wi-Fi等软硬件基础设施也逐步完善，农村公共文化空间中的线上线下服务能力较过去有了较大提升。公共文化活动中心成为现阶段北京乡村居民日常文娱活动的主要场所。其中，2017年，丰台区卢沟桥、海淀区北部文化活动中心等一批社会化运营服务项目建成投入使用，填补了近郊地区大型公共文化设施的空白。此外，政府在推进乡村数字化文化服务供给方面向多样化发展，形成多种公共服务新模式。一是通过对村级图书馆、博物馆、美术馆等馆藏资源的数据整合，搭建服务平台，实现公共文化“一站式”服务。例如，朝阳区公共文化服务网与“文化+”模式，通过建设文化朝阳云平台，集场馆资源介绍与预约、文化活动信息发布、惠民票务投放、数字资源共享、交流互动等多种功能于一体，让群众文化生活更便利。二是整合应用文化中心、文化室公共电子阅览室、有线电视双向网络等的信息资源，实现互联网服务共建共享。例如，海淀公共文化服务数字平台，从群众公共文化服务需求出发，运用VR（虚拟现实）、AR（增强现实）、LBS（基于位置的服务）、网络直播、移动互联、智能感知等信息技术，将文化活动、文化设施、文化遗产、文艺演出、图书期刊等公共文化资源有效汇集整合起来，并提供订阅、推送、直播等个性化服务。此外，还有基层公共文化资源整合的“房山模式”、印迹乡村文化工程等。与此同时，乡微信平台、手机App等社会文化融媒体平台的快速发展，为村民寻找自身需求的公共文化服务资源搭建了便捷渠道。截至2018年底，北京市公共文化设施建设达到7131个，覆盖率达到98.85%，实现了15分钟公共文化服务圈。农村体育健身场所、文化室、图书室和卫生室数量大幅增长。有体育健身场所的行政村数为3716个，占比为94.9%，比1996年提高了94.7个百分点；有图书室（馆）、文化站的行政村数为3794个，占比为96.9%，比1996年提高了93.1个百分点；有卫生室的行政村数为3035个，占比为77.5%，比1996年提高了16.6个百分点；有电子商务配送站点的行政村数为2269个，占比为58%。此外，为确保村民广播电视收听收看，北京市在密云、延庆、昌平、门头沟、怀柔5个山区县48个乡镇1024个行政村开展有线广播建设工程，有线电视网络通达大部分行政村和20户以上自然村，双向网改造不断向农村地区延伸，加快了首都全国文化中心建设。

2018年，北京市着力推进县级融媒体中心建设，通过构建“新闻+服务”的融媒体平台，打开了新时代思想建设与宣传工作新局面。目前，北京市16个区级融媒体中心全部挂牌，北京也成为全国第一个实现融媒体中心全覆盖的省级行政区。2019年，《北京市广播电视局关于促进智慧广电发展行动方案》提出开展智慧乡村建设，打造智慧媒体、智慧网络、智慧服务；同年，《北京市推进全国文化中心建设中长期规划（2019—2035年）》发布，提出“全面提升基层综合文化设施信息化、标准化建设水平，加大基层现有各类文化资源整合，建立文化服务平台，引导新建大型文化设施向薄弱地区倾斜……”。一系列政策的颁布意味着城乡文化传播渠道逐渐由大众传播向以融媒体为核心的数字化传播转变，这为乡村公共文化建设提供了重要的数字化渠道。

二、乡村公共文化服务发展现状和存在问题

（一）乡村公共服务主体向多样化发展，但存在专业服务主体匮乏的问题

随着农村经济社会的快速发展与居民消费水平的提高，北京市乡村居民的精神文化需求发生了明显改变。据统计，改革开放以来，北京市农村居民教育文化娱乐支出比重由3.2%提升至7.1%。针对乡村居民多样化、个性化的公共文化需求，北京市不断探索乡村公共文化服务的多元化供给方式，形成了以政府为主体，行业协会、公益文化团体等非政府组织为重要主体，企业为竞争性参与主体以及乡村文化团体为基本主体的多元化公共服务体系。然而，从各个主体的专业性来说，均存在着不同的问题。长期以来，北京公共文化服务设施和活动经费大多是来自各级政府的宣传部门或者文委，政府始终处于公共服务供给主体地位。但是，从农村公共服务现状来看，首先存在政府部门治理结构条块分割导致的部门积极性差的问题。基层文化服务涉及多个部门，如北京市各级文化和旅游局、各区县政府部门，以及公共文化设施运营服务单位，而基层公共文化服务建设往往以乡镇、村委会等基层政府为推进主体，各级文化部门存在相互懒政、利益博弈现象，无法积极为乡村提供专业化公共服务。其次是专业人员不足问题。各乡镇名义上都配备了文化站管理人员，但有的在编不在岗，有的身兼数职，无暇从事文化工作。很多文化站干部从事非文化站业务，如计生、妇联、社保等工作，不能很好地履行组织引导和文化辅导的本职工作；行业协会、公益文化团体等非政府组织作为专业的公共文化服务主体，具备专业服务的软硬件条件，但往往受制于资金短缺、市场干扰或地方政府不作为等，不能长期稳定进行乡村公共文化服务。近年，北京市积极探索推进政府向社会力量购买管理运营服务的方式，激发乡村公共文化服务活力，但是由于公共文化服务运营管理缺少系统的标准化流程和制度，难以进行考核和问责，而没有形成有效的服务体系和稳定服务模式。乡村文化团体作为基本主体，由于村民的学历普遍不高，专业化程度较低，长期的服务内容局限于样板戏、高跷等乡村传统风俗活动。随着互联网加速发展，以及在公共文化服务渠道上与传统渠道的融合不断升级，以政府为主导的各主体积极探索推进“互联网+”公共文化服务建设的模式，进而实现部门协同、文化资源和服务共享等目标。从问卷调研的结果来看，有65.8%的人曾关注过市级、区级的文化公共服务数字平台，包括网站、

客户端 App、官方微博、抖音号、微信公众号等。但是，有 84.62%的人表示需要建立专业性强的“一站式”公共文化资源获取平台。因此，在持续推进多元主体供给建设的情况下，如何提升各主体专业化程度以及进行资源的融合成为当前北京乡村公共服务建设面临的重要问题之一。

（二）基础设施建设快速发展，但存在利用率不高的问题

伴随着乡村振兴战略的实施和城乡一体化的推进，北京地区农村公共文化服务建设无论是在硬件上还是在软件上，已经达到了较高的水平。例如，在基础设施建设方面，大部分村庄建立了集普法教育、文化宣传、科技普及、体育健身等多功能于一体的基层综合文化中心、文化室和户外公共文化广场等，并推进以乡村村史馆、博物馆为基地的乡风村史文化传承。在数字化设施建设方面，公共电子阅览室、显示屏以及公共文化一体机、数字广场等设施的覆盖率快速提升。调研结果显示，公共文化设施建设排在前五位的区县分别是丰台区、怀柔区、通州区、昌平区、大兴区。从设施内容来看，排在前五位的分别是村民文化活动室、体育健身场所、阅读栏、文化大院/文化广场、数字广场，除部分区县（顺义、门头沟、房山等）数字广场覆盖率较低外，整体覆盖率均超过 50%（如图 5-1 所示）。

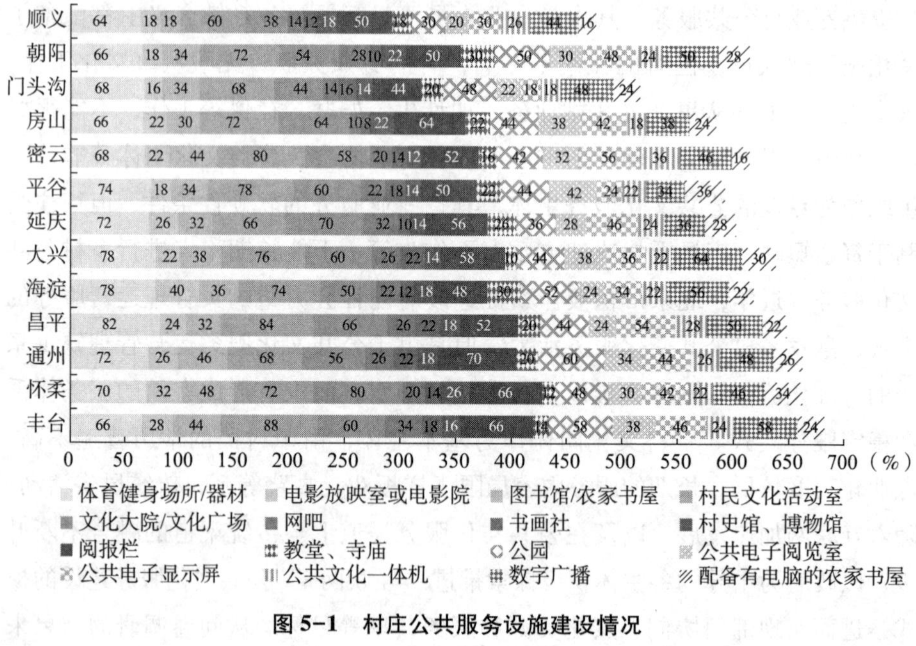

图 5-1 村庄公共服务设施建设情况

但是，在公共设施利用方面，利用率明显不足。从调研结果来看，即使是文化活动广场、活动室、公园、健身广场/体育馆等不具有特定功能，且可满足村民户外个体活动或村庄聚集大型活动的多重文化服务需求的基础设施，利用率也大多在 50%左右。其中，健身广场利用较为突出，最高的区县达到 72%。而相对应地，具有特定功能的基础设施利用率均未达到 20%，文化设施、设备闲置导致的资源浪费现象普遍存在。例如，平谷区乡村的书画社利用率仅有 2%；通州乡村的村史馆/博物馆利用率仅有 6%。此外，在数字化公共文化设施应用方面，由于空心化已经成为北京农村普遍现象，老年人对手机、iPad、App 以及一些新媒体软件的使用还不够熟练等问题，数字化公共文化服务整体也处于较低水平。例如，顺义区和大兴区乡村的数字影院利用率仅有 12%（如图 5-2 所示）。

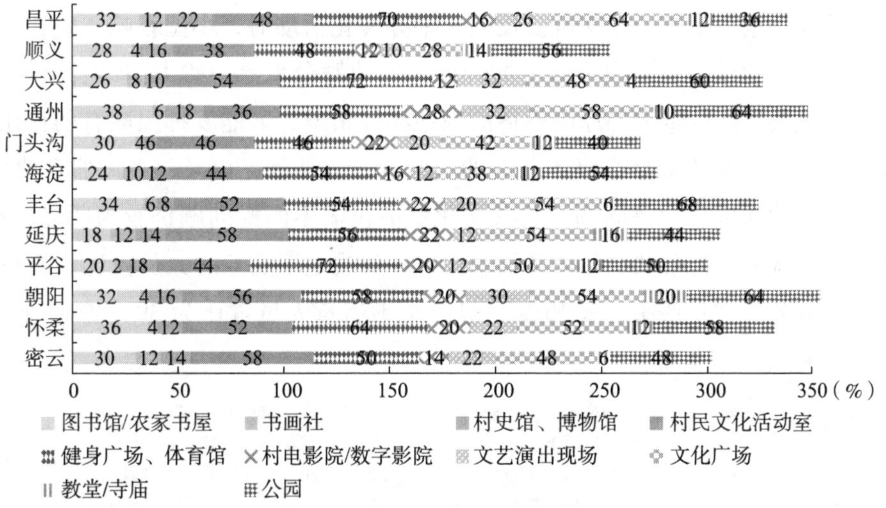

图 5-2　村民公共文化设施应用情况

（三）公共文化服务内容日益丰富，但存在供需错位的问题

随着“互联网+”的发展，公共服务手段的多元化丰富了乡村公共文化服务资源。但是，供需错位的问题始终没有得到解决。首先，传统的公共文化服务供给模式与村民文化消费的自主性选择之间出现了结构性失衡，供需不匹配情况加剧。在文化服务供给方面，始终存在“自上而下、以产供需”的公共文化服务供给多于“自下而上、以需定供”，有限的文化资源供给与个性化、多元化的乡村居民文化需求之间的矛盾日益突出，结构性不匹配问题凸显。例如，农村文化站、村史馆的服务功能设计基本是自上而下的，缺少适

用性、缺乏调整弹性，不能适应农民的真正需求。《北京蓝皮书：北京文化发展报告（2017—2018年）》数据显示，村民对社会主义核心价值观、村情、民情、社情的关注度不高，而关注度较高的新时期网络化流行节目如广场舞、健身操、表演活动等，由于缺乏指导，设施不配套等问题，服务得不到满足，进而使得北京农村基层的群众对打牌（包括扑克、麻将、赌博等）、看电视、网络游戏等的参与度提高。同样，调研结果显示，北京乡村居民日常公共文化服务以看电视、听音乐为主，棋牌、体育健身为主要的户外活动，村民平均每日花在娱乐（棋牌、游戏、唱歌、跳舞）上 0.5~1.5 小时的占比达到 58%，参加较少的活动分别是参观书画展和村史馆展览，仅占到 20%~30%。其次，在文化活动方面，北京市文化部门对农村“文艺演出星火工程”活动十分重视，每年拨数亿元的专项资金支持。但对更加普遍化的、自发的农民文艺活动却重视不够。很多区县反映，举办文化活动时，小型音响、照相机、摄像机基本的设备，影响了活动的开展。流动舞台车等一些大型设备由于操作过于复杂、能耗量大等原因不适应当地实际情况，未能发挥出应有的作用。线上公共文化服务又存在服务获取的及时性、方便性，以及服务内容的真实性、科学性和可靠性等问题，公共文化服务供需不匹配问题仍较为明显。在调查中，认为乡村公共文化服务活动内容一般或是不满意的人员占比为 46%，认为乡村公共文化服务活动质量一般或是不满意人员占比为 39.23%（如图 5-3 所示）。

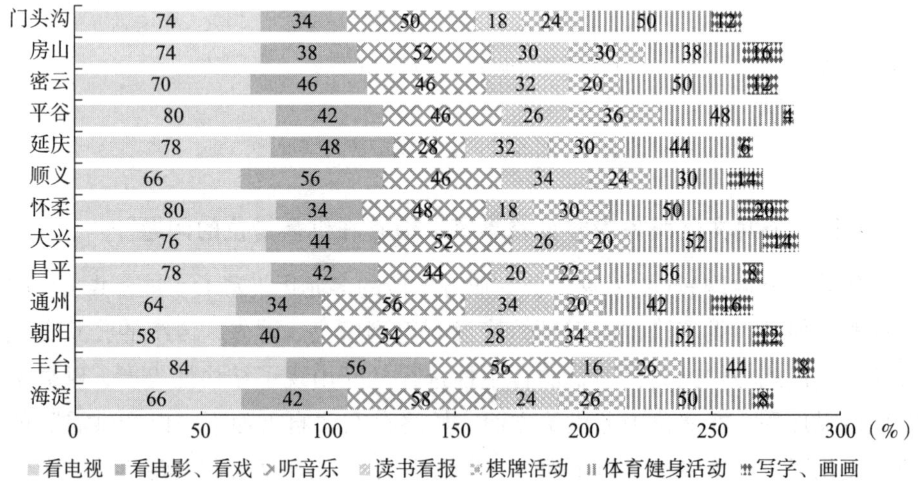

图 5-3 北京乡村居民日常公共文化活动情况

三、推进北京乡村公共文化数字化转型的重要意义

（一）是加快补齐公共服务短板的重要抓手

长久以来，北京市文化建设依然是城市主导型，公共文化服务体制的“二元制”模式，导致城乡公共文化服务严重失衡，公共服务质量效果差异显著。当前，城乡一体化发展已经成为北京发展战略核心内容，而实现城市和乡村公共文化互通互联和“双质量提升”是城乡一体化对公共文化服务建设的必然要求。从近几十年来发达国家或地区城乡关系实践看，农村对于一个国家或地区城乡关系发展的“内在价值”愈加重要。因此，以乡村公共文化服务为抓手，建立新型城乡公共文化服务互补关系和服务体系，不仅在文化供给上实现量的扩张，而且更加注重文化品质和内涵的提升，以重点提升乡村居民文化服务创新意识和创新能力，带动整体公共文化服务水平提升，进而实现首都公共文化服务均等化、文化机制观念的转变和文化品质的提升。

（二）是贯彻落实乡村振兴战略的重要任务

乡村振兴战略提出“产业兴旺、生态宜居、乡风文明、治理有效、生活富裕”总要求，加强乡村公共文化服务建设是进一步推进乡村振兴战略实施的重要内容与环节，也是乡村振兴的精神支柱。乡村公共文化服务是先进科学、知识以及道德、情感等传播的渠道，有助于丰富村民文化意识、精神生活和生产技能等，引导乡村社会道德规范性发展和传播社会主义核心价值观。因此，在乡村振兴战略实施过程中，应加速乡村公共文化服务建设，通过思想引导和方法、模式输入激发乡村文化创新性，以满足广大乡村居民最基本的文化需求，进而切实增强以文化促发展，以发展促振兴的动力。

（三）是建设全国文化中心与公共文化服务体系示范区的必然选择

随着国家整体发展战略的调整，农村社会经济的发展速度将进一步加快，而物质文化和精神文化的协同发展已经并将在未来一段时间成为促进“三农”发展的关键内容。北京作为全国文化服务体系示范区与全国文化中心，文化建设更应该有融合力、渗透力和亲和力，尤其是在发展乡村公共文化服务建设方面，应积极促进乡村公共文化服务体系建设和服务能力提升，促进城乡公共文化要素、资本、产品、消费等的互通互联和聚集融合，进而形成具有影响力、引导力和标杆作用的全国文化中心。

第二节　北京乡村公共文化数字化建设现状、问题与需求分析

近年来，我国非常重视公共文化服务体系的建设，并对构建现代公共文化服务体系，统筹服务设施网络建设，促进基本公共文化服务标准化、均等化等做出了一系列重要战略部署。2015 年 1 月，中共中央办公厅、国务院办公厅印发的《关于加快构建现代公共文化服务体系的意见》指出，深入实施重大文化惠民工程，统筹推进重大公共数字文化工程，建立统一高效的基层公共数字文化服务平台，加强文化志愿服务工作规范化制度化建设。进入“十三五”以来，为贯彻落实“十三五”时期公共数字文化服务建设规划，北京市加快公共文化服务与数字技术、网络技术的融合发展，在公共文化服务数字化建设方面进行了许多创新实践，尤其是各区公共文化服务“云平台”建设成绩突出，大大提升了基层文化服务的水平。数字化服务已成为北京市公共文化服务体系中不可或缺的一环，在丰富首都人民精神文化生活方面发挥着重要作用。2020 年 4 月，北京市人民政府印发的《北京市推进全国文化中心建设中长期规划（2019—2035 年）》指出，要提高公共文化服务科技含量，加快公共文化服务数字化建设，丰富公共文化服务智能化应用场景，促进公共文化服务均衡充分发展，设施空间布局更加合理，服务内容更加丰富，高品质公共文化产品和服务供给能力持续提高。本章将在总结分析北京市公共文化服务数字化建设总体现状的基础上，全面调查北京市乡村公共文化服务数字化发展现状，探寻制约乡村公共文化服务效能低下的关键问题与乡村居民对公共文化数字化服务的需求，为探讨如何通过数字技术、网络技术等推进城乡基本公共文化服务可及性、均等化提供依据。

一、北京公共文化服务数字化总体现状

（一）持续深入推进国家数字文化惠民工程

文化部 2017 年 8 月印发的《“十三五”时期公共数字文化建设规划》提出，“到 2020 年，基本建成与现代公共文化服务体系相适应的开放兼容、内容丰富、传输快捷、运行高效的公共数字文化服务体系”。2016 年，北京市人民政府印发《北京市“十三五”时期加强全国文化中心建设规划》，提出加快建设融媒体中心，以新技术、新应用引领和推动媒体融合发展。统筹利用

互联网、移动通信网、广播电视网等，综合实施全市数字化图书馆、数字文化社区、广播电视户户通等重点项目，加强公共文化资源整合，提供更高质量、供需对接的公共文化服务。近年来，北京把重点数字文化惠民工程作为公共文化服务数字化建设的重要抓手，积极推动“全国文化信息资源共享工程”“数字图书馆推广工程”和“公共电子阅览室建设计划”三大工程建设。目前，北京三大数字文化惠民工程的基础设施体系已较为完善，全市公共电子阅览室（数字文化社区）数量在300家以上，实现16个区全覆盖。北京市文化信息资源共享服务平台始建于2002年，包含首图讲坛、影视在线、实用讲座、戏曲舞台、农业视频、少儿视频、音频资源、动态信息等多个板块，有9种可查询数据库和6种文化精品资源库。到2018年底，平台总点击量超过3000万次，日点击量约2000次。

（二）加强文化类官方网站微博微信公众号建设

北京重视媒体融合发展，积极打造新型传播平台，加强文化类官方新媒体建设。利用市文化局网站、“文化北京”官方微博和微信公众号、北京日报公众号、新京报公众号等向首都市民进行文化宣传，及时公布北京的重点公共文化活动、各类文化节庆活动的安排。此外，还利用“北京时间”“北晚京生活”等平台进行文化活动的宣传推广。官方网站进行了媒介资源整合，市文化局政务网站并入“首都之窗”主域名下，实现政务网站的集约化管理。北京数字文化馆作为全国数字文化馆建设试点单位，是全民艺术普及的重要平台。平台共设置了文化动态、线上课程、网上展厅、特色资源、场馆导航、现场直播、电子读物、志愿之家、文化配送九大功能模块，向上对接国家公共文化云，向下延伸服务触角至全市各区文化馆数字平台，民众可以通过网站、App、微信公众号、微博等多种方式，搜索了解最新的文化资讯，观看演出直播，预订参与文化活动、观看文艺演出、听讲座、参加培训，为市民提供了全开放、不打烊、高品质的公共数字文化服务。2018年11月16日，北京市文化和旅游局挂牌成立，同时建立了北京市文化和旅游局官方网站。随着两大部门行政资源整合，官方网站的文化信息资源也得到整合，访问量和影响力得到进一步提升。此外，北京2018年还建立了数字化的“北京印迹”历史文化名城保护空间资源平台，包含北京老城18个大类73个小类历史文化资源3万余条，以此为基础建设“北京印迹”App和新媒体矩阵。

（三）数字化助推全民阅读计划的实施

我国的全民阅读计划始于2006年，互联网普及是全民阅读的有力助推器，2017年的《全民阅读促进条例（征求意见稿）》提出，“国家鼓励和支持促进阅读的新技术开发与应用，促进数字阅读和阅读便利化”。北京将原有的公共图书馆服务网络、自助图书馆与文化信息资源共享工程、电子阅览室相结合，逐渐形成“四网一体”的数字化阅读服务网络。一是扩大了公共图书馆“一卡通”服务系统。“一卡通”用户通过北京市公共图书馆计算机信息服务网，不仅可以线下借书，还能免费使用数字资源，包括“云图数字有声图书馆”“书香中文在线电子书”“龙源期刊数据库”等。2018年底，“一卡通”成员馆总数达到234家，覆盖全市的服务体系日趋完善和便捷。二是在基层提供云屏数字借阅机服务。北京阅读季发布的《2017—2018年度北京市全民阅读综合评估报告》显示，2017—2018年度北京市民综合阅读率为93.48%，纸质阅读率为84.13%，数字阅读率为89.11%，数字阅读率超越纸质阅读率4.98个百分点。2018年，北京各区加强云屏数字借阅机的设置。东城、海淀等区以群众需求为导向，在医院、车站、学校、文化服务中心等城市节点布置借阅机，为市民随时随地阅读创造条件，同时加强相关宣传普及工作。西城区第二图书馆多次开展数字文化社区行活动，在椿树街道、牛街枫桦社区推广数字阅读。数字阅读已成主流阅读模式，基层数字借阅设备的覆盖推广能有效提高数字阅读的水平。

（四）北京各区公共文化服务“云平台”建设

《北京市关于加快推进公共文化服务体系示范区建设的意见》提出，以科技文化融合为依托，建设公共文化服务云系统。2017年以来，北京的公共文化服务云平台建设取得显著成效，绝大部分区有自己的公共文化服务云，大部分平台包含电子图书、活动安排、文化地图、场馆预约、视频资源等板块，将线上服务和线下服务相结合。海淀区的“文化@海淀”于2017年上线，是北京目前较为优秀的文化服务云平台。平台整合了文化活动、文化设施以及文化遗产、文艺演出、图书期刊等公共资源，设立了活动日历、活动报名、文化地图、场馆预约、VR场馆、在线直播、在线讲堂、书香海淀等服务功能板块，亮点在于“VR虚拟场馆”和网络直播。全区615家图书馆、书店、剧院、电影院等文化场所的文化活动一览无余，市民可以线上参与活动报名、场馆预约、现场直播、文化讲堂等活动。

（五）公共图书馆、文化馆、博物馆等文博单位推进数字化建设

图书馆数字化服务能力全面提升，数字文化平台升级，线上学习资源不断丰富。首都图书馆在全国较早建立了公共文化服务云平台，实现了图书馆资源共享方式的巨大变革。目前首都图书馆整合多类型的数字文献，整合了1088个数字文化资源，内容涵盖中华文化、文学鉴赏、艺术鉴赏、历史地理、社会广角、健康生活、环境保护七大方面，云平台通过“一个平台，同一入口”，实现与国家公共文化云和文化馆数字平台无缝对接。首都图书馆打造了网上教育学习平台“首都图书馆市民学习空间”，可以线上阅读、观看讲座和用户互动。该学习空间可以在计算机、手机、平板电脑等多种平台上使用，为北京市民提供了系统、方便、快捷的线上学习服务。博物馆数字服务平台日趋完善，服务能力全面提升。北京的主要博物馆在虚拟游览、移动端建设、在线学习服务等方面取得新进展。许多博物馆使用了虚拟实景技术提供在线游览服务。北京民俗博物馆将整个博物馆实景搬到网上，点击主页“畅游博物馆”就可以360度全景游览。在移动终端方面，北京各大博物馆充分利用微信公众号平台发布展览信息，提供各类数字文化资源。北京市博物馆继续完善网页平台和移动端App，内容更加丰富，形式更加多样。故宫博物院开设线上购票服务，可通过微信、支付宝购票，网购率超过75%。此外，微信小程序使得数字博物馆在更大范围更便捷地向居民提供文化服务。

二、北京乡村公共文化服务数字化建设现状

（一）乡村公共文化服务数字化基础设施建设不断完善，公共文化服务能力不断提升

北京市农业农村信息化建设起步较早，前期在基础设施建设、信息资源整合、信息服务体系建设等方面取得了丰富的成果和实践经验。先后印发了《北京市农村信息化2008—2010年实施规划》《北京信息化基础设施提升计划（2009—2012年）》《北京市“十三五”时期信息化发展规划》《北京市乡村振兴战略规划（2018—2022年）》等，实施了推进郊区信息化专项工程“燎原行动计划”、农村综合信息服务体系建设、美丽智慧乡村建设等重点专项工程，农村公共服务的信息化基础设施建设得到有效推进。目前，所有行政村已实现光纤和4G网络全覆盖，重点行政村宽带接入速率达50 M以上，重点交通干线和景区实现连续覆盖。据统计，2018年北京市乡村人口互联网普及

率达到80%以上。其中，海淀、丰台、通州、顺义、密云5个区互联网普及率达到了100%；北京农户拥有手机的占比及手机能够上网的占比均高达94%，已经覆盖了绝大多数农户。乡村广播电视网络不断扩展，完成了各城区有线电视用户下一代广播电视网络改造，有线电视双向网络向远郊城镇及农村地区扩展，已具备提供高清交互数字电视、高速数据接入和语音等三网融合业务的能力。调研数据显示，76.31%的村民表示村庄网络条件较好（见图5-4）。村民信息化设备拥有率较高，80%以上的村民表示家中有计算机和数字电视机，拥有平板电脑的村民比例也达到51.85%，还有部分村民拥有电子阅读器等（见图5-5）。从乡村公共文化数字化服务设施建设情况来看，数字广播、公共电子显示屏、公共电子阅览室等有一定的配备（见图5-6）。2020年6月，北京市印发《加快新型基础设施建设行动方案（2020—2022年）》，提出聚焦"新网络、新要素、新生态、新平台、新应用、新安全"六大方向，建设5G网络、千兆固网、卫星互联网等新型网络基础设施、建设数据智能基础设施以及智慧应用基础设施等六项基础设施建设重点任务，为乡村公共文化服务数字化基础设施建设提供了方向。

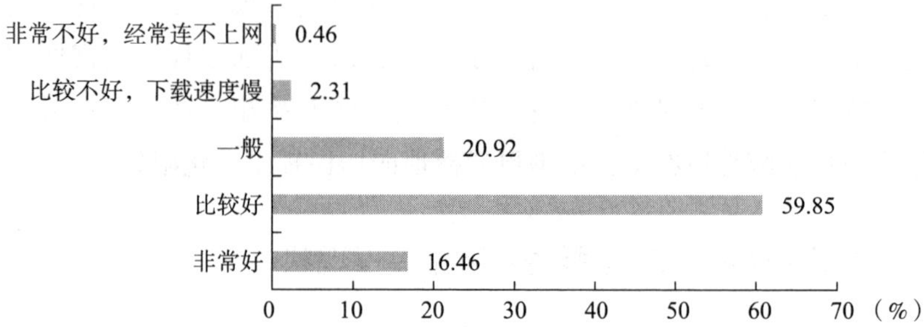

图5-4　村庄网络条件情况

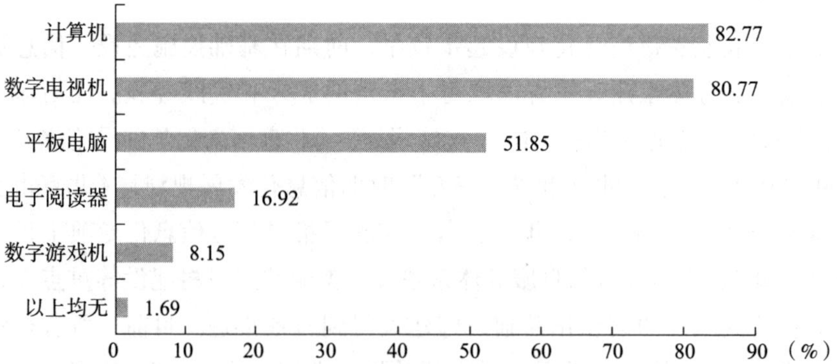

图5-5　村民信息化设备拥有情况

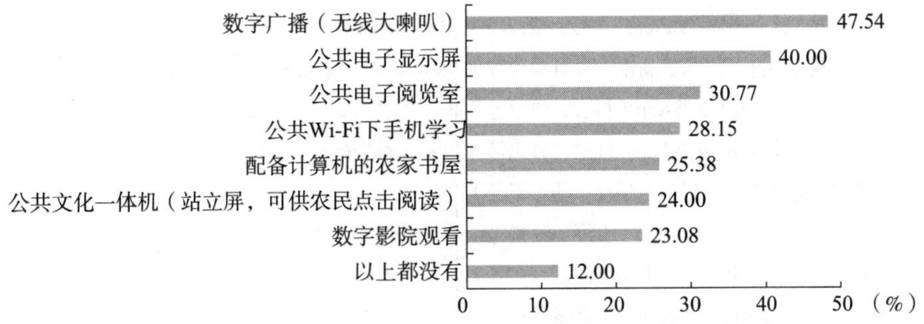

图 5-6 乡村公共文化数字化服务设施建设情况

（二）乡村公共文化服务形式更加多样，数字化产品及内容更加丰富

在公共文化服务数字化建设的不断推进下，乡村居民获取公共文化服务的渠道和手段更加多样，公共文化服务的数字化产品和内容更加丰富。随着国家数字文化惠民工程的不断推进，北京市基于数字技术以“云平台”为智能载体平台的公共文化设施加快建设。目前，一半的区都有自己的公共文化服务云，大部分平台都包含电子图书、活动安排、文化地图、场馆预约、视频资源等板块。海淀区的“文化@海淀”是北京目前较为优秀的文化服务云平台，“VR 虚拟场馆”和网络直播是“文化@海淀”云平台最具特色化的内容。石景山区的公共数字文化服务平台的特色内容为石景山非遗声音故事、数字国学馆等，有力支持了石景山区的国家公共文化服务体系示范区创建工作。民众可以通过北京数字文化馆网站、App、微信公众号、微博等方式，搜索了解最新的文化资讯，观看演出直播、预订参与文化活动、观看文艺演出、听讲座、参加培训。调研数据显示，79.54%的村民表示比较清楚如何通过网络获取公共文化信息服务，38.77%的村民表示他们参加的文化活动有 40%～60%是通过网络如文化网站、微信小程序、官方微博等形式，68.77%的乡村居民通过微信、QQ、微博等社交 App 获取公共文化服务，其次是新闻媒体类 App、网络直播类 App、视频网站类 App 以及传统媒体的数字化资源等。超过一半的乡村居民表示每天都在使用网络获取公共文化服务资源，占比为 63.54%。公共文化服务的数字化技术和产品不断丰富，网络手段已经成为城乡居民获取公共文化服务的重要手段（见图 5-7、图 5-8）。

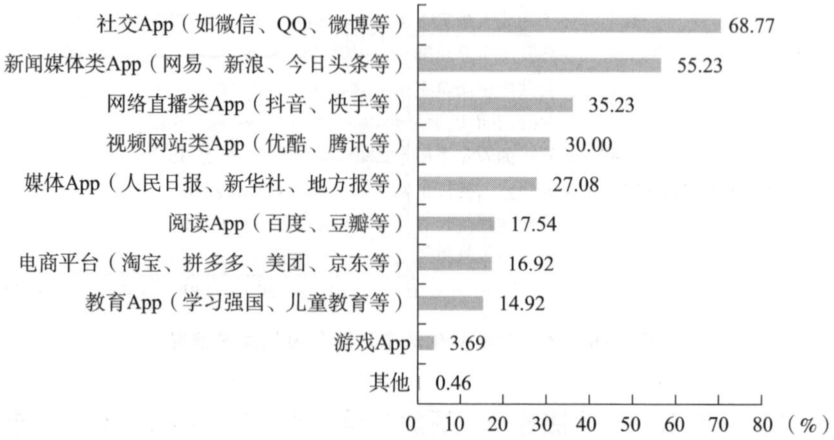

图 5-7　乡村居民最常用的获取公共文化服务的应用程序

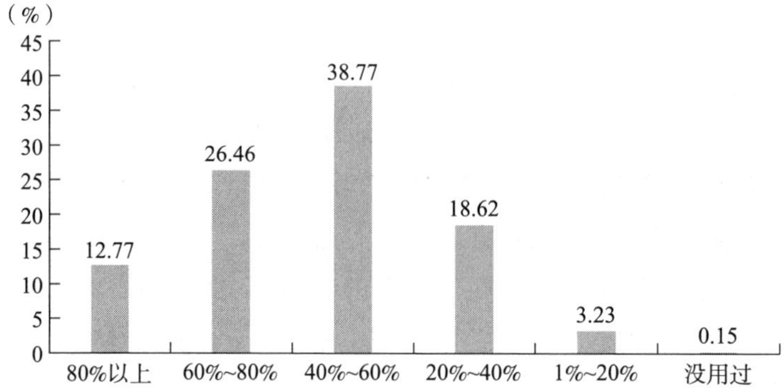

图 5-8　村民通过网络形式参与文化活动的情况

（三）乡村公共文化服务数字化应用效果更加凸显

随着公共文化服务数字化建设的不断推进，乡村居民在公共文化服务的获取方面更加便利，公共文化数字化服务效果更好，居民对乡村公共文化服务的满意度越来越高。调研数据显示，65.08%的乡村居民表示了解关注过市级、区级的文化公共服务数字化平台，如文化网站、客户端 App、微信小程序、官方微博、抖音号、微信公众号等。73.23%的乡村居民表示通过微信、微博、知乎等渠道获取公共文化信息，通过手机、计算机等获取的公共文化服务主要是浏览公共文化信息、进行数字阅读、收听在线讲堂以及预订文化活动门票等，比例分别为 62.92%、43.23%、36.31%和 31.38%（见图 5-9、图 5-10）。乡村居民参加的公共文化数字化服务活动主要是观看免费的数字电影、公共文化资源 LED 显示屏、公共电子阅览室阅读以及数字化的党建宣传等。69.69%的乡村居民表示目前的微信公众号、网站、直播平台等网络渠道提供的公共文化资源更新比较及时。

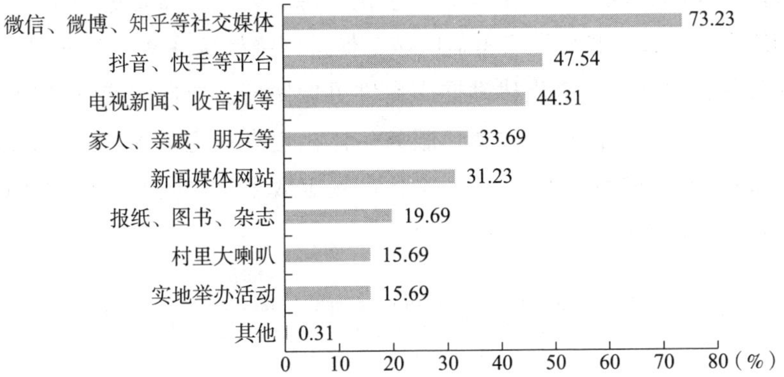

图 5-9　乡村居民日常获取公共文化服务信息的渠道情况

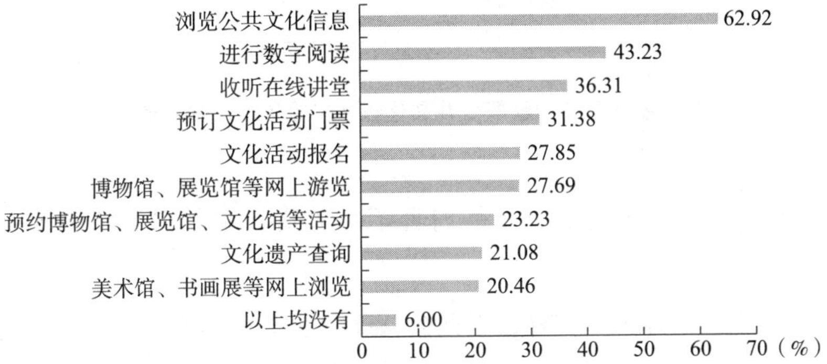

图 5-10　乡村居民通过手机、计算机等获取的公共文化服务情况

三、北京乡村公共文化服务数字化存在的问题和需求分析

（一）乡村公共文化服务数字化基础设施仍然薄弱，亟须加强 5G 等基础设施建设

目前，乡村公共文化服务数字化的基础设施建设仍然面临网络基础设施覆盖不足、信号弱以及公共文化服务数字化硬件设施如文化智能终端显示覆盖不足等问题。调研显示，目前部分村庄仍存在 4G 网络和 Wi-Fi 覆盖不足、

带宽不够、信号不稳定等问题，给村民利用和享受公共文化服务数字化资源带来了不便，直接影响了公共文化服务的数字化应用，制约了数字化技术和产品与公共文化服务的融合应用。调研数据显示，67.54%的村民希望通过微信、微博等媒体获取公共文化服务数字化资源。因此，需要进一步完善农村基础网络设施建设，扩大网络覆盖区域，促进网络提速降费，改善网络信号，为乡村公共文化服务数字化建设推广提供更加便捷、快速的网络基础条件和有效支撑。此外，村民对公共文化服务一体机也有一定需求，郊区在文化馆（站）、图书馆、博物馆、美术馆、文化广场等数字化软硬件条件的建设方面亟须加强（见图 5-11）。

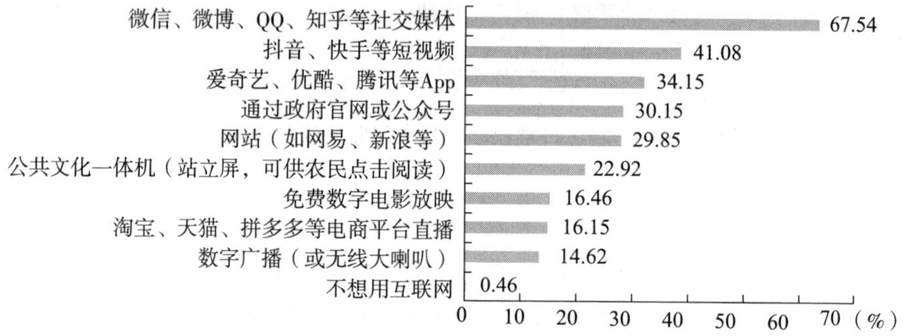

图 5-11　村民最希望获取公共文化数字化服务的互联网渠道情况

（二）乡村公共文化服务产品内容不够丰富，服务内容和形式亟待深化创新

公共文化的资源类型多样，因此公共文化服务的内容十分丰富。随着互联网、虚拟现实、人工智能等现代信息技术与公共文化服务的融合发展，公共文化服务的内容和形式得到创新性发展。但是，目前公共文化服务的数字化平台建设精品化不足，对乡村居民公共文化服务资源的需求挖掘不充分，适应乡村居民文化服务特点的数字化技术、产品、服务和应用不够丰富，系统维护欠缺。很多独具特色和群众文化特征明显的数字资源开发共享不足，且由于农村经济条件有限，一些数字化文化服务平台的后期升级和维护工作不到位。调研数据显示，一半以上的村民认为当前公共文化服务提供的内容相对太少，文化服务场所和设施缺乏（见图 5-12）。22.92%的村民表示非常需要“一站式”公共文化资源服务平台，59.54%的村民表示对公共文化资源与服务的专业 App 比较需要（见图 5-13）。亟须在未来公共文化服务数字化

建设中，整合多方资源，注重用户需求，以数字化推动公共文化服务方式与产品创新，在提升公共文化服务效果的同时，提高乡村居民公共文化服务的精准性。

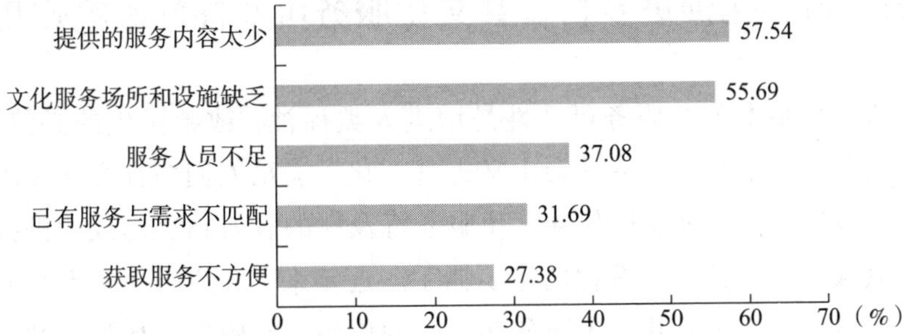

图 5-12　村民对乡村公共文化服务存在突出问题的看法情况

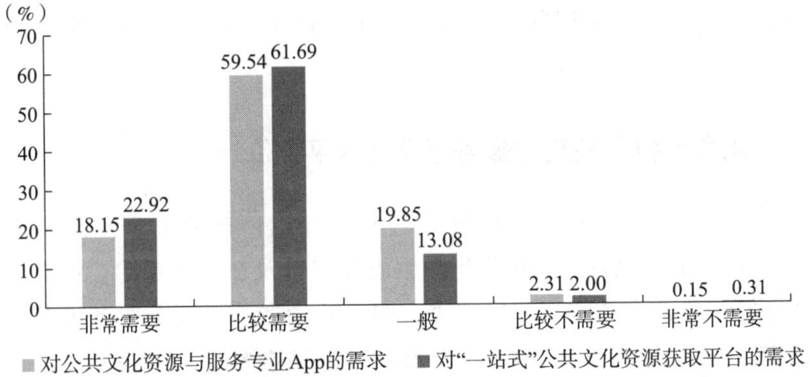

图 5-13　村民对"一站式"公共文化资源服务平台以及专业 App 的需求情况

（三）村民对公共文化服务数字化的接受能力有限，亟须加强数字化文化服务的宣传推广

与城市居民相比，北京市农村居民的受教育水平相对偏低，且随着劳动力转移就业，大多数村庄老龄化严重。调研中发现，村庄老龄化现象非常普遍，部分村庄 60 岁以上老人占比达 40%以上。很多农村居民尤其是年龄偏大的农村居民已经习惯于当前的生活方式，形成了固定的文化消费习惯与模式，缺乏主动学习新技术、寻求改变的意识和能力，这严重制约了农村居民对于公共文化服务数字化建设的认知和接受能力。因此，乡村公共文化数字化建设应加强宣传推广，强化用户信息反馈与互动交流，加大对基层文化服务人

员的培训力度，创新与城乡居民的互动方式，激发居民参与公共文化数字化建设的积极性，提高村民信息化意识和应用能力。

第三节　数字化促进乡村公共文化服务可及性的影响作用研究

推进城乡基本公共服务可及性是增进人类福祉、改善民生的必然要求。其中，公共文化服务是繁荣社会主义先进文化、满足人们精神文化需求的重要基础，积极寻求推进乡村公共文化服务可及性的有效路径已成为助推城乡基本公共服务可及性、均等化的重要抓手。近年来，北京市委、市政府高度重视数字技术在乡村公共文化服务共享中的作用，明确提出加强公共数字文化建设，建设数字乡村。如何利用数字技术构筑长效的乡村公共文化服务体系，需要对当前北京乡村公共文化服务可及性水平进行评价，进一步考量数字技术提升乡村公共文化服务可及性的作用机制，以此构建可持续的发展路径。

一、北京乡村公共文化服务可及性水平评价

“可及性”问题一直是国内外公共服务理论体系研究的热点问题，自2000年《世界卫生报告》明确提出卫生服务“可及性”的概念，即居民实现最基本医疗卫生需求的难易程度以来，国内外学者围绕公共服务可及性开展了大量研究。党的十九届四中全会首次将推进城乡基本公共服务可及性列入公共服务体系，明确了面向普遍均等的基本公共服务可及性政策取向。公共文化服务作为基本公共服务的组成部分，同时更是塑造社会主义核心价值观的重要基石，如何从“可及性”层面确保城乡居民普遍享有公共文化服务，对于推动国家治理体系与治理能力现代化具有重要意义。因此，立足服务受众视角建立一套科学合理的评价指标体系尤为重要。

（一）关于公共文化服务“可及性”评价指标的回顾

“可及性”产生于拉丁语“Accessus”一词，其概念最早见于Anderson（1968）关于卫生服务“using service”的论述。1981年，Roy和William较早从综合评价角度提出了包含可获得性、可接近性、可适合性、可承受性和可接受性等指标在内的可及性水平评价。2000年，《世界卫生报告》明确指出，卫生服务的可及性是居民实现最基本医疗卫生需求的难易程度，自此公共服

务领域学者逐渐将卫生服务"可及性"概念引入其他基本公共服务领域，公共服务可及性概念与测度的研究百花齐放。综合看来，关于基本公共服务可及性的评价指标体系主要有服务资源与设施的可获得性、服务获得的难易程度、服务要素的可及性、地理空间的可达性、基于用户感知的服务绩效与服务质量、综合视角等（见表5-1）。例如，Katarina（2004）聚焦教育服务，构建了包含可获得性、可接近性、可接受性和可适应性的4A框架；朱盛艳、李瑞琴（2019）从资源与设施等实物的可获得性视角构建了基本公共服务可及性水平评价指标体系；Campbel（2000）强调各类公共服务的可获得性；金莹和闫博文（2020）从用户对服务满意度的感知层面设计了包含公共文化活动满意度、公共文化设施设备满意度、公共文化人员服务满意度和公共文化需求表达满意度等指标在内的公共文化服务公众满意度评价指标体系。雍岚等（2018）借鉴Penchansky和Thomas（1984）的可及性分析框架，将居家养老社区服务可及性分解为可用性、可达性、可负担性、可接受性、可适应性五个维度并采用分层模糊评价法对北京、南京、咸阳等地进行了综合评价。

表5-1　关于公共服务可及性水平评价的主要视角

研究视角	主要指标	评价方法	代表作者
服务资源与设施的可获得性	健康档案、城镇基本医疗保险、城镇养老保险等各类服务的可获得性	简单加总	张静雅（2017）
	中小学教育可获得性、医疗卫生床位可获得性、社会福利收养性机构可获得性、社会福利收养性床位可获得性、通信设施可获得性等	改进的模糊TOPSIS法	朱盛艳、李瑞琴（2019）
服务获得的难易程度	便民服务、教育、医疗、治安等服务获得的难易度	简单平均	于洋航、陈志霞（2019）
服务要素的可及性	服务内容、服务过程与服务方式三要素的可获取、可认知和可利用的程度	概念模型	姚明（2014）
地理空间的可达性	基础教育、基本医疗和养老等单项服务设施的空间可达性	两步移动搜索法	Luo（2003）、Delamater（2013）、Gu（2017）、程顺祺（2017）、汤鹏飞（2017）、柳泽（2017）、代兵（2019）、程敏（2020）

续表

研究视角	主要指标	评价方法	代表作者
基于用户感知的服务绩效与服务质量	经济性（economy）、有效性（effectiveness）、效率性（effiency）、公平性（equity）4E框架	量表统计、综合评价	谢星全（2018）、Toni（2016）
	综合满意度、数量满意度、质量满意度、便利性满意度、宣传满意度、需求表达满意度等	量表统计	金莹、闫博文（2020），白晶等（2019），寇垠、刘杰磊（2019），Reddick（2013）
	有形性、可靠性、响应性、保证性、移情性、透明性等	KANO模型、SERVQUAL量表、SERVPERF量表等	睢党臣等（2015）、韦景竹（2015）
综合视角	可获得性（availability）、可接近性（accessibility）、可接受性（acceptability）和可适应性（adaptability）4A框架	量表统计	Katarina（1999），王前、吴理财（2015）
	可获得性、可接近性、可负担性、可接受性、可适合性等	德尔菲法	何宇、杨小丽（2019）
	地理可及性、可获得性、经济可及性和可接受性	综合评价法	皮特·戴维斯（2008）
	可用性、可达性、可适应性、可负担性、可接受性	量表统计、模糊综合评价法	Penchansky和Thomas（1984）、雍岚（2018）

具体到对乡村公共文化服务可及性的评价，相关的研究较少，大体可分为宏观、微观以及宏微观结合三个层面：一是宏观层面，即主要从服务绩效视角考察公共文化服务投入产出的绩效，如李少惠（2009）与宋爱军等（2012）均从农村公共文化服务供给视角，构建了农村公共文化基础设施和场所、文化基础设施和场所、农村公共文化信息发布情况、农村公共文化服务质量以及农村公共文化服务保障等5个一级指标的评价指标体系；彭益民（2013）搭建了政府投入、队伍建设、社会参与、服务项目、服务绩效5个维度的评价指标体系。三者均未做评价应用。吴江等（2019）基于服务内容视角，构建了基础服务、远程服务、拓展服务、文艺演出、培训服务、展览服务、讲座服务以及流动服务等县级图书馆和文化馆服务效能评价指标体系；肖庆（2014）采用DEA-Tobit从投入产出视角对各省乡镇综合文化站运行效率进行测算；王元明等（2020）基于投入产出视角，构建了投入—产出、产出—效能天津市基层公共文化服务效能两阶段评价模型。二是微观层面，有代表性的是王前（2015）构建

了包含可知晓性、可获得性、可接近性、可接受性和可适应性在内的农家书屋可及性评价指标体系；但未做相关的评价应用。寇垠、刘杰磊（2019）基于村民满意度视角，构建了数量满意度、质量满意度、便利性满意度和宣传满意度四个维度的评价指标体系，采用量表统计方法对东部地区 3338 户村镇居民关于公共文化服务满意度进行综合评价。Saturday（2017）采用描述性和探索性研究方法，从图书馆人员、政府宣传、信息服务与基础设施设备等角度评估了尼日利亚农村图书馆可及性现状。Senkevitch（1994）构建了包含互联网使用技能、信息传播技能、感知有用性、感知易用性在内的农村图书馆电子网络渠道可及性评价模型。三是宏微观结合层面，赖作莲（2019）选取了公共文化投入、公共文化设施完备程度、公共文化设施的使用程度及公众的参与程度 4 个维度的指标，采用指数法测算了西部地区农村公共文化服务效能实现指数。李艳英（2015）构建了包含资金投入水平、公共文化设施与资源建设维护水平、人才水平、管理水平、社会效果、居民满意度等在内的基层公共文化服务评价指标体系。Christenson（1979）聚焦公园、图书馆等公共文化服务，构建了人均公共文化服务财政投入等宏观指标，以及服务质量感知等微观指标的基层公共文化服务绩效评价指标体系。综上，对于乡村公共文化服务可及性评价的研究，与其影响因素相关的文献并不多见，更多的文献侧重于对公共文化服务质量、服务效率、服务满意度等方面的评价，而且多见于单项公共文化服务的评价，研究的方法主要有量表统计、层次分析、DEA 等。

（二）北京市乡村公共文化服务可及性评价指标体系设计

北京市作为全国文化中心，其城乡之间、区域之间、群体之间的公共文化服务是否均衡、充分发展，关系到中国特色社会主义先进文化之都建设能否如期实现。在建设美丽乡村过程中，如何建立健全乡村公共文化服务体系，推动乡村文化振兴，需立足近 300 万乡村常住人口的共同期盼。为此，本书将充分借鉴国内外相关的卫生服务可及性概念模型、公共服务可及性评价指标体系、乡村公共文化服务可及性评价指标体系，坚持“以人为本”的原则，提出北京市乡村公共文化可及性指标体系，通过对 13 个郊区县开展微观评价，找出短板与差距。

1. 评价指标体系构建原则

北京市乡村公共文化服务可及性评价指标体系（Rural Public Culture Service Accessibility Evaluation Index System，RPCSAEIS）是一套评价北京地区乡村公共文化服务可及性水平的综合性指标，是用来衡量北京市乡村公共文化服务可及性总体水平与不同区县差异的综合性指标，以此反映各区县乡村公共文化可及性水平的特征与差异，考评不同区县乡村公共文化服务可及性水平的“区位熵”，为分类推进乡村公共文化服务可及性提供参考。评价指标体系的构建主要遵循以下原则：

（1）评价指标体系的完整性。RPCSAEIS 必须具备客观性、总体性和全面性，即要做到从服务的数量和质量层面全面反映公共文化服务各要素，包括服务主体、服务受体、服务效果等。乡村公共文化可及性是一个动态演进的发展过程，评价指标的设置既要考虑与全国文化中心建设总体发展目标一致，又要从不同角度全面、准确地反映乡村公共文化可及性的内涵及特征。这些基本要求决定了 RPCSAEIS 必须做到相对完整，表现为设计指标要全面覆盖村民对于公共文化服务的可获得性、可接受性与可适用性等。

（2）评价指标体系的可比性。本书在设计评价指标体系过程中，遵循的关键原则是指标的可比性，即不同指标之间、同一指标不同时期等方面的指标可比性问题。考虑到同一指标不同时期口径变化、不同指标的内涵变化、数据来源渠道不统一等问题，本书主要采用课题组于北京 13 个郊区开展的村民微观调查数据；同时，对于取得的绝对数据，采用指标相对化进行调整。

（3）评价指标体系的可行性。一个综合评价方案的实际意义在于其可以付诸实践，这也就是评价方案的可行性问题。这一问题可以进一步分解为评价指标的可操作性和评价方法的协调性两个方面。这两个方面从不同的角度分别为评价方案总体实施创造条件。就指标的可操作性来说，一方面，评价指标的可行性问题往往成为制约实施综合评价方法的瓶颈，也是影响综合评价方法科学性的最重要的因素。在本书中，一是要考虑评价指标体系与北京乡村公共文化服务可及性的贴近程度；二是要考虑它们与现有统计数据条件的吻合程度以及调研数据的可获得性。另一方面，要从市情出发，实事求是、有选择地设计指标，在做到最大限度地反映北京乡村公共文化服务可及性的同时，力求指标设置少而精，简洁直观，易于操作，便于推广。

2. 指标设置与选择

（1）维度指标选取。为科学反映乡村公共文化服务可及性的本质特征，充分结合国内外关于“可及性”评价模型与指标设置，以 Penchansky、Thomas 的“5A”模型以及 Katarina（1999）的“4A”框架基础，结合前期调查发现的乡村公共文化服务特点，将北京市乡村公共文化服务可及性划分为 5 个维度，主要包括可得性、可达性、可负担性、可接受性、可适应性（见表 5-2）。

表 5-2　评价指标体系与指标解释

一级指标	维度指标	具体指标	指标解释
乡村公共文化服务可及性	可得性	公共文化服务数量的丰富性	采用村民所在村庄是否有体育健身场所/器材、电影放映室或电影院、图书馆/农家书屋、村民文化活动室、文化大院/文化广场、网吧、书画社、村史馆/博物馆、阅报栏、教堂/寺庙、公园等设施场所衡量
		公共文化服务内容的多样化	采用村民最近一年是否获得过图书/报刊借阅、免费电影放映、文艺演出观看、文化宣传广播、历史人文展览、体育健身休闲活动、书画展等文化服务（或活动）衡量
	可达性	距离县公共文化场所公里数	采用“从您家到县城文化馆、博物馆、图书馆等公共文化场所距离”问项衡量，其中，5=3 km 以内；4=3~10 km；3=10~20 km；2=20~30 km；1=30 km 以上
		距离村文化场所公里数	采用“从您家步行到最近的公共文化活动场所（文化室、健身场所、图书室、农家书屋等）”问项衡量，其中，5=10 分钟以内；4=10~20 分钟；3=20~30 分钟；2=30 分钟至 1 小时；1=1 小时以上
		参与公共文化活动时间的充裕性	采用“每天有多少时间用于公共文化活动”问项衡量，其中，每天阅读 1 小时以上=3，每天阅读半小时至 1 小时=2，每天阅读半小时以内=1，不阅读=0。每天体育健身 1 小时以上=3，每天体育健身半小时至 1 小时=2，每天体育健身半小时以内=1，不健身=0。每天看电视/电影/戏剧=1，不看电视/电影=0。每天有时间参与棋牌、游戏、唱歌、跳舞等休闲娱乐=1，不娱乐=0。采用 4 项得分加总
		获得公共文化服务的便利性	采用“您认为去本村或附近的公共文化服务场所便捷吗”问项衡量，非常便捷=5，便捷=4，一般=3，不便捷=2，非常不便捷=1
	可负担性	获得公共文化服务的价格可负担性	采用“对于您需要的文化服务，您能接受的月均支出费用”问项衡量，50 元以上=5，30~50 元=4，10~30 元=3，10 元以下=2，不愿支付=1（按照北京市农村居民月均教育文化娱乐支出为 120 元，按照6：4比例，选取文娱月均支出 50 元作为平均水平）

续表

一级指标	维度指标	具体指标	指标解释
乡村公共文化服务可及性	可接受性	公共文化服务设施与服务获得的简单易用度	采用“您认为能获取公共文化服务与资源简单易用吗”问项衡量，其中，非常简单=5，比较简单=4，一般=3，比较难=2，非常难=1
		设施与服务所处环境的接受程度	采用“您认为本村村民参与公共文化活动的积极性如何”问项衡量，其中，非常积极=5，比较积极=4，一般=3，比较不积极=2，非常不积极=1
		设施与服务供给及时性的接受程度	采用“您对当地提供的公共文化服务设施与资源的及时性如何”问项衡量，其中，非常及时=5，比较及时=4，一般=3，不及时=2，非常不及时=1
		设施与服务供给全面性的接受程度	采用“您对当地提供的公共文化服务内容是否全面”问项衡量，其中，非常全面=5，比较全面=4，一般=3，不全面=2，非常不全面=1
	可适应性	基层政府宣传满意度	采用“您对当地公共文化知识普及和宣传的满意度如何”问项衡量，其中，非常满意=5，满意=4，一般=3，不满意=2，非常不满意=1
		服务便利性满意度	采用“您对您村公共文化服务设施与资源的便利性是否满意”问项衡量，其中，非常满意=5，满意=4，一般=3，不满意=2，非常不满意=1
		服务活动丰富性满意度	采用“您对您村提供的公共文化服务活动的丰富性满意度如何”问项衡量，其中，非常满意=5，满意=4，一般=3，不满意=2，非常不满意=1
		服务质量效果满意度	采用“您对您村提供的公共文化服务质量效果满意度如何”问项衡量，其中，非常满意=5，满意=4，一般=3，不满意=2，非常不满意=1
		公共文化服务参与的兴趣	采用“您对公共文化活动与服务的兴趣如何”问项衡量，其中，非常感兴趣=5，比较感兴趣=4，一般=3，不感兴趣=2，非常没兴趣=1

（2）指标测量。本书使用的指标来源于课题组面向北京市 13 个郊区县开展的村民调查问卷，主要包括村民的基本信息以及村民对乡村公共文化服务可及性 8 项指标的主观感知以及 7 项客观回答调查。对于主观感知指问项的选择，均采用李克特 5 点量表法，即以“1，2，3，4，5”进行赋值。如关于可适应性的指标，主要采取“非常不满意、不满意、一般、比较满意、非常满意”表述满意度评价。

（3）指标权重的确定。考虑到本书主要采用李克特量表统计对可及性水平进行评价，可及性水平主要反映的是五个维度的综合平均水平，假设各要素之间的重要性相当，因此本书采用等权重方式对指标进行赋权，即每个一级指标的权重为 0.2，对应的二级指标按照其指标的多少进行平均赋权。

3. 评价方法

（1）各指标标准化得分的计算。本书拟采用指数法进行标准化得分计算，对于正相关指标，其计算公式为：$S=P/O\times100$；负相关指标的计算公式为 $S=O/P\times100$。其中，P 为各指标的实际数值，O 为各指标的目标值（采取各指标中理想的最大值，如对于满意度，其目标值为 5，对于其他各项需要累计加总的指标，其目标值为每项最高值加总）。计算各指标的得分指数计算方法为 $F=S\times Q$，Q 为各指标的绝对权重。

（2）综合指数及得分的计算。令维度指标为 i，具体指标为 j，则各具体指标标准化得分为 S_{ij}（即第 i 个维度级指标第 j 个具体指标），各具体指标权重为 Q_{ij}，综合指数为 Z，则：

$$F_{ij}=S_{ij}\times Q_{ij}\times100$$

$$Z=\sum F_{ij}$$

（3）等级划分。按照李克特 5 级量表，折算成百分制，相关等级划分见表 5-3。

表 5-3　可及性水平等级划分

得分	等级
<40	较低
41~60（不含）	一般
61~80（不含）	较高
81~100	高

（三）北京市乡村公共文化服务可及性评价结果分析

1. 数据来源

本书数据来源于课题组2020年4月依托问卷网向北京市13个郊区县开展的抽样调查，按照每个区县50个村民样本（即长期居住在农村地区的居民），共回收有效问卷650份，具体被调查者基本情况见表5-4。

表5-4　被调查者的基本信息分布

基本信息	分类	样本数	占比	基本信息	分类	样本数	占比
性别	男	319	49.08	收入水平	2万元以下	66	10.15
	女	331	50.92		2万~4万元	124	19.08
户籍	农业	599	92.15		4万~6万元	221	34.00
	非农	51	7.85		6万~8万元	164	25.23
年龄	18~30岁	246	37.85		8万~10万元	65	10.00
	31~40岁	262	40.31		10万元以上	10	1.54
	41~50岁	89	13.69	职业类型	纯务农	132	20.31
	51~59岁	43	6.62		兼业	135	20.77
	60岁及以上	10	1.54		纯务工	110	16.92
文化程度	小学及以下	12	1.85		个体户	108	16.62
	初中	176	27.08		村干部	11	1.69
	高中/中专/技校	320	49.23		企事业单位	114	17.54
	大专/本科	135	20.77		离退休人员	2	0.31
	研究生及以上	7	1.08		其他	38	5.85

2. 数据可靠性分析

为确保问卷数据的科学性与可靠性，本书采用克伦巴赫α（Cronbach's Alpha）信度系数法对所构建的乡村公共文化服务可及性评价指标体系的具体指标进行信度分析，采用SPSS分析结果显示，本调查问卷中关于指标体系问项的克伦巴赫α信度系数为0.765，位于0.6和0.8之间，即问卷信度良好。

3. 评价结果与分析

根据前述评价方法计算，目前北京市乡村公共文化服务可及性的平均得分为62.01分，该得分表明可及性"较好"，但接近"一般"，这意味着北京乡村公共文化服务可及性水平仍有较大的提升空间（见表5-5）。具体来看：

（1）可适应性得分最高，为75.38分，位于"较高"等级。表征"可适应性”的指标均为村民对于当地乡村公共文化服务供给以及环境的主观评价，这意味着村民对于现有的服务总体上处于比较满意的状态。从李克特 5 级量表看，村民关于基层政府宣传满意度、服务便利性满意度、服务活动丰富性满意度、服务质量效果满意度以及公共文化服务参与兴趣得分分别为 3.72 分、3.79 分、3.56 分、3.69 分、4.09 分，意味着村民对于公共文化服务比较满意，也表示目前北京村民对于公共文化服务互动的参与积极性较高，这主要的原因在于：一方面，目前当地提供的公共文化服务符合村民“内心需求”；另一方面，也从侧面反映了随着村民收入水平的提高，其对于文化治理的主观能动性有所提升。

（2）可得性得分最低，为 41.66 分，接近“较低”等级。根据评价结果，北京乡村提供的公共文化服务设施种类（44.31 分）、村民获得过的公共文化服务内容（39.01 分）处于较低水平，服务设施供给与使用存在“错位”与“鸿沟”，这从侧面反映了目前乡村公共文化服务“重设施、轻服务”，部分公共文化设施、场所存在“闲置”状态。

（3）可达性与可接受性得分相当，分别为 67.45 分、68.10 分，接近可及性“一般”等级。由指标得分可见，可达性中本村公共文化服务设施的距离可达性“较好”，平均得分为 75.54 分，这表明目前村内的公共文化服务设施布局比较合理；但从时间的充裕性看，平均得分仅为 61.82 分，仅 36.62%的村民阅读时间在 1 小时以内，4%的村民没有时间阅读；30.62%的村民体育健身时间在 1 小时以上，6.46%的村民反映没时间健身；6.31%的村民没有时间参与其他文化娱乐活动。从可接受性看，公共文化设施与服务资源简单易用性、所处环境、供给全面性的可接受程度较高，分别为 79.85 分、72.37 分、75.54 分，但服务供给的及时性较低，平均得分仅为 44.65 分。这表明目前村民对于公共文化服务设施供给的可接受性较高，但对于服务供给的有效性，尤其是公共文化服务获取以及传播的及时性有待进一步提高。

（4）可负担性得分为 57.45 分，位于“一般”水平。根据调查数据，北京村民对于自身所需的公共文化服务可负担的价格水平中，分别有 50.62%、14.46%、5.08%、29.85%的村民可接受的费用为 10~30 元/月、31~50 元/月、50 元/月以上、10 元/月以下。这表明，目前大多数村民对于公共文化服务的付费消费水平一般，其中的原因可能在于村民对于当前提供的公共文化服务满意度较好，个性化的需求还有待提升。

表 5-5 北京市各区乡村公共文化服务可及性评价结果 单位：分

区县	可得性	可达性	可负担性	可接受性	可适应性	综合得分
海淀	41.24	67.53	58.00	67.30	74.80	61.78
丰台	46.31	70.73	58.00	67.30	75.92	63.65
朝阳	43.41	67.27	59.20	69.00	75.76	62.93
通州	45.14	67.15	56.38	67.78	78.40	62.97
昌平	45.15	68.21	54.33	68.26	74.29	62.05
大兴	42.96	66.30	55.89	68.27	77.57	62.20
怀柔	45.09	66.99	58.32	69.77	74.03	62.84
顺义	33.67	68.27	59.97	67.00	72.92	60.37
延庆	40.17	66.37	54.80	66.84	72.98	60.23
平谷	38.57	65.73	57.90	68.54	76.66	61.48
密云	41.79	67.31	57.16	68.07	75.53	61.97
房山	40.45	67.81	56.34	69.86	75.67	62.03
门头沟	36.99	67.89	58.73	66.90	73.99	60.90
全市平均	41.66	67.45	57.45	68.10	75.38	62.01

（四）结论与启示

本书结合公共管理学科领域的“可及性”概念内涵与学术界关于公共服务“可及性”的界定，以 Penchansky、Thomas 的“5A”模型以及 Katarina（1999）的“4A”框架为基础，构建了包含可得性、可达性、可负担性、可接受性、可适应性等 5 个维度指标在内的乡村公共文化服务可及性评价指标体系，以北京市 650 个乡村居民样本为例，运用层次分析综合评价法对乡村公共文化服务可及性评价指标体系进行了应用评价。研究结果显示，当前北京市乡村公共文化服务可及性水平综合得分为 62.01 分，接近“一般”水平，表明当前村民对于公共文化服务可及性需求的满足程度仍有很大的提升空间。分维度看，可得性、可达性、可负担性、可接受性、可适应性的得分分别为 41.66 分、67.45 分、57.45 分、68.10 分、75.38 分。综合看，公共文化服务可及性得分偏低存在的可能原因在于：一方面，目前乡村公共文化服务供给仍以“自上而下”为主，缺乏对村民的“获得感”“幸福感”等方面的社会需求因素的考虑，导致大多数乡村公共文化服务处于“有建设、无使用”“重设施、轻服务”等局面。另一方面，尽管乡村居民消费结构已由“吃穿住行用”生存型消费向“学乐康安美”享受型消费转变（2018 年，北京市农村居民人均教育文化娱乐支出为 120 元/月，比全国高 10.60%），但与教育、卫生医疗等其他基本公共服务相比，村民对于公共文化服务等社会需求仍略显不足，导致其负担能力较弱。

针对评价结果，本书得出如下政策启示：一是突出村民公共文化参与的主体地位，定期做好村民公共文化服务需求调查，积极宣传、普及推广全民阅读、全民健身运动，让更多村民参与乡村公共文化建设，提升村民文化参与度和认同感；二是创新公共文化服务模式，将数字化、网络化、智能化等技术融入乡村公共服务运行的框架中，积极探索公共文化数字化平台、社交媒体平台等数字化服务渠道，丰富公共文化服务内容，有效提升公共文化服务资源的可获得性与信息传播的及时性、有效性；三是将对基层公共文化体育设施供给补贴向村民文化消费补贴转移，综合探索以数字文化消费券、特定人群免费门票、积分补贴等为代表的文化消费补贴机制，引导农民群众积极参与公共文化建设，提升乡村文化消费能级，让广大农民有更多获得感。

二、数字化促进北京乡村公共文化服务可及性的影响效应分析

自 2002 年全国文化信息资源共享工程建设以来，北京市作为全国文化中心、国家公共文化服务体系示范区，积极利用数字化“共享、普惠、便捷”等优势，实施了一批乡村公共文化数字化建设工程，大大提升了基层公共文化服务效能，更好地满足了广大农村居民更高的文化需求。为进一步分析数字化应用对北京乡村居民公共文化服务可及性的影响，本书在回顾相关文献基础上，构建了北京乡村公共文化服务可及性影响因素多元回归模型，重点分析了不同层面的数字化应用对可及性的影响，得出相关结论与启示。

（一）变量选取

1. 因变量

以乡村公共文化服务可及性（y）为因变量，采用前述评价指标体系测算出来的结果衡量。数据结果显示，北京市乡村公共文化服务可及性平均得分为 0.620 分，最小值为 0.349，最大值为 0.860，标准差为 0.790（见表 5-6）。

表 5-6　研究变量界定与数据描述统计

变量名称	变量定义与描述	均值	标准差
公共文化服务可及性	连续型变量	0.620	0.790
数字化平台应用频率	几乎不用＝1，一月1次＝2，一月2次＝3，一周数次＝4，几乎每天＝5	4.451	0.898
家庭电子设备丰富性	按照数字电视机、数字游戏机、计算机、平板电脑、电子阅读器等5种设备总和，拥有1个则得分为1/5，拥有2个得分为2/5，以此类推	0.481	0.189
村庄4G网络条件	非常不好，经常连不上网＝1；比较不好，下载速度慢＝2；一般＝3；比较好＝4；非常好＝5	3.895	0.705
是否加入本村微信群或公众号	是＝1，否＝0	0.797	0.403
性别	男＝1，女＝0	0.491	0.500
年龄	18~30岁＝1，31~40岁＝2，41~50岁＝3，51~59岁＝4，60岁及以上＝5	1.937	0.957
户籍	农业＝1，非农＝0	0.776	0.417
文化程度	小学及以下＝1，初中＝2，高中/中专＝3，大学/大专＝4，研究生及以上＝5	2.104	0.673
收入水平	2万元以下＝1，2万~4万元＝2，4万~6万元＝3，6万~8万元＝4，8万~10万元＝5，10万元以上＝6	3.105	1.174
是否美丽乡村	是＝1，否＝0	0.598	0.490
村庄与县城距离	50 km以上＝1；30~50 km＝2；20~30 km＝3；10~20 km＝4；3~10 km＝5；3 km以内＝6	4.228	1.025

2. 核心自变量

本书核心自变量为数字化，根据前文所述，主要采用“数字化基础”与“数字化应用”两个核心变量来表征。其中，在数字化基础方面，文立杰等（2018）研究发现，数字电子资源的丰富性、宽带网网速等信息化基础设施对于农村基层公共文化服务质量有显著影响；马学军（2019）研究发现，影响乡村文化治理绩效的差异在于村庄文化传播媒介、基础设施投入、文化活动次数的不同；严贝妮（2019）研究发现，文化服务可及性受村庄资源设施因素影响。由此，本书主要选取“家庭电子设备丰富性”“村庄4G网络条件”

两个变量衡量“数字化基础设施”。在数字化应用方面，曾鸣（2018）、傅才武（2017）认为，“互联网接触程度”是衡量居民数字化应用的关键指标，其对于公共文化服务满意度与服务质量具有正向影响作用；麻宝斌（2020）研究发现，“触网程度”已成为享有数字红利的重要影响因素，由此本书选取“数字化平台应用频率”衡量“数字化应用”，同时考虑到乡村社会正由“熟人治理”向“陌生人治理”转变，微信、微博等社交媒体正成为乡村治理的重要工具，还以“是否加入本村微信群或公众号”表征“数字化应用”。

3. 其他控制变量

为充分考虑其他因素对乡村公共文化服务可及性的影响，本书还选取了人口学特征、村民所在村庄环境以及村民公共文化服务参与积极性作为控制变量。根据 Saich（2006）、曾鸣（2018）、寇垠（2019）的研究，村民个体特征会影响其对乡村文化服务获得感、幸福感的评价。熊春林等（2020）、王秋（2018）研究认为，年龄、文化程度、家庭劳动力数量等个人与家庭特征因素对文化服务满意度具有显著影响。本书用村民的性别、年龄、文化程度、职业类型、收入水平等变量表征村民个体特征。相关研究表明，村庄地理区位、村庄示范村建设等因素对农村基层治理满意度有显著影响，公共文化服务作为乡村治理的重要内容，同样受村庄环境特征变量影响（卫龙宝，2012；卢春龙，2014），如美丽乡村建设标准中明确了美丽乡村文化体育服务的主要建设标准。因此，本书将村庄与县城距离、是否美丽乡村两个环境变量列入其他控制变量当中。

（二）模型运行结果

在模型估计之前，先进行多重共线性检验。检验结果显示，各自变量的 VIF（方差膨胀因子）统计值均小于 5，所有自变量的 VIF 平均为 1.071，明显低于 10。这说明，模型各自变量之间不存在严重的多重共线性问题。进一步，运用 SPSS 软件进行模型回归，回归结果见表 5-7、图 5-14。模型结果显示，数字化基础与数字化应用对乡村公共文化服务可及性的影响在 5%统计水平上显著为正，这表明数字化建设有助于提高乡村公共文化服务可及性。回归系数表明，数字化平台应用频率、家庭电子设备丰富性、村庄 4G 网络条件每提高 1 个单位，乡村公共文化服务可及性水平可分别提高 1%、11%、3%。加入本村微信群或公众号的村民公共文化服务可及性水平比未加入的村民高 2.9%。从其他控制变量回归结果看，户籍、年龄在 5%统计水平上显著为正。

进一步，采用 Roubust 回归进行稳健性检验（见表 5-8），结果表明，无论是采用 OLS 回归，还是 Roubust 回归，数字化平台应用频率、家庭电子设备丰富性以及村庄 4G 网络条件均对乡村文化服务可及性的影响在 5%的统计水平上显著为正，说明数字化对于乡村公共文化服务可及性的影响效果具有一定的稳健性。此外，收入显著性也增强。

表 5-7　模型回归结果

变量	B	标准误差	Beta	T	显著性
常数项	0. 281	0. 025		11. 172	0. 000
数字化平台应用频率	0. 010	0. 003	0. 112	3. 505	0. 000
家庭电子设备丰富性	0. 111	0. 014	0. 267	8. 137	0. 000
村庄 4G 网络条件	0. 030	0. 004	0. 268	8. 140	0. 000
是否加入本村微信群或公众号	0. 029	0. 006	0. 150	4. 631	0. 000
户籍	0. 022	0. 009	0. 075	2. 341	0. 020
性别	0. 002	0. 005	0. 013	0. 414	0. 679
年龄	0. 009	0. 003	0. 106	3. 267	0. 001
文化程度	0. 000	0. 004	−0. 003	−0. 100	0. 920
收入水平	0. 003	0. 002	0. 050	1. 432	0. 153
村庄与县城距离	0. 009	0. 002	0. 120	3. 802	0. 000
是否美丽乡村	0. 030	0. 005	0. 190	5. 864	0. 000

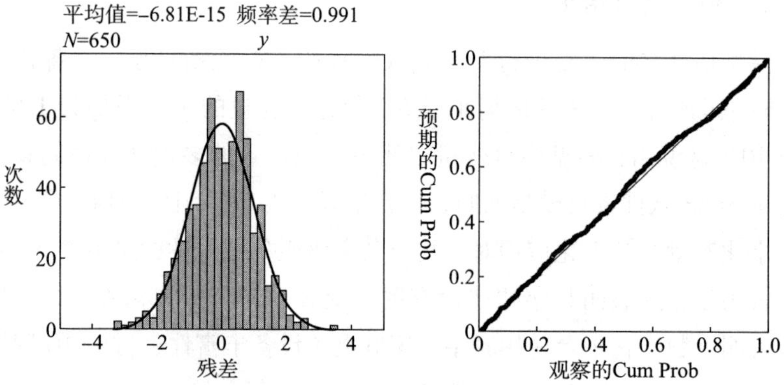

图 5-14　回归模型残差分析

表 5-8　基于 Roubust 回归的稳健性检验

变量	Coef.	Std. Err.	T	P>t	Interval
家庭电子设备丰富性	-0.002	0.013	8.137	0.000	0.023
数字化平台应用频率	0.013	0.003	3.960	0.000	0.019
村庄 4G 网络条件	0.033	0.004	8.950	0.000	0.040
是否加入本村微信群或公众号	0.035	0.006	5.670	0.000	0.048
户籍	0.024	0.010	2.460	0.014	0.042
性别	0.004	0.005	0.870	0.387	0.015
年龄	0.009	0.003	3.040	0.002	0.015
文化程度	0.001	0.004	0.270	0.788	0.008
收入水平	0.007	0.002	2.880	0.004	0.012
是否美丽乡村	0.033	0.006	5.990	0.000	0.044
村庄与县城距离	0.010	0.003	3.710	0.000	0.015
_ cons	0.286	0.027	10.690	0.000	0.339

（三）作用机制探讨

为进一步识别数字化促进乡村公共文化服务可及性水平提升的路径，本书进一步构建了 SEM 模型分析数字化影响乡村公共文化服务可及性水平提升的“中介”作用。一般而言，提高农村公共文化服务可及性主要有两种途径：一是增加公共文化服务的供给，通过缩小城乡之间的公共文化服务供给差距来提升农村居民的可获得性；二是完善公共文化服务供给的制度安排（曾鸣，2018），即通过完善多元参与的服务体系，增强各方主体对公共文化服务供给的全过程进行有效监督，提高公共文化服务的效能。基于上述分析，本书认为，数字化可能通过以下 4 种途径对公共文化服务可及性产生影响：

（1）数字化通过完善多元主体与基层政府的信息交流反馈机制，营造良好的公共事务参与氛围，促进村民集体行动能力的提升，进而提高村民对乡村公共文化服务的满意度主观评价，提升乡村公共文化服务的可适应性。由此，提出假设 1：数字化通过提高当地村民参与公共数字文化建设的积极性，提升乡村居民公共文化服务可及性。

（2）数字化通过为农村居民搭建公共文化数字化服务平台，让其享有与城市居民同等的、便捷的、普惠的公共文化数字化服务，降低公共文化服务获取成本与供给成本，提升村民公共文化服务的可获得性、可负担性、可接受性。由此，提出假设 2：数字化通过村民自身参与公共数字文化服务活动，提升乡村居民公共文化服务可及性。

（3）数字化通过增设村内公共数字文化设施，提升村民公共文化服务的可达性，实现面向普遍均等的公共文化服务可及性。由此，提出假设 3：数字化通过村内公共数字文化设施的建设，提升乡村居民公共文化服务可及性。

（4）数字化通过提高村民对公共文化数字化建设的感知有用性，提升村民对服务便利性、服务活动丰富性、服务质量效果、服务参与兴趣等满意度的主观评价。由此，提出假设 4：数字化通过村民感知公共文化数字化有用性，提升乡村居民公共文化服务可及性。

基于以上假设，本书采用 SEM 模型进一步分析数字化对乡村公共数字文化活动个体参与、乡村公共数字文化集体参与、村庄公共数字文化设施投放以及村民感知公共数字文化服务有用性的影响。由表 5-9 可知，除家庭电子设备丰富性对于村内公共数字文化设施、数字化平台应用频率对于村内公共数字文化设施、家庭电子设备丰富性对于感知有用性 3 个中介作用效果不显著外，其余均通过了 5%统计水平，且显著为正。这表明公共数字文化个体参与、公共数字文化集体参与、村内公共数字文化设施、村民感知公共数字文化有用性在数字化促进乡村公共文化服务可及性中具有中介效应，其中公共参与的中介效应最为显著，这与曾鸣（2019）、何昀（2018）等的研究一致。

表 5-9　基于 SEM 模型的回归结果

路径			估计系数	标准差	C. R. 值	P 值
公共数字文化个体参与	←	家庭电子设备丰富性	0. 165	0. 075	2. 199	0. 028
公共数字文化个体参与	←	数字化平台应用频率	0. 033	0. 016	2. 085	0. 037
公共数字文化个体参与	←	是否加入村微信群或公众号	0. 362	0. 035	10. 275	***
公共数字文化个体参与	←	村庄 4G 网络条件	0. 041	0. 02	2. 054	0. 04
村内公共数字文化设施	←	家庭电子设备丰富性	0. 098	0. 061	1. 601	0. 109
村内公共数字文化设施	←	数字化平台应用频率	-0. 006	0. 013	-0. 492	0. 623
村内公共数字文化设施	←	是否加入村微信群或公众号	0. 292	0. 029	10. 12	***
村内公共数字文化设施	←	村庄 4G 网络条件	0. 057	0. 016	3. 49	***
公共数字文化集体参与	←	家庭电子设备丰富性	0. 362	0. 13	2. 796	0. 005
公共数字文化集体参与	←	数字化平台应用频率	0. 121	0. 027	4. 425	***

续表

路径			估计系数	标准差	C. R. 值	P 值
公共数字文化集体参与	←	是否加入村微信群或公众号	0. 128	0. 061	2. 092	0. 036
公共数字文化集体参与	←	村庄 4G 网络条件	0. 16	0. 035	4. 591	* * *
感知有用	←	家庭电子设备丰富性	0. 039	0. 124	0. 314	0. 753
感知有用	←	数字化平台应用频率	0. 123	0. 026	4. 714	* * *
感知有用	←	村庄 4G 网络条件	0. 074	0. 033	2. 216	0. 027
感知有用	←	是否加入村微信群或公众号	0. 156	0. 058	2. 671	0. 008
y	←	家庭电子设备丰富性	0. 121	0. 013	9. 56	* * *
y	←	公共数字文化个体参与	0. 037	0. 006	6. 011	* * *
y	←	村内公共数字文化设施	0. 037	0. 007	4. 939	* * *
y	←	公共数字文化集体参与	0. 027	0. 004	7. 227	* * *
y	←	感知有用	0. 018	0. 004	4. 678	* * *
y	←	数字化平台应用频率	0. 005	0. 003	1. 967	0. 049
y	←	是否加入村微信群或公众号	0. 013	0. 006	2. 054	0. 04
y	←	村庄 4G 网络条件	0. 028	0. 003	8. 507	* * *

注：＊＊＊代表 P 值小于 0. 001。

（四）结论与启示

基本公共服务“可及性”是指乡村居民实现公共服务最基本需求的难易程度或便利程度，服务是否方便可及、群众获得感是否增强已成为衡量基本公共服务均等化的主要价值取向。党的十九届四中全会明确提出“让广大人民群众享有公平可及的公共服务”，公共文化服务作为基本公共服务的重要内容，增强其可及性已成为完善乡村公共服务体系的重要抓手。近年来，为实现面向普遍均等的公共文化服务可及性目标，国家加快全国文化信息资源共享工程、数字图书馆推广工程、公共电子阅览室建设计划等公共数字文化工程建设，旨在通过数字化平台建设实现公共文化资源共享。文化上海云、杭州智慧文化服务平台、北京“文化朝阳”云平台、天津滨海区“文化随行”、文化东营云等公共文化数字化平台的实践表明，数字化有益于提升服务效能、增强城乡居民公共文化服务的可及性。为进一步揭示数字化促进乡村公共文化服务可及性的直接影响与间接影响，本书综合采用多元回归模型与 SEM 模型，分析了数字化促进北京乡村公共文化服务可及性的影响及作用机制。研究结论表明，数字化基础、数字化应用与数字化环境有助于提高乡村公共文化服务可及性。数字化基础、数字化应用与数字化环境通过促进村民公共数字文化集体参与与个体参与积极性、乡村公共数字文化设施建设，以及村民感知有用性等途径提高了乡村公共文化服务可及性。由此，得出以下政策启示：

（1）补齐农村地区尤其是偏远山区数字化基础设施短板。全面落实网络“提速降费”政策，通过降低资费门槛，让互联网覆盖更多农民群众，确保农村居民“用得起网”“用得上网”与村庄“网速稳定”、4G网络普遍覆盖，积极打造人人享有、人人参与的移动互联普惠时代。加快推动公共数字文化工程向农村延伸，构建全覆盖的农村基层文化服务网络，以数字化促进基本公共文化服务均等化，切实解决农村居民“信息贫困”问题（肖希明、完颜邓邓，2016；倪佳，2017）。

（2）充分发挥农民主体地位，积极打造农民急需的文化信息资源共享平台。积极发挥数字化平台在信息共享与信息动员中的效用，加大云计算、大数据、人工智能、融媒体等数字化科技与公共文化服务的融合，积极搭建以农民需求为导向，基于宽带互联网、移动互联网、数字电视网的公共数字文化资源共享平台，推出统一的基层服务界面，为农民群众提供一站式、集成式的公共数字文化服务，让农村居民更加便捷、智能、公平、普惠地获得基本公共文化服务（邸焕双、王玉英，2019）。建立政府、农民、社会三方信息沟通与共享机制，建立以党建为引领，以移动互联网为载体的村民互动交流平台，为村民、农民工提供政策表达、文化诉求、信息共享、网络监督、学习交流等渠道，通过数据挖掘努力提高乡村公共文化资源内容的针对性、适用性和吸引力，据此提升村民参与度和认同感，促进形成多主体参与的公共文化数据治理平台。

（3）加大公共数字文化服务宣传力度，提升农村居民数字化意识。公共数字文化服务工程的建设，缓解了物理空间距离带来的公共文化服务可及性低问题，有效解决了公共文化服务“最后一公里”问题，提升了农村居民的获得感、服务体验和满意度。但目前，由于公共数字文化服务宣传推广活动不多，仍有部分村民对公共数字文化服务的知晓度、参与度不高，乡镇、村基层服务点的公共文化数字化服务应用水平有待提升。北京调查样本发现，仅四成村民未关注过公共数字文化服务平台。建议加快整合现有的宣传渠道，推出统一的基层公共数字文化工程网站和微信公众号，采取积分打榜、刷墙广告、县长直播等农民喜闻乐见的方式广泛开展农村公共数字文化服务宣传推广活动，提高公共数字文化知晓度和群众参与度。

（4）加大中央和地方财政“三农”投入力度，切实提高农村居民收入。乡村公共服务体系建设的出发点与落脚点在于增强农民群众的获得感、幸福感与安全感，模型回归结果表明，收入水平对于居民可及性具有显著正向影响。“十四五”时期是全面建成小康社会向基本实现社会主义现代化迈进的关键时期，相关部门应重点关注相对贫困带来的文化差异，通过加大力度培育村集体经济、发展特色优势、推进农村产业融合、增强农民务工技能与专业技能、拓展基本公共服务等途径，进一步拓宽农民增收路径，夯实乡村公共文化服务可及性的经济基础。

第四节　乡村公共数字文化服务采纳意愿分析

积极利用大数据、移动互联网等数字化手段创新公共文化服务模式，对实现面向普遍均等的北京市公共文化服务可及性具有良好的推动作用。随着城乡居民不断迈入移动互联时代，移动阅读、数字文化、移动图书馆、移动博物馆等已成为城乡居民参与公共文化的主要形式。与此同时，为顺应移动互联网等现代科技发展趋势，国家也加大力度开展公共数字文化工程建设，先后出台了《关于进一步加强公共数字文化建设的指导意见》《文化和旅游部信息化发展纲要》《“十三五”时期公共数字文化建设规划》《公共数字文化工程融合创新发展实施方案》等文件，旨在通过创新公共数字文化服务业态，为乡镇、村基层服务点提供智能化文化服务应用，提升乡村公共文化服务效能。然而，受城乡数字化建设的不平衡以及村民传统文化生活习惯影响，公共数字文化服务在北京乡村的推广仍有一定难度。调查数据显示，88%的受访村民所在的行政村有公共数字文化服务设施，65%的受访村民了解公共数字文化服务，但仍有20%的受访村民未参与过任何公共数字文化活动。随着大数据、移动互联网、区块链等数字科技的发展，如何让村民拥抱数字化，推进形成“想参与、要参与、能参与”公共数字文化格局，确保农民群众共享数字文化发展成果，急需对村民公共数字文化服务采纳行为进行分析，通过识别关键影响因素，提出推进乡村公共数字文化服务体系建设的建议。

一、研究模型构建

（一）研究模型确定

信息生态由西方学者 Horton 于 20 世纪 80 年代提出，他认为信息生态是生态视角下信息在组织内流动所产生的关系。我国学者在 20 世纪 90 年代开始研究信息生态，大多围绕信息、信息环境、信息技术与信息人 4 个要素展开，其中信息人是核心因素，信息技术是主要手段，信息环境是重要条件，三者相互关联、不可分割。由此可知，信息生态是解释用户使用某项数字技术产品行为意愿的关键影响因素。立足信息生态视角，本书构建农村居民采纳公共数字文化服务产品的影响因素结构方程模型（见图 5-15）。

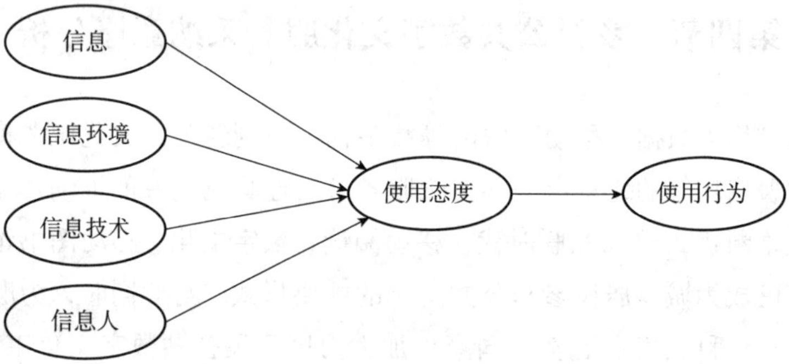

图 5-15　乡村公共数字文化服务采纳模型

（二）研究假设的提出

信息技术是指使用某项信息技术或产品所具备的技术条件，本书特指乡村居民使用的公共数字文化技术产品（如数字图书馆、数字博物馆、数字文化馆、文化云平台、数字阅读小程序等）具备的基础条件。本书主要采用用户感知的网络基础设施满足性、数字化终端设备的可获得性、技术指导的可及性等问项衡量。

信息人是指使用信息技术产品的用户，这里特指乡村居民。乡村居民采纳公共数字文化产品大多受其个人偏好、使用习惯等自身因素影响。因此，这里主要采用村民公共数字文化产品使用习惯、村民公共数字文化产品使用经验，以及 TAM 模型中的感知行为控制、感知有用性、感知易用性等问项衡量。

信息环境在这里特指人际影响因素，即消费者在使用移动支付过程中或者在决策时所面临的社会影响。这里主要采用用户周边社群关系、本村领导引领力以及亲朋好友影响等问项衡量。

信息主要指通过公共数字文化产品获取的信息资源的有效性、可靠性、准确性、丰富性等。

（三）结构方程模型设计

鉴于采纳模型中的核心变量均为主观感知、态度、意愿以及计划行为的潜变量，本书引入结构方程模型，对系列潜变量采用多个问题测量方式进行表征。

（1）结构方程：

$$\eta = B\eta + \Gamma\xi + \zeta$$

（2）测量方程：

$$y = \Lambda_y \eta + \varepsilon$$

$$x = \Lambda_x \xi + \delta$$

其中，η 为内生潜变量，即文中所述“使用态度”“使用行为”等潜变量；ξ 表示外生潜变量，即文中所述“信息”“信息人”“信息环境”“信息技术”等潜变量；B 表示内生潜变量之间的关系，如“使用态度”与“使用行为”之间的关系；Γ 表示外生潜变量对内生潜变量的影响，即“信息”“信息人”“信息环境”“信息技术”等因素对“使用态度”与“使用行为”的影响；ζ 表示模型中未能解释的部分。

二、研究设计

（一）研究对象

根据 2011 年《关于进一步加强公共数字文化建设的指导意见》，公共数字文化建设作为公共文化服务体系建设的重要组成部分，具有辐射面广、传播速度快、资源广泛共享等特点，对于补齐公共文化服务短板、构建社会主义核心价值观具有重要意义。随着大数据、移动互联网等现代科技的发展，公共数字文化服务已成为推动公共文化广覆盖、高效能、促公平的重要手段。文化是乡村的灵魂，文化兴则乡村兴，提升广大乡村居民公共数字文化服务使用率对于健全公共数字文化服务体系具有重要作用。因此，本书选择公共数字文化服务乡村居民采纳行为作为研究对象。其中，根据 2019 年《公共数字文化工程融合创新发展实施方案》，目前我国开展的公共数字工程包括全国文化信息资源共享工程、数字图书馆推广工程、公共电子阅览室建设计划等，考虑到北京市目前正在推进数字博物馆、数字文化馆，本书所考察的公共数字文化服务包括文化信息资源共享工程、数字图书馆推广工程、公共电子阅览室建设计划等公共数字文化工程提供的服务，以及数字博物馆、数字文化馆等公共数字文化服务形态。

（二）问卷设计

调查问卷题项包括三部分内容：一是人口统计学变量的基本情况，包括村民的年龄、性别、收入、学历、职业、户籍、家庭电子设备拥有量、公共数字文化服务平台知晓性等 8 个问项；二是村庄环境特征变量，包括村庄与县城距离、是否美丽乡村 2 个问项；三是村民关于公共数字文化服务的“使用态度”“使用意愿”“信息”“信息人”“信息环境”“信息技术”等方面的主要结构变量的 26 个测度项（见表 5-10）。其中，结构变量的测度项采用李克特 5 级量表，即调查时受访者针对每个测度项按照是否同意该说法的程度在 1~5 中选择一个整数回答，回答“1”表示“非常不同意”，回答“5”表示“非常同意”。

表 5-10　变量操作化定义与测量题项来源

变量名称	测量题项	题项内容
信息	IT1	我认为公共数字文化服务产品获取的信息资源非常全面
	IT2	我认为公共数字文化服务产品获取的信息资源非常及时
	IT3	我认为公共数字文化服务产品获取的信息资源非常准确
信息人	IU1	学习使用公共数字文化平台获取资源对我来说很容易
	IU2	我认为使用公共数字文化服务产品能满足我的需求
	IU3	我认为公共数字文化服务产品操作方式简单、易学
	IU4	我有使用公共数字文化平台办理查询、预约等的习惯
信息环境	IE1	周边的人都在积极参与公共数字文化活动
	IE2	村内领导干部时常宣传公共数字文化服务
	IE3	我的亲戚朋友都推荐我使用公共数字文化服务
信息技术	FC1	我拥有使用公共数字文化服务平台的数字化设备
	FC2	网络条件能够满足我使用公共数字文化服务平台的需求
	FC3	我能获得有关公共数字文化服务平台使用的专门指导

续表

变量名称	测量题项	题项内容
使用态度	AT1	我认为使用公共数字文化服务专业 App 或平台很有必要
	AT2	我认为使用网络获取公共文化服务资源是大势所趋
	AT3	我对我所使用过的公共数字文化服务平台评价很高
使用意愿	BI1	我未来会继续使用网络、手机获取公共文化服务资源
	BI2	有好的读书 App 或者微信公众号，我会推荐亲朋好友使用
	BI3	我愿意使用一站式公共数字文化平台

（三）数据来源

本书数据主要来源于笔者委托专业调查机构 2020 年 4 月在北京郊区对农村居民开展的问卷调查，按照居住在北京 13 个郊区的居民、每个郊区收集 50 份 18 岁以上村民样本的甄别条件，共回收有效问卷 650 份。样本具有一定的代表性。

三、数据分析结果

（一）量表信度与效度分析

本书采用验证性因子分析法对 26 个量表问项进行信度与效度检验（见表 5-11、表 5-12）。其中问卷总体的 Cronbach's α 为 0.848，各维度 Cronbach's α 均在 0.6 以上，组合信度均在 0.7 以上，这表明总体上量表具有较高的信度。从效度分析看，巴特利特球形检验结果显示，KMO 值为 0.912，大于推荐的临界值 0.80，各维度的 AVE 均大于 0.5，这表明，量表具有较好的收敛效度和判别效度。

表 5-11　测量变量的信度与效度分析结果

变量名称	Cronbach's α	组合信度	AVE
信息	0.719	0.778	0.503
信息人	0.729	0.847	0.649
信息环境	0.682	0.826	0.616
信息技术	0.622	0.720	0.501
使用态度	0.620	0.798	0.569
使用意愿	0.670	0.802	0.503
总量表	0.848		

表 5-12　测量变量的相关系数表

	信息人	信息技术	信息环境	信息	使用态度	使用意愿
信息人	1					
信息技术	0.6	1				
信息环境	0.489	0.162	1			
信息	0.676	0.699	0.631	1		
使用态度	0.978	0.611	0.64	0.789	1	
使用意愿	0.819	0.945	0.376	0.81	0.836	1

（二）模型适配度分析

通过对模型的多轮校准，最后得出模型路径系数（见图 5-16），模型适配度指标检验结果见表 5-13。从指标结果看，均符合模型适配临界值要求。由此可见，模型适配度结果较好。

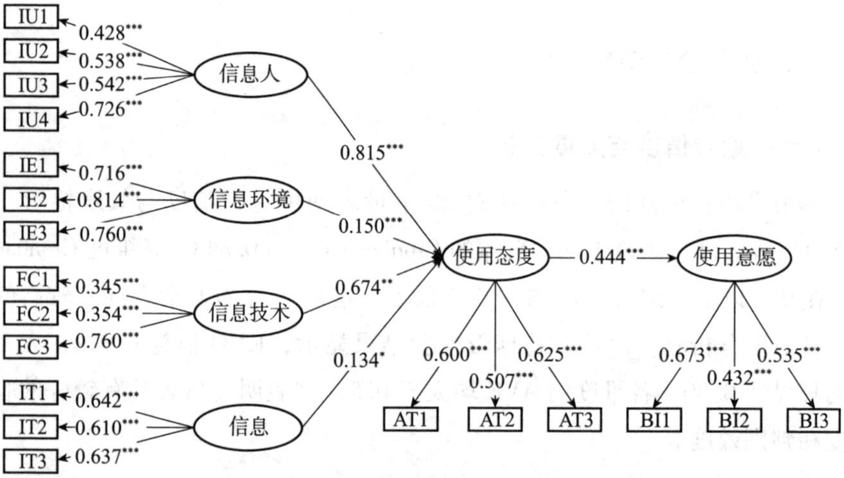

图 5-16　乡村公共数字文化服务采纳模型

注：*、**、***分别代表 P 值小于 0.05，0.01，0.001。

表 5-13　模型适配度指标检验结果

CMIN/DF	RMR	RMSEA	GFI	AGFI	NFI	IFI	CFI
1.307	0.02	0.022	0.973	0.956	0.953	0.989	0.988

四、结论与政策启示

（一）模型结论

（1）使用态度在村民公共数字文化服务使用意愿中具有中介效应。从信息生态的整体视角来看，村民公共数字文化服务的使用态度越是正向、积极，越会影响村民当前或今后对公共数字文化服务产品的接受与使用，而村民的使用态度是信息、信息人、信息技术和信息环境等因素共同作用下的结果。即信息、信息人、信息技术和信息环境等信息生态因素通过影响村民公共数字文化服务的使用态度，而正向影响其使用意愿，这与TAM模型、UTAUT模型的结论以及前人关于数字技术产品使用行为的诸多研究结论相同。

（2）信息人是影响村民公共数字文化服务使用态度最为重要的因素，影响系数为0.815。从信息人因素看，村民自身的信息素养、信息能力等直接影响其使用态度。作为信息人的农村居民，对公共数字文化服务持积极态度的内在动因在于服务产品本身的适配性与村民的经验习惯，而公共数字文化服务产品的有用性与易用性是产品适配性的最重要原因，而农村公共数字文化服务用户黏性取决于村民对公共数字文化服务或产品的依赖和习惯，因此对于有一定使用经验的村民来说，他们对公共数字文化产品一般持有积极的使用态度。为此，通过提升公共数字文化服务产品的有用性、易用性，以及深度洞察村民的行为习惯，是农村公共数字文化服务增强用户黏性的一种方法。

（3）信息技术对村民公共数字文化服务使用态度有正向促进作用，影响系数为0.674。信息技术作为公共数字文化服务产品的基础支撑，其可及性关系到村民对公共数字文化服务产品使用态度的评价。本书中信息技术因子的测量问项主要有数字化设备的可获得性、网络条件与技术指导的可及性，即由这些因素构成的信息技术因子是直接影响村民使用态度的关键因素与动因，通过降低技术设备的门槛，提高村民数字化基础设施水平有助于转变其关于公共数字文化服务产品的使用态度，进而促进其主动接受公共数字文化产品。

（4）信息环境、信息两个因子对村民公共数字文化服务使用态度有一定的影响，影响系数分别为0.150、0.134。模型结果表明，相对信息人、信息技术两个信息生态因素而言，信息环境、信息两个因子对村民公共数字文化服务或产品使用态度的影响程度较小，但均通过了统计检验。这两个因子分别衡量了农村居民所在的信息环境以及公共数字文化服务产品的信息资源质量，这表明：村民所处的信息技术应用环境越好，公共数字文化服务或产品提供的信息资源的丰富性、及时性、准确性越高，越能增强村民对公共数字文化服务或产品的使用态度，进而增强其使用意愿。

（二）政策启示

本书聚焦于公共数字文化服务的村民使用意愿，基于信息生态视域分析了其影响因素及其内部作用机制。根据研究结果可对公共数字文化服务供给者提出以下参考意见和建议。

（1）在乡村公共数字文化服务产品设计与开发中，要突出农民主体。目前，我国正加大力度推动以国家公共文化云等平台为核心的公共数字文化工程融合，积极推动国家云和地方云、地方云和当地智慧城市平台的对接。农村居民作为公共数字文化服务的主要受众，加快推动其更好地参与公共数字文化，更好地享有高质量的公共文化服务，以此增强其文化自信，需突出农民主体地位，注重开发以应用为导向的服务产品，即在充分考虑技术产品的有用性与易用性的同时，需要借力用户行为大数据挖掘等手段，对农村居民进行分类管理，多渠道提升服务内容的丰富性、及时性与精准性。

（2）在乡村公共数字文化服务普及中，要多举措提升村民数字化基础设施与能力。数据显示，由数字化设备可及性、网络条件满足性、数字技术服务可及性构成的信息技术因子，对增强村民公共数字文化服务使用态度有正向促进作用。针对此，一方面，要围绕农民富裕富足目标，通过政府扶持、产业培育、劳动转移等方式，千方百计地通过提高村民收入来提升其数字化技术产品的可及性；另一方面，建议政府部门加强与网络运营商、数字化终端设备开发商合作，通过提速降费、技术更新等方式降低公共数字文化服务供给载体的购买成本，让村民用得起、用得上乡村公共数字文化服务技术产品。

（3）在乡村公共数字文化服务推广中，要积极营造良好的信息环境氛围。建议产品推广者或基层文化服务队伍，积极加强村民信息素养的培养。同时，充分发挥社交媒体的参照群体效应，引导渴望了解、乐于尝试新鲜事物、具有创新意识的乡村居民主动成为公共数字文化服务产品的意见领袖，以此对公共数字文化服务进行二次推广，形成群体参与。此外，还可通过积分制的治理方式鼓励农村居民积极参与公共数字文化，从而进一步激发和刺激潜在村民的使用意愿和已有村民的持续使用意愿。

第五节　北京乡村公共文化数字化典型案例分析

作为全国文化中心以及公共文化服务体系示范区，北京市近年来顺应数字化技术，加快推动城市“三馆”数字化建设以及公共文化资源的整合，形成了以海淀区公共文化服务数字平台、怀柔区口头村数字村史馆、通州区智慧广电等可复制、可推广的乡村公共文化数字化建设模式。

一、海淀区公共文化服务数字平台

（一）基本情况

2017 年 8 月 18 日，“文化@ 海淀”——海淀公共文化服务数字平台正式上线，实现了用手机端获取文化信息、随处可得文化产品的文化发展目标。这是北京海淀区实现文化和科技融合的一个缩影，也是公共文化数字化的具体体现。海淀公共文化数字平台隶属海淀区文化委员会，涵盖了海淀区各文化单位，包含海淀区文化馆、海淀区图书馆、北部文化中心文化馆、海淀区图书馆（北馆）、海淀区博物馆以及 29 个街镇的文化活动、文化设施等信息，用户可以通过海淀公共文化服务数字平台免费在线阅读各类书籍、观看各种大型文艺演出，还可以参与在线培训、文化讲堂等活动。

（二）主要做法

一是聚焦文化科技融合，打造公共文化数字化服务品牌。“文化@ 海淀”一站式综合公共文化服务数字平台横向整合区旅游、体育、教育等资源，纵向对接国家文化云，实现“大文化”资源共享。建立了基于大数据分析的公共文化效能监控机制，形成了效能积分排行榜周报制度。平台推动了公共文化服务方式和管理方式的全面转型升级，同时也将成为多元社会主体参与公共文化服务的重要平台。

二是利用信息技术手段满足公众新时期的文化需求。海淀公共文化服务数字平台从群众公共文化服务需求出发，运用 VR（虚拟现实）、AR（增强现实）、LBS（基于位置的服务）、网络直播、移动互联、智能感知等信息技术，汇聚整合了文化活动、文化设施、文化遗产、文艺演出、图书期刊等公共文化资源，推出了活动报名、场馆预约、活动直播、文化讲堂、文化地图、文化日历、资讯订阅、个性推送等功能，为区域百姓提供菜单式、订单式、一站式的公共文化服务。公众可以通过访问“文化@海淀”PC端网站（http：//www.hdggwh.com/）、关注海淀公共文化微信公众号（hdggwh）或者下载安装App（海淀公共文化）随时随地获得公益、均等、便捷的公共文化服务。

三是利用大数据优化公共文化服务模式。海淀公共文化服务数字平台运营3年来积累了丰富的数据资源，通过大数据分析，管理者可以从后台了解到基层公共文化服务活动中哪些资源使用频率高，哪些资源处于持续休眠的状态，不仅没有为群众提供服务，还浪费了资源。平台数据帮助海淀文化委员会充分优化文化服务软硬件资源，为海淀普通群众打造了一个在有限空间内能够享受多元文化服务的空间，更好地达到文化的互动传播、教育和创新的效果。

二、怀柔区口头村数字村史馆

（一）基本情况

怀柔口头村地处京北燕山山脉，三面环山，一面环水，山清水秀，环境优美。村辖域面积5.95平方千米，全村共有472户、1300多人，人口密集，交通便利。

（二）主要做法

一是进行乡村环境改造建设。口头村位于慕田峪旅游风景线上，可以开发乡村旅游资源，发展旅游产业；口头村大力发展以旅游业为主导的第三产业，以圣泉山风景区旅游及其配套产业开发为重点，形成了“景区+民宿街区+景观农业”的旅游度假产业格局，并以生态环境带动产业、服务科学城建设的新型模式，推进美丽乡村建设。

二是建设实体公共文化平台。梳理本村发展历史，建设数字村史馆，在村史馆中配备了VR虚拟骑行平台；通过把握圣泉山景区的良好优势，通过土地流转，建设“圣泉山花海”“景观稻田”“古槐巷”江南水街，形成了口头村公共文化的载体。

三是自建数字化公共文化传播平台。口头村开设了“魅力口头村”微信公众号，用来宣传口头村的美丽乡村建设情况；通过VR虚拟骑行设备，游客可以不移动身体游遍圣泉山。

三、通州区智慧广电——“歌华生活圈”

（一）基本情况

通州区深入贯彻《智慧北京行动纲要》《北京市智慧乡村建设指南》《关于印发〈北京智慧社区建设指导标准〉的通知》等文件中关于智慧乡村建设的重要精神，2017年以来，在通州区农业农村局的指导下，歌华有线通州分公司围绕北京市智慧城市、智慧社区建设，结合城乡建设的需要，推出“歌华生活圈”电视云服务，目前已经为通州区宋庄镇小堡村、西赵村，西集镇大沙务村、大灰店村，于家务乡仇庄村，张家湾镇皇木厂村，潞城镇肖庄村共7个村开通了村级电视生活圈。

（二）主要做法

一是契合群众需求，搭建政府公共服务传播平台。歌华有线推出的“歌华生活圈”电视云平台，为各级政府提供了一个面向本地家庭的公共服务快捷传播渠道，政府部门可以根据用户的实际需求，按照群众所在的位置（区、街道/乡镇、社区/村）提供个性化的服务。相关服务紧贴辖区居民生活，具备属地化特色，涵盖政务信息、公共服务、居家养老、健康医疗、治安群防群治、一刻钟服务圈、社区文娱活动等政府公共服务，满足人民群众对美好生活新的需求。

二是依托大众化服务终端，提供智慧社区公共服务。“歌华生活圈”实现了公共服务面向普通用户的广泛覆盖。依托有线电视这一家庭普遍拥有的服务终端，用户只需购买一张卡，插到自家电视的机顶盒上就可以接收到服务，无须投入硬件建设和用户终端采购资金，平台为社区居民提供“吃饭、住宿、游玩、购物、娱乐、健身”等生活信息服务内容，作为面向辖区居民的服务指导和活动展示窗口，老百姓只需轻按遥控器，就能在电视上方便快捷地查询。

三是信息发布安全，具备数据分析功能。基于歌华有线电视云平台计算、存储服务端资源和高清交互数字电视用户服务端资源，平台集合了新闻资讯、生活服务、医疗社保等百姓关心的话题，成为老百姓用得放心、用得舒心的平台。①信息发布安全。歌华专线网络传输保障数据的安全与畅通，基于用户智能卡ID的用户鉴权机制，确保信息准确定向发布。②具备数据分析功能。通过管理系统管理者可对信息服务使用数据进行统计、查询，反馈用户使用意见和公共服务实施效果。

四、房山区公共文化数字化平台

（一）基本情况

为推进公共文化服务三级网络建设，房山区把数字化建设作为重要抓手。2016年，该区投入830万元，在区文化活动中心建成了集服务平台、管理平台、大数据分析平台于一体的公共文化数字平台，为数字化资源的贯通铺平了道路。同时，启动了28个街乡电子阅览室建设工程，实现了电子阅览室在全区28个街乡全覆盖。2017年，该区启动了28个街道、乡镇图书室建设工程，投资680万元，补充图书藏量8.4万册。此外，还为28个街道、乡镇图书室配备了电子读报机、电子图书借阅机，实现了与区文化活动中心电子图书资源互联互通。2018年，该区还启动了500个村级电子阅览室建设工程，以及100个村的标准图书室建设工程，基本建成了区—镇（街、乡）—村三级公共数字文化服务网络。

（二）主要做法

一是文化馆总馆—分馆—基层服务点分层管理。通过整合现有公共文化资源，建立统一的公共文化资源物联网，不断完善公共图书、公益活动、公益演出和公益电影的配送体系；逐步将各分馆、基层服务点纳入市、区公共文化、图书馆计算机信息服务网，实现文化产品共建共享，公共图书通借通还。

二是图书“一卡通”全覆盖。通过在韩村河镇、阎村镇、城关街道等乡镇（街道）图书分馆开展“一卡通”业务试点，扩大图书“一卡通”覆盖范围。截至2020年10月底，房山全区所有乡镇（街道）已全部完成图书分馆建设任务，并实现图书“一卡通”全覆盖，可与首都图书馆及全市16个区的所有图书馆实现通借通还。

三是村级电子阅览室建设。房山区将村级电子阅览室建设作为创建首都公共文化示范区项目内容，2018年启动村级电子阅览室建设工程。投入863.8万元，建成500个村级电子阅览室，截至2019年建成401个。通过村级电子阅览室建设，进一步建立健全了布局合理、功能完善的公共文化服务体系，发挥了公共电子阅览室在群众文化活动和精神文明建设中的重要阵地作用，从而适应信息化、数字化、网络化的发展要求，提高了乡村公共文化服务能力，推动形成了覆盖城乡的公共文化服务体系。

五、“乡慧”微信平台

（一）基本情况

2012 年，北京市发布《智慧北京行动纲要》，指出智慧北京是首都信息化发展的新形态，是未来十年本市信息化发展的主题。2015 年开始，北京市 13 个区启动智慧乡村建设，随着各区建设的深入推进，智慧乡村建设成果、经验模式的总结宣传需求与日俱增；与此同时，新媒体越来越受到网民的关注与喜爱，成为不容忽视的宣传渠道。为了有效地利用新媒体宣传北京智慧乡村建设成果，2015 年 8 月，北京市城乡经济信息中心开通了官方微信公众号“乡慧”，并于 10 月 10 日正式上线。近年来，“乡慧”微信平台作为宣传北京智慧乡村的重要载体，积极传递正能量，在首都乡村文化传播方面也取得较好成效。

（二）主要做法

一是乡村文化资源整合。立足服务号特色，“乡慧”公众号有效整合丰富的信息资源，栏目建设标签化、聚合化，并搭载多项服务，丰富多样的功能一“号”汇聚，各式特色服务一“键”直达。公众号设置了“知乡村妙”“慧乡村事”“话乡村游”三大板块。其中“慧乡村事”聚焦智慧乡村与智慧园区，涵盖全景漫游、智慧课堂等特色服务；“话乡村游”面向公众提供知识分享服务，以及面向村民传递“互联网+三农”“数字农业”等新知识、新技术和新政策。此外，适应公众阅读习惯与周末出行需求，按照每月 4 期、每期 3~5 篇、每周四下午群发的规律进行推送。

二是依靠社交媒体呈现乡村文化风貌。传统村落保护、美丽乡村建设、精品民宿打造是北京推进“三农”工作的重要抓手，“乡慧”对相关内容的宣传不遗余力，深入走访，足迹遍布 44 个市级传统村落，感受北京乡村悠久历史、风土人情、传统民居风貌，以一篇篇游记向读者呈现原汁原味的传统村落。

三是积极拥抱直播等新技术开展宣传。在马蜂窝旅游App平台为西柏店村“京秀”西瓜进行直播宣传，直播的2小时内，点赞数达到4万余次，实时观看热度排名全站第四。为炭厂村神泉峡景区开展旅游推介，新浪“一直播”平台最高在线观看人数达到了7.5万人，累计观看人数达到103.4万人。接受百旺创新种植专业合作社和聚隆农业农民专业合作社联合社等园区邀请，实地走访，定制软文宣传担礼咯吱、香椿和沙古堆大樱桃等名优特产品，吸引更多人关注和购买。此外，对于西柏店村食用菊花、四渡河村油栗、涧沟村高山玫瑰和樱桃、黄山店坡峰岭景区等进行长期跟踪宣传，助力产业发展和农民增收。

六、昌平区融媒体中心

（一）基本情况

中心自2017年在全市率先启动了区级融媒体改革，以“系统集成、形成合力”为基础、“聚焦主责、有效引导”为根本，以“拓展功能、延伸价值”为关键，用实践和思考走出了一条具有昌平特色的融媒体中心发展之路。中心积极推动全员转型移动端，以“北京昌平”App为主平台，广播、电视、报纸、新媒体、运营资源为支撑，打造“一主五辅”的全媒体布局。

（二）主要做法

一是聚焦重点宣传保障，持续增强舆论引导能力。新冠肺炎疫情暴发后，中心准确把握舆论引导重点，先后推出抗疫宣传、复工复产、脱贫攻坚等多个系列产品，总阅读（浏览）量超过了5亿次。其中，1000万+有10个，100万+有79个，10万+有405个。

二是深化“三个中心”融合，助推媒体功能转型。在发挥宣传舆论引导作用的同时，中心借力新时代文明实践中心、区级融媒体中心和政务服务中心“三个中心”的融会贯通，加快整合区域资讯、政务、问政、生活服务等资源，逐步构建了较为完善的综合服务体系。整合全区行政企事业单位入驻“昌平号”，推出政务生产信息；上线“全民开播”，加强活动组织和议题设置，探索面向群众开放内容生产，实现了多元内容生产聚合；通过北京昌平App问政板块，随时随地接受群众对政府工作的报料，对接12345接诉即办机制，高效解决问题。截至2020年9月，“北京昌平”App下载量已经超过 100 万次，日活量超过 7 万。平台年均发布量超 25000 条，话题互动量超 3000 万。

三是持续强化技术支撑，打造融媒体智慧平台。按照县级融媒体中心建设规范相关标准要求，中心持续强化技术支撑，截至目前，已启动了移动采编联动平台、可视化监测指挥系统以及“北京昌平”手机 App 一二期三个大项目。2020 年还将继续推进融媒体平台建设，重点推进“中央厨房大数据可视化展示、融媒体汇聚平台建设、网络安全等保三级（V2.0）”上线。

七、经验总结

（1）推进公共文化资源整合。利用数字化技术推动乡村转变公共文化服务模式与发展形式，实现数字化与公共文化建设的深度融合。

（2）建设数字化基础设施，实现资源数字化。以数字化为核心的新型数字基础设施，能促进乡村公共文化基础设施的改造与更新，支撑新型服务业和新型乡村建设。

（3）注重文旅产业数字化。以三维可视化技术、虚拟现实技术、数据库技术、数据挖掘和数据融合技术、宽带网络技术、通信技术（如 3G）、云计算技术等作为支撑，实现乡村旅游的数字化发展与转型升级。

第六节　推进北京乡村公共文化数字化的实施路径

乡村振兴，文化振兴是保障。党的十八大以来，习近平总书记对新时代中国特色社会主义文化建设做出了系列重要论述，为推进乡村文化振兴指明了方向、提供了基本遵循。2019 年《数字乡村发展战略纲要》提出将加强农村网络文化阵地建设作为十项重点任务之一；2020 年国家数字乡村试点明确将文化服务信息化列为完善“三农”信息服务体系的重要内容，提出“依托信息化推动基本公共服务向农村下沉，推进文化服务信息化”。因此，推进乡村公共文化数字化建设已成为建设数字乡村、推动乡村振兴的重要内容。针对乡村公共文化资源错配、文化服务针对性不强、农民群众性文化活动不够丰富等问题，亟须充分挖掘数字文化服务发展潜力，加快推进北京乡村公共文化数字化建设，促进乡村公共文化服务的普遍可及。

一、基于数据驱动的乡村公共文化设施共享路径

（一）问题与需求

文化设施是进行文化活动的场所，具有为群众提供阅读、展览、表演等活动空间的功能，文化设施配置的公平性、有效性与合理性影响着公共文化服务效能的发挥。尽管北京财政投入大量资金支持乡村公共文化服务设施建设，各地图书室、老年活动室、体育健身场所等应有尽有，但存在供给充足而不必要问题，设施的投放、维护与村民需求不一致，同时部分村庄人烟稀少以及村落规划的不合理，导致设施供给成本大与资源闲置并重。加快降低公共文化设施供给与配置成本，实现文化设施空间布局的最优化，对于完善首都“以 15 分钟为服务半径”的公共文化设施网络体系具有重要意义。

近年来，大数据和空间计量分析技术的发展，为探析探知人—物—时间—空间的内在联系提供了重要技术手段。目前，基于 POI 数据对城市商业设施进行科学布局，以及基于大数据平台进行文化设施资源利用情况的精准动态分析已得到初步应用。例如，石景山区建设了公共文化服务效能大数据采集分析平台，通过物联网设备，可实时获取各公共文化设施运行开放视频画面及效能数据，及时了解设施的利用情况，以此为后续设施的投放提供参考。农村地区作为公共文化服务设施投放的重要领域，推动实现其资源的有效配置与设施的区域间共享，对于提升村民公共文化服务可及性具有重要作用。由此，亟须发挥大数据在人群活动特征追踪、设施空间配置效率优化等方面的作用，实现数据驱动乡村公共文化设施的精准化布局、设施共建共享、资源按需配置。

（二）发展思路

围绕完善首都“以 15 分钟为服务半径”的公共文化设施网络体系建设目标，结合小数据（调查问卷）和基于位置的兴趣点数据（Point of Interest，POI）、手机轨迹数据、物联网设备、视频监控数据等大数据，通过构建赫夫空间模型，叠加分析乡村居民常用的文化设施的空间分布、服务半径、居住用地、人群活动等，量化评估北京公共文化服务设施的覆盖能力与服务能力，从中识别出服务的薄弱地区与薄弱环节，提出覆盖不同人群的乡村公共文化服务设施精准化布局策略。

（三）建设路径

第一，建立北京乡村文化设施大数据平台。积极利用百度地图、高德地图等地图软件抓取北京现有的乡村公共文化设施 POI 数据，同时积极利用手机轨迹大数据获得农民群众文化活动数据，结合物联网、视频监控等实时数据，汇聚形成北京乡村文化设施大数据，运用 5G、区块链、大数据、云计算、物联网等新技术，按照“物理分散、逻辑集中”原则，建设首都乡村文化设施大数据平台，为后续文化设施规划布局提供数据分析工具。

第二，建立赫夫空间模型，量化评估乡村文化设施需求。根据后台大数据分析系统实时统计和智能分析各类文化活动的参与人数、人群结构、活动类型和场馆设施的使用效率、服务半径等信息，为公共文化服务绩效评估提供依据，推进公共文化供需匹配。

第三，实施管理策略，考虑设施供给的弹性且注重公共文化服务的普惠性。基于人口、年龄分布大数据进行乡村公共文化设施布设，构筑公共文化设施半小时服务圈。

二、基于资源整合的城乡公共文化信息共享路径

（一）问题与需求

推动优质公共文化资源下沉一直是我国基层公共文化服务体系建设的重点内容，尽管各项公共文化惠民工程的推进，为提升乡村居民公共文化服务可及性提供了重要支撑，然而，公共文化服务供需错配、需求定位存在偏差等问题在基层公共文化服务体系中仍比较普遍，乡村居民日益增长的文化需求难以得到精准匹配。随着公共数字文化工程融合创新力度的加大，城乡公共文化资源加快整合，但仍有上升的空间，如公共数字文化服务用户行为精准识别有待进一步拓展。

（二）发展思路

以推动公共数字文化工程融合为主线，以形成覆盖“三馆一站”的城乡公共文化云平台为内容，加快建设数字图书馆、数字文化馆、数字博物馆，形成跨系统的“文献资源圈”、共享型的“智力资源圈”（人才）、供需对接的“公共服务圈”，让乡村居民获得更加均等、更加普惠、更加便捷的公共文化服务。

（三）建设路径

1. 推动数字公共文化馆（站）建设

全面推广数字图书馆、数字博物馆、数字文化馆“三馆”数字化建设，探索建设“网上美术馆”“网上动漫馆”“网上培训馆”“网上展览馆”“网上非遗馆”“网上创意馆”。对乡镇文化站、村级图书室、农家书屋等设施进行数字化改造，全面建立村级电子阅览室，形成覆盖城乡的公共文化数字服务平台，促进农村居民通过网络共享城市图书馆、博物馆优秀文化资源，为农村居民提供全开放、不打烊、高品质的线上公共数字文化服务，实现足不出户就能在网上看戏剧、看晚会、看动漫、看书、看文物、看展览等基本文化需求。加快推进北京公共文化服务大数据平台建设，形成覆盖公共图书馆、文化馆、博物馆、村史馆、体育馆等公共文化设施的大数据分析平台，逐步实现对线上公共文化资源与线下公共文化活动服务的点击量、访问量、参与度、满意度等进行大数据采集与分析，为城乡居民提供有针对性的乡村公共文化产品、文化活动推介等个性化信息服务，持续提升公共文化服务水平。

2. 推动农村优秀文化资源数字化

统筹推进首都乡村传统民俗、历史人文、民间艺术、非物质文化遗产、传统村落等文化资源普查整合，建立相应的特色专题资源库，与城市文化资源库进行有效整合，建成辐射全市的数字资源共建共享平台。将各类文化资源的存在形式、位置等信息进行“地图式”数字化展示，形成公共文化资源分布“一张图”，集成运用新技术，将已标注和关联的文化数据进行解构，为美丽乡村建设和智慧城市建设提供素材，丰富乡村公共文化服务内容，拓展公共文化服务阵地。推动人工智能、大数据、VR/AR等新一代数字技术与数字文化资源融合，以实景浸入式体验等新型方式进行传播推广，提升农村传统文化传承与发展能力。

3. 打造公共数字文化应用服务平台

以城乡居民文化需求为导向，加快建成了一批具有首都特色的乡村公共数字文化应用服务平台，覆盖Web门户网站、微信公众服务平台、移动App应用、电视云盒、微博、触摸屏阅读等各类媒体应用，使广大农民群众能平等、便捷地使用政府提供的公共数字文化服务。建设城乡统一的文化资讯交流平台，为城乡居民提供不同地域的文化资讯，让其及时掌握首都不同地域、不同城乡的文化动态，方便、丰富城乡居民文化资源共享与沟通交流。

三、基于媒体融合的乡村公共文化生活重塑路径

（一）问题与需求

推动媒体融合向纵深发展、构建立体化传播体系是繁荣文化产业的必由之路。2019 年伊始，县级融媒体中心建设进入爆发期，为打通媒体融合“最后一公里”、促进对农精准传播提供重要支撑，也为丰富乡村居民日常文化生活、提升文化服务产品可及性提供重要途径。近两年，北京市以建设智慧广电为目标，积极把握正确舆论导向，以内容建设为根本，坚持移动优先，在全国率先实现区级融媒体中心全覆盖，成功搭建了北京云融媒体省级技术平台，17 个区级融媒体中心接入，构建了 17+N 的全媒体衔接格局，在舆论引导、信息传递等方面发挥了重要作用。同时，北京市加强关键核心技术攻关，推动 5G、大数据、云计算、区块链等新技术，在媒体融合各流程、各环节综合应用，催生了 5G+8K 等新型文化传播创新。

然而，受传统媒体使用习惯以及新媒体使用技能等问题影响，媒体融合下沉农村还不够，以数字化、智能化终端为代表的新兴媒体在农村应用程度远不及城市，在传播内容上由于本土用户特征挖掘不够导致内容针对性弱、时效性低，同时新兴媒体出现信息爆炸、话题炒作、手机游戏、网红直播等“泛娱乐化”苗头，阻碍了农村青少年群体、老年群体识别与获取文化资讯，甚至造成经济损失、时间虚度、价值扭曲等系列问题。因此，亟须以区级融媒体中心巩固壮大乡村主流媒体思想舆论，加强乡村网络文化思想阵地建设，加快构建基于媒体融合的乡村公共文化服务体系，对乡村居民文化生活进行重塑，提升其文化生活质量。

（二）发展思路

重视全媒体传播在乡村文化振兴中发挥的作用，以推动媒体“流量下沉”为主线，以县级融媒体中心为核心，加快推进数字广播电视户户通和智慧广电建设，初步形成以全程媒体、全息媒体、全员媒体、全效媒体为特征的媒体融合发展格局，向首都基层群众提供用得上、用得起、用得好的公共文化信息服务，培育积极健康、向上向善的乡村网络文化，为乡村振兴创造“民间舆论场”。积极推动人工智能等技术与媒体的融合，通过创新数字内容传播，推广智能推荐、新闻写作、机器视觉等智能应用，提升公共文化信息生

产能力和传播效果。

（三）建设路径

1. 推动智慧广电媒体融合，构建乡村智慧传播体系

继续推进“宽带中国”战略在首都农村地区的深入实施，推动无线宽带网络全域布局，加快推进5G基站建设，提升农村网络覆盖水平。加强智慧广电平台、网络、终端在农村地区的部署和建设，升级改造电视网络，完善地面无线广播电视覆盖，规范互联网视听服务，逐步建成以超高清、云化、IP化、智能化为特征的乡村现代传播体系。

2. 进一步完善区级融媒体中心文化传播功能

适应新时代媒体发展新要求，突出移动优先策略，深化“广电+”服务理念，全面整合区级广播电视台，区级、镇级政府开办的网站、内部报刊、客户端、微信、微博等公共媒体资源。充分发挥县级融媒体中心本土特征优势，积极打造资源通融、内容兼融、宣传互融的新型智慧融合媒体，全面打通县域的“播、视、报、网、端微”等传播资源，探索建立本地化“融媒平台+政务+科技+文化”等服务模式，推动媒体融合向纵深发展。鼓励各区融媒体中心充分利用人工智能、大数据技术，依据农村居民网络文化使用习惯完成用户画像，精准推送节目内容，满足用户个性化需求，增加用户黏性。

3. 创新乡村数字内容生产与传播方式

以反映基层群众心声、提高社会归属感和价值认同感为原则，积极构建图文推送、专题报道、电视消息、短视频播发等公共文化矩阵式传播体系，推动单向传播向多元互动延伸。探索超市式供应、菜单化服务、订单式配送等文化服务新模式，让农村居民根据意愿“选文化”“淘文化”“点文化”，推动公共文化服务实现精准对接。革新数字文化内容生产方式，打造内容选题、素材集成、需求组合、分析预测、创作生产、传播评价、行为分析和用户反馈等全流程智能化闭环生产体系。创新数字内容传播方式，积极利用人工智能、虚拟现实、混合增强等新技术创新文化传播内容形态，通过5G+4K/8K直播等方式进行乡村优秀文化传播，不断增强农村优秀传统文化的宣传、保护与传承能力。

4. 探索乡村文化的“数字创意产品”

积极培育云音乐、数字影视、互动新媒体、移动多媒体等新兴视听行业，

壮大数字娱乐、数字传媒、数字出版、网络文学等行业，提高乡村公共文化服务的可及性和服务效能。将乡村特色文化元素和精神风貌与数字文化产品结合起来，依托游戏、影视、动漫、虚拟现实等新兴载体，构建一套具有当地民俗特色、地域文化特点的乡村数字文化产业，实现乡村优秀传统文化的传承与发展。

5. 加强网络宣传舆论阵地建设

加强网络宣传舆论阵地建设，运用大数据、云计算、人工智能等技术，叠加自媒体、社交媒体等资源，积极跟踪社会焦点、网络热点，加强舆情研判、预判能力，营造面向农村地区的文化思想互动和宣传场景，及时为党和政府发声，弘扬社会主义核心价值观，正面引导社会舆论，增强新闻舆论传播力、引导力、影响力和公信力。

第六章　社会化服务支持北京农业多功能发展研究

第一节　面向多功能的北京农业社会化服务发展现状

一、总体情况

（一）北京农业多功能拓展情况

北京农业多功能是依托首都功能，以市场需求为导向，以现代发展理念为指导，以现代物质装备和科学技术为支撑，以现代产业体系和经营形式为手段，以现代新型农民为主体，集绿色、生态、科技、文化和观光休闲等多种属性于一体的现代化大农业系统（见图6-1）。它包括发展绿色农业，打造优质、绿色、健康农产品，满足人民的消费需求；发展生态农业，促进人与自然和谐统一，既增加经济效益，又有效保护生态环境；发展科技农业，辐射和带动全国科技创新，为全国创新发展发挥示范作用，最终形成优良生态、优美景观、优势产业、优质产品……

进入21世纪，互联网、大数据、机械自动化、生物化学等技术发展迅猛，促使农业产业生产、经营、管理等方式发生了较大的转变。北京市设施农业、休闲农业、观光农业、直播农业等产业发展较快，种植结构发生较大转变，现代化都市农业生产、生活、生态等特征日益凸显，北京对农业功能拓展的需求日趋多元化。从国家层面看，在“京津冀协同发展”大背景下，北京市要率先垂范，将自身打造成国家都市农业引领区、现代农业示范区与高效节水农业样板区。从北京市自身看，现阶段在“疏解整治促提升”的时代背景下，传统农业规模持续调减。北京农业既要满足北京市居民消费的农产品实现部分自足，以及市民对优质安全农产品愈来愈旺的需求，还需要满足市民逐渐增强的“养眼、洗肺、休闲”需求；农户需要先进的科技、优良的品种与精良的装备；涉农企业需要农业为自己提供原料、先进的生产技术示范平台、及时优质高效的服务与公平竞争的市场环境；政府需要农业在生态保护、应急保障及治理“城市病”中发挥积极作用。

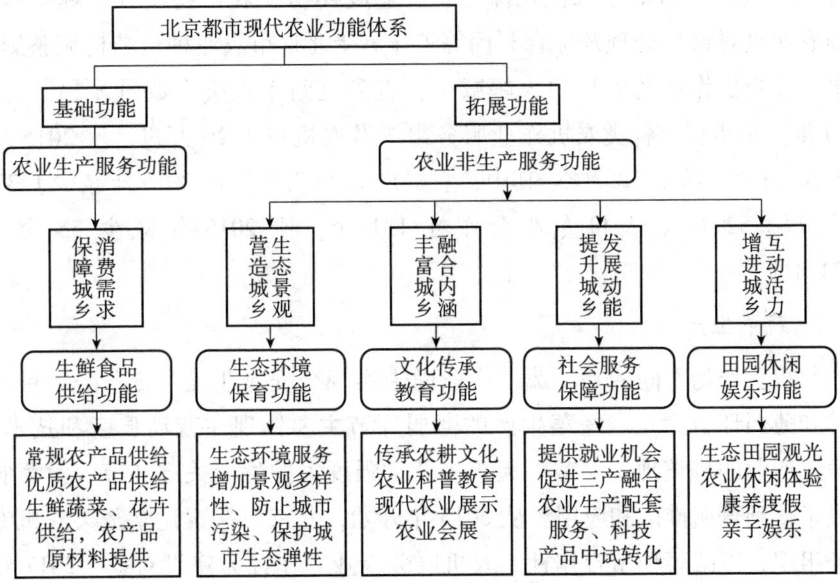

图 6-1　北京都市现代农业功能体系

（二）社会化服务支持北京农业生产功能情况

1. 粮食生产

在“十三五”期间，北京农业产业结构发生重大调整，小麦种业生产、经济作物、鲜食玉米、青饲玉米等，对农机装备和服务产生了新的需求。北京市通过农机购置补贴政策提升重点产业农机配套装备水平。以综合实力较强的农机合作社为对象，开展先进、适用的农机化新技术、新装备示范、推广和应用，先后实施了玉米全程机械化技术应用与示范、小麦机械化节水播种试验、谷子生产全程机械化试验示范、玉米籽粒直收机械化技术试验示范、北斗卫星导航系统农机精确作业统计与调度应用等项目，发挥了农机合作社农机化新技术应用引领和示范作用，使农机合作社成为先进农机化技术示范应用和大田粮食作物全程机械化服务主体。扶持和引导农机合作社创新“全程机械化+综合农事服务”模式，在保持农机作业服务主业的基础上，积极主动向新农村建设和农民生活改善等方面拓展和融合，开展生产资料供应、农机技术培训、农机维修以及为低收入户提供公益性农机服务等。

粮食作物基本实现了全程社会化服务。以农机专业合作社为主的社会化服务组织，在本市作业服务面积达到85万亩，覆盖率达到70%。农机社会化服务组织承担了如土壤机械化深松、农业废弃物（农作物秸秆、林果残枝、设施农业废弃物）处理及综合利用等工作。受北京市农业种植结构调整影响，从事单项农机作业的农机户大幅减少，直到近两年农机户数量才趋于稳定。2020年，全市拥有各类农机作业服务组织及农机户1.26万户，比2015年减少1.38万户，减幅52.3%；其中，农机户1.23万户，比2015年减少1.37万户，减幅52.7%。农机专业合作社131个，比2015年减少35个，减幅21.1%。

2. 蔬菜生产

与粮食作物不同的是，蔬菜产业尚未实现全程农业社会化服务，目前以关键和薄弱环节为主。蔬菜生产的薄弱环节主要体现在劳动强度和技术上。在蔬菜产业的耕整地、移栽、起垄等劳动强度大的生产关键环节，蔬菜农机化技术得到普遍推广和应用。从2015年开始，北京市探索建立蔬菜农机专业服务组织，以蔬菜种植合作社、农机服务专业合作社为建设对象，2017年和2018年先后开展蔬菜农机专业服务组织名录申报、规范化运行与服务模式示范研究等工作，初步建立了由20家农机合作社和7家蔬菜种植合作社为主体的蔬菜农机专业化作业服务体系，有效提升了蔬菜产业农机专业化服务水平。在产中育苗、病虫害防治、生产质量控制等技术环节上，社会化服务通过对知识和信息的生产、传输和使用，服务科技研发、产品加工、市场营销等农业生产的各个环节，促进都市农业优质高效生产。

3. 畜禽生产

与粮食和蔬菜类似，畜禽的农业社会化服务也面临众多的小农户。北京市中小规模养殖场户在总养殖场数中所占比例较大，为加强面向中小型养殖场户的社会化服务，通过技术培训、入户指导、试验示范等渠道，北京不断创新服务模式，集中优势科技资源，面向中小场户提供畜禽养殖舍内外环境调控、粪污治理与循环利用等环境技术服务。通过畜牧规模化、工厂化养殖，为京内外的原料生产基地提供服务。

（三）社会化服务支持北京农业生活功能情况

1. 农产品质量安全

百姓对农产品供给的最大关切是吃得安全、吃得放心。北京建立和健全了农产品质量安全监管体系、检验检测体系、认证与标准化体系、技术支撑体系、应急处置与重大活动服务保障五大工作体系，实现了农产品生产全流程的质量安全监督管理。截至2019年，北京市建有市级专业质检中心6家，区级综合检测中心13家，镇级农产品质量安全监管站100多家，依托村级全科农技员和村级动物防疫员，实现了监管链条向村级延伸。

2. 为民俗文化创意产业提供知识服务

北京创意农业旨在使农产品满足多样化的消费需求，普通农产品通过独特的加工手段，注入创新元素就会身价倍增。数据科学与农业经济研究所的数据显示，目前北京共有特色农产品52种，包括已成规模的平谷大桃、门头沟京白梨、昌平苹果、房山磨盘柿、怀柔栗子、密云水库鱼、延庆葡萄等具有地方特色的干鲜果品，数量的优势为北京创意农业产品加工提供了广阔的想象空间。

具体来看，为民俗文化创意产业提供知识服务可以分为以下3种类型：①资源利用。将农业或生活的资源，通过创意思维，制作成实用品或工艺品，如门头沟的麦秸画、蝶翅画，大兴的蛋壳画，平谷的桃木工艺品等。②深度加工。通过对农产品用途的深度挖掘，延伸农产品的功能链，赋予其新的创意，如延庆的豆塑画、豆腐火盆锅盛宴、延庆张山营葡萄酒加工，门头沟玫瑰谷玫瑰油精炼等。③文化嫁接，如大兴的"金猪西瓜""水晶西瓜"。

3. 疫情期间担任防疫先锋

在新冠肺炎疫情暴发时，农村地区物资和人员短缺十分严重，道路封堵，农村的生活保障成为难题。关键时刻，农业社会化服务组织作为活跃在农村的有生力量，冲锋在前，在积极保障农业生产服务的同时，发挥了生活保障功能。农业社会化服务主体发挥组织优势，组成多种形式的志愿服务队伍，各尽所能为村民提供日常生活产品。他们在很短时间内完成了角色转换，成为社区防疫突击队，充分发挥农机具轻便、高效的优势，弥补农村防疫设备不足。相比传统的人工消毒，无人机不仅大大提高了工作效率，还可进行全覆盖式、立体式的工作，有效减少了因人工消毒作业产生的人员聚集问题，提高了疫情防控水平。

（四）社会化服务支持北京农业生态功能情况

1. 蔬菜绿色统防统治服务

2018年开始，在顺义、平谷等7个区采取"政府引导、市场运作、双向选择、专业服务”机制，将统防统治与绿色防控相融合，引导蔬菜植保社会化组织开展专业化服务，政府负责相关服务标准制定和监管。示范面积达到2万亩，涉及园区近300家，农户420余户。

2. 农业废弃物综合处理和回收

通过购买企业服务与农业废弃物换购等模式，激励企业、农户积极参与农业生产废弃物资源化处理，初步形成了“大田作物秸秆：就地还田为主，离田应用为辅”“蔬菜废弃物：加工有机肥料，实现产业融合”“畜禽粪污：固液分离收集，还用农田生产”“林果残枝：三级处理模式，促进全量利用”等农业废弃物资源化处理模式。截至2018年底，北京市的秸秆综合利用率已达到98%，养殖粪污治理力度不断加大，畜禽粪便综合利用率达到70%以上。

3. 绿色农资安全供应

围绕农资绿色安全供应，北京市基本建成以供销社系统“首都农资”连锁服务为主，以邮政系统和技术推广站为辅，市、区、镇（乡）村三级互相贯通的农资连锁经营网络。截至2019年底，“首都农资”连锁服务有1家物流配送交易中心，10家分销配送中心，616家基层农资连锁店和直供农业园区。通过“首都农资”连锁质量追溯系统为商品提供质量保证，杜绝假冒伪劣商品进入市场。

二、相关服务主体发展情况

北京培育壮大了公益性农技推广队伍、农民专业合作社、龙头企业、科研教学机构、专业服务组织等公益性和市场化主体，形成了多元主体共同参与的农业社会化服务的新格局，推进了农业科技创新、产业融合发展。

（一）农技推广队伍建设

为提高服务效率，北京市深入贯彻《农业技术推广法》，以基层农技推广体系改革与建设补助项目、阳光工程培训为工作抓手，开展基层农技人员业务培训，健全包村联户、岗位责任、绩效考核、多元化农技推广等工作制度，培育能力较强、帮扶意愿较高、乐于助人的新型农业经营主体带头人、种养大户、乡土专家、低收入农户等农业科技示范主体1280人。打造一批集中展示、试验示范、培训指导等多功能的农业科技服务平台，建设示范基地12个。农业技术推广服务机构和人员变化情况见表6-1。

表 6-1 农业技术推广服务机构和人员变化情况

	市级机构（个）	区级机构（个）	乡镇机构（个）	机构总人数（人）	村级（人）
2008 年	11	88	362	6267	
2019 年	10	84	246	3846	2424
变化情况	-1	-4	116	-2421	2424

注：农业技术推广体系主要指种植、畜牧、兽医、农机、水产等行业性或综合性政府农技推广机构。

资料来源：北京市农业农村局。

（二）农民专业合作社

合作社经营效益与社员联系比较紧密。作为以农户为主体的生产经营性组织，提高社员参与度、提高合作社经营收益、完善利益分享机制是推进合作社主导型农业社会化服务的关键。北京充分发挥农业龙头企业和产业化联合体的优势和作用，完善“农户+合作社”“农户+公司”等利益联结机制，实现小农户和现代农业发展有机衔接。截至 2019 年，全市有农民合作社 7032 家，入社社员 17 万人，分别比 2010 年增加了 2652 家、4.4 万人。

为推进农民专业合作社规范提升，发挥合作社联农带动作用，北京加大了市级以上示范社的培育力度。按照市级示范社标准，进一步强化了对市级示范社的动态监测和运行分析，严格实行优胜劣汰动态管理制度。截至 2019 年，市级示范社达到 207 家，区级示范社达到 410 家。在巩固现有市级示范社的基础上，继续指导培育一批“民主管理好，经营规模大，服务能力强，产品质量优，社会反响好”的市级示范社。北京市实施家庭农场、新型集体林场、农业“好把式”培育计划，开展农民合作社规范提升行动，重视“新农人”培育和扶持，以实行全员注册、加强成员账户管理和提高服务带动能力为抓手，进一步推进农民合作社规范化建设。

根据合作社负责人问卷调查结果，北京市农业合作社发展特征见表 6-2，合作社注册年限、注册资金、净资产、合作社种植规模、入社户数、带动农户数、合作社销售收入、利润总额平均值分别为 9.47 年、274.43 万元、852.64 万元、1138.72 亩、81.11 户、294.65 户、648.52 万元、75.84 万元，其中市级以上示范合作社占总数的 53%，加入联合社的合作社占比为 38.9%。北京市农业合作社平均经营规模较大、实力雄厚，具有跨镇或跨区作业能力的合作社占比达到 31.9%。农业合作社主要由农民或村集体领办，提供服务主要集中于农产品的生产、销售、加工、运输、贮藏及其他相关服务，同时提供农资销售、农村民间工艺及制品、休闲农业和乡村旅游资源的开发经营、农业生产经营有关的技术、信息、设施建设运营等服务。

表 6-2　北京市农业合作社发展特征

变量	变量说明	调查结果
平均注册年限	年	9.47
平均注册资金	万元	274.43
平均净资产	万元	852.64
合作社种植平均规模	亩	1138.72
平均入社户数	户	81.11
平均带动农户数	户	294.65
合作社销售平均收入	万元	648.52
平均利润总额	万元	75.84
合作社级别	A. 国家级示范社；B. 市级示范社；C. 其他	A. 27.4%；B. 25.6%；C. 47.0%
合作社类型	A. 农民领办；B. 村集体领办；C. 公司领办；D. 其他领办	A. 47.4%；B. 24.7%；C. 13.2%；D. 14.7%
是否加入了联合社	是=1；否=0	是：38.9%；否：61.1%
合作社经营范围	A. 农业生产资料的购买、使用；B. 农产品的生产、销售、加工、运输、贮藏及其他相关服务；C. 农村民间工艺及制品、休闲农业和乡村旅游资源的开发经营等；D. 与农业生产经营有关的技术、信息、设施建设运营等服务	A. 38.74%；B. 81.08%；C. 30.63%；D. 32.43%
合作社服务覆盖范围	A. 本村内；B. 本乡镇内；C. 跨区	A. 33.6%；B. 34.5%；C. 31.9%

资料来源：课题组农户调查。

（三）龙头企业

北京市积极培育产业化龙头企业，发挥龙头企业产业链带动作用。各龙头企业采取“公司+专合组织+基地+农户”、订单农业、土地等方式，将广大农户联结在农业产业链上，既推动农业产业规模化、标准化、产业化发展，又解决农户与市场脱节问题，提升农业抵御市场风险的能力。截至 2019 年，全市市级以上龙头企业数量达到 149 家。其中，国家级龙头企业 39 家，市级龙头企业 110 家。2019 年，北京农业产业化组织在全国范围内带动农户

466.10万户，龙头企业带动全国农民合作社4590家。各企业围绕特色优势产业，积极发展订单农业。主要农产品原料从自建基地采购值为50.03亿元，从订单基地采购值为624.87亿元，以其他方式采购值为995.05亿元。在全国创建绿色食品、有机农产品原料基地面积为93.93万亩。

农业龙头企业为相关农业生产经营主体提供丰富多样的社会化服务，如收购仓储服务、生产基地建设服务、农资供应服务、技术指导和培训服务、市场信息服务和贷款担保服务。课题组调研发现北京农业龙头企业服务效果显著：一是以保护价收购农产品，降低了因市场价格波动带来的风险损失，降低了生产投入成本，提升了农业生产能力，扩大了农民增收空间；规避了农业疫病风险，减少了农产品生产过程中的损耗，保障了质量安全，确保了农户生产经营收益。二是建立了标准化的原料生产基地，扩大了生产经营规模，提高了效率和效益。龙头企业通过服务基地农户，积极推行标准化生产，引进和推广新品种、新技术，加强原料基地建设，提高了农产品质量安全水平，强化了品牌建设，增强了企业竞争能力，扩大了优势农产品出口，拓宽了国内外市场空间。三是充分发挥了企业自身、农民专业合作社和专业协会等各类产业化组织带动相关农业生产经营主体的重要作用，提高了农民组织化程度。农业龙头企业通过订单、合作、委托等形式为相关农业生产经营主体提供生产资料、品种技术、市场信息、产品收购、仓储物流等服务，实现了产加销、贸工农的有机结合。四是通过为基地农户提供服务，改善生产设施条件，推广新技术、新品种，加强投入品管理，统一农产品采收，促使原料生产基地标准化、专业化、规模化和优质化，提高了农业综合生产能力，确保了农产品有效供给和质量安全。

（四）科研教学机构

目前，北京市农业科技进步贡献率达到75%，接近发达国家水平。科研教学机构作为农业社会化服务体系的重要组成部分，在推进农业创新发展过程中发挥着举足轻重的作用。首先，北京市深化种业科技服务体系科技创新。创制了世界首个水稻全基因组芯片，建成了世界最大的玉米标准DNA指纹库，获得的育种专利数量和植物新品种权申请量均居全国首位。已建成“星创天地”50家，农业高新技术企业605家，农业标准化生产基地1500多家。为了进一步推动科技助力乡村振兴，计划到2025年，北京市农业科技进步贡献率达到77%，设施农业机械化率达到55%以上，高效设施农业技术、装备、品种自主创新率明显提升，良种覆盖率提升到98%以上。其次，北京市农科院、北京农学院、北京农职院等北京市属科研机构除为公益性机构、农民专业合作组织、企业和农民等主体提供产品、技术和信息等科技服务支撑外，还通过与涉农企业、地方政府及科研单位的合作，建立示范基地、组织农民技术培训、提供专家服务、联合攻关项目等，进行更直接的科技服务。北京市农林科学院开展的“双百对接”“科技试验站”“科技小院”等模式，通过建立科技需求的互动机制，促进了农业科技的示范和推广工作持续发展。特别是“科技小院”建设工作取得了重大突破，目前已在9个区挂牌成立40家科技小院，辐射带动周边192个村，其中包括低收入村62个，辐射低收入户1700多户，解决1300多人就业，实现农民技术培训6500余人次。

（五）专业服务组织

北京市加大专业化服务组织扶持力度，培育了一批具有较高服务能力的植保、农机、营销等服务组织。截至2020年底，在植保服务组织方面，北京市共有各类植保专业化服务组织69家，从业人员达1150余人，喷杆喷雾机、常温烟雾机等高效植保机械939台，日作业能力约10万亩，服务能力覆盖全市。在农机服务组织方面，全市农机从业人员达到18728人，拥有各类农机社会化服务组织及农机专业户14003个，其中农机化作业服务组织有315个，占总数的2.2%；农机户13688户，占总数的97.8%。农机专业合作社总数为129个，占农机作业服务组织总数的41%。在农机作业服务组织中，农机原值50万元以上的有153个，100万元以上的有48个，原值50万元以上的占总数的63.8%，农机服务总收入为2.96亿元，农机作业服务总收入为1.978亿元。在蔬菜专业服务组织方面，以农机合作社和蔬菜种植园区、蔬菜种植专业合作社为主体，先后发展了28个蔬菜农机专业服务组织，初步形成了以21家农机合作社和7家蔬菜种植园区为服务主体的蔬菜产业农机专业服务体系。

三、农户服务需求情况

（一）农户特征

根据农户问卷结果，北京市农户农业生产经营特征见表6-3，实际经营耕地面积、流转土地面积、蔬菜播种面积、粮食作物播种面积、其他作物播种面积平均值分别为82.35亩、55.07亩、25.14亩、47.09亩、15.36亩，家庭户均收入、家庭农业户均收入、农业经营亩均收入分别为 131346 元、104567 元、1269 元。购买农业社会化服务农户占比为 33.6%，购买农业社会化服务亩均支出为 135 元。

表 6-3 农户种植基本经营情况（2019 年）

种植规模情况	平均值	种植收入情况	平均值
实际经营耕地面积（亩）	82.35	家庭户均收入（元）	131346
流转土地面积（亩）	55.07	家庭农业户均收入（元）	104567
蔬菜播种面积（亩）	25.14	农业经营亩均收入（元）	1269
粮食作物播种面积（亩）	47.09	购买农业社会化服务亩均支出（元）	135
其他作物播种面积（亩）	15.36	购买社会化服务农户占比（%）	33.6

资料来源：课题组农户调查。

依据是否购买农业社会化服务将调查样本分为购买农业社会化服务与未购买农业社会化服务两个类别。通过对比两类样本发现，购买农业社会化服务的农户较未购买农业社会化服务的农户呈现种植经营规模大、收入高等特点，详细对比情况见表 6-4。

表 6-4 购买与不购买农业社会化服务的群体特征（2019 年）

种植规模情况	购买群体	未购买群体	家庭收入情况	购买群体	未购买群体
实际经营耕地面积（亩）	243	69.07	家庭户均收入（元）	165025	108385
流转土地面积（亩）	170	42.71	家庭农业户均收入（元）	132788	58858
蔬菜播种面积（亩）	62	21.17	农业经营亩均收入（元）	1628.99	890
粮食作物播种面积（亩）	148	33.72	购买农业社会化服务亩均支出（元）	196.26	0
其他作物播种面积（亩）	32	13.33	购买社会化服务农户占比（%）	100	0

资料来源：课题组农户调查。

（二）农户使用效果与评价

就农户购买农业社会化服务的效果而言，因“农业社会化服务效率高”与“农户自身缺乏种植技术”而购买农业社会化服务的农户样本占总样本的比重分别为 68.07%、65.55%（见表 6-5）。

表 6-5　购买农业社会化服务的原因分析

购买农业社会化服务的原因	频数	频率（%）
农业社会化服务效率高	81	68.07
农户自身缺乏种植技术	78	65.55
看大家都购买了，自己也跟着买	14	11.76
其他（提高产量与品质、方便）	8	6.72

资料来源：课题组农户调查。

就农户对农业社会化服务购买使用的评价而言，口头与书面协议是农户与农业社会化服务组织达成合约的主要方式，两种方式占总样本比例达到 87.3%，其中口头协议占总样本比例超过 50%，服务规范性有待提升（见表 6-6）。71.4%的农户仅针对关键环节购买农业社会化服务，农户一般采用服务完成后或者签订协议后等支付方式，主要由于农业社会化服务规模整体较小，农户资金足以支撑相关服务费用，但随着服务规模逐步扩大，服务协议规范需要加强，并需要金融服务作为支撑。超过 90%的农户认为农业社会化服务收费合理，并且会继续购买农业社会化服务，农户对农业社会化服务满意度较高。初步形成了一批可推广的农业社会化服务模式，大部分合作社辐射至北京市外的其他省份。例如，怀柔三山、昌平东瑞盛、密云河南寨等合作社相关业务辐射至东北三省及内蒙古等地，北京市农业社会化服务发展对全国具有较为明显的引领示范作用。

表 6-6　农业社会化服务使用评价

变量	变量说明及赋值	调查结果
您与服务组织之间购买服务的协议形式	A. 口头协议；B. 书面协议；C. 其他（公益性服务）	A. 58.8%；B. 28.5%；C. 12.7%
您购买的是哪种模式的农业社会化服务	A. 从种到收全程服务；B. 关键环节服务	A. 28.6%；B. 71.4%
服务费用的收取时间与结算方式	A. 签协议后，现金直接结算；B. 服务结束之后，现金结算；C. 签协议后，先预付部分费用，待服务结束后，将费用结清；D. 其他（换工或者免费）	A. 19.3%；B. 48.7%；C. 10.1%；D. 21.9%
您认为服务收费是否合理	A. 合理；B. 不合理	A. 90.7%；B. 9.3%
您是否还愿意继续购买农业社会化服务	A. 是；B. 否	A. 92.4%；B. 7.6%

资料来源：课题组农户调查。

就部分农户不购买农业社会化服务的原因而言，由于“当地没有提供服务的组织”“不了解，没有使用过，不知道效果”等而未购买农业社会化服务的农户占比约为62%。农业社会化服务普及程度不高，相当多的农户对于“如何购买农业社会化服务”“农业社会化服务效果”“谁提供农业社会化服务”等问题不甚了解，这是制约农业社会化服务的关键因素，也有潜在的发展市场空间。

另外，由于“购买服务成本较高”“服务内容不符合需要”而未购买农业社会化服务的农户占比分别为33.19%、14.89%（见表6-7）。相对于种植规模小的农户，农业社会化服务难以形成规模效益，农业社会化服务使用成本较高，在散户中难以普及。同时，农业社会化服务内容存在供需结构性失衡现象，农业社会化服务组织结构亟待优化。

表6-7　不购买农业社会化服务的原因分析

不购买社会化服务的原因	频数	频率（%）
服务质量不行，不如自己做	15	6.38
购买服务成本较高	78	33.19
服务内容不符合需要	35	14.89
当地没有提供服务的组织	66	28.09
对社会化服务组织不信任	11	4.68
其他（不了解，没有使用过，不知道效果）	79	33.62

资料来源：课题组农户调查。

（三）农户的农业社会化服务诉求

农户的农业社会化服务需求问卷调查结果显示，农户对农业社会化服务诉求呈现多样化特征，对农资供应、农技推广、农机服务、农业信息服务、植保防控等农业社会化服务需求最强，对应样本量均超过80%（见表6-8）。就农业社会化服务详细项目而言，农户对便捷购买质优价廉的农资产品、病虫害防治技术、提高农业保险的赔付额、病虫害绿色防控技术、农资废物回收等方面需求最强，样本量均超过60%。由于北京市农业生产结构发生较大调整，粮食作物播种面积比例大幅度降低，加之气象变化预告与农业融资等公共服务逐渐完善，农户对产地烘干、播种、收获、气象变化信息、延长贷款时间等社会化服务需求较弱。

表 6-8 北京市农户急需的农业社会化服务

服务类别	类别诉求统计（%）	农业社会化服务详细项目诉求统计结果
农资供应	83.05	便捷购买质优价廉的农资产品（75.71%）；可以较快地掌握正确的农资使用方法（43.79%）
农技推广	86.44	农作物高产栽培技术（58.47%）；病虫害防治技术（61.86%）；土壤改良技术（44.35%）；科学施肥技术（46.61%）；节水灌溉技术（42.37%）
农机服务	84.18	秸秆处理（46.33%）；专业化植保（42.09%）；产地烘干（12.99%）；播种（25.42%）；犁地（38.70%）；收获（24.58%）
农业信息服务	87.85	农产品价格信息（57.91%）；市场供需信息（53.95）；农业政策信息（50.56%）；气象变化信息（24.01%）；病虫害防治信息（52.26%）
资金融通	66.95	简化贷款手续（41.81%）；延长贷款时间（26.84%）；降低贷款门槛（40.96%）；低息贷款（47.46%）
农业保险	79.94	增加农业保险的覆盖品种（56.21%）；提高农业保险的赔付额（63.84%）
植保防控	84.18	病虫害绿色防控技术（70.06%）；病虫害绿色防控设施供应与维修（53.95%）
农产品质量安全	75.99	“三品一标”认证服务（41.53%）；农产品质量追溯（37.85%）
废弃物资源化处理	77.40	尾菜回收（37.29%）；农膜回收（42.66%）；农资废物回收（62.71%）
农产品营销	77.97	产地初加工（39.83%）；产品冷链储运服务（34.46%）

资料来源：课题组农户调查。

四、相关典型案例

大城市近郊都市现代农业的功能与其所在区域的经济、社会、人文发展水平，所处区位、自然资源禀赋以及农业本身的属性直接相关，具有多元化、深层次的特点，主要包括以农业生产服务为核心的基础功能及以农业非生产服务为核心的拓展功能。

（一）基础功能——农业生产服务

生鲜农产品供给功能，保障城乡消费需求。大城市近郊都市现代农业发展的首要任务是充分发挥距离城区近、运输半径短的优势，为城市居民提供各类优质、绿色、健康的时令蔬果、水产品等农副产品，以满足市民精细化、多层次的需求。虽然都市现代农业不再是城市居民农产品大宗消费的主要来源，但其基本生产服务的性质并未发生改变。

1. 庞各庄蔬菜全程绿控基地

北京市大兴区庞各庄镇，对设施大棚进行升级改造，吊瓜种植全部采用滴灌节水设施，露地种植瓜菜全部采用喷管节水设备，水分利用效率大幅提高。全面开展精准施药技术试验示范推广，建设蔬菜全程绿控基地，签订《蔬菜病虫全程绿色防控示范基地建设责任书》。通过政府购买服务，组织3个专业服务队，集中收集秸秆、瓜秧、尾菜等，及时粉碎，及时清理，及时翻耕。

2. “植物诊所”和家禽团队综合试验站

北京在全国率先建立了三级植物健康体系，即以市植物保护站为依托的植物总医院，以各区植保站为区域性中心的二级植物医院，以优秀农民专业合作社、绿控示范基地、专业化统防统治组织等为依托的基层植物诊所。各诊所由具备资质的植物医生坐诊，为生产者提供公益性病虫害诊断、开处方和防治技术咨询服务。北京市还依托峪口禽业，建立了峪口禽业创新新时代兽医服务体系，对行业养殖管理提供配套服务，将技术直播、技术视频、技术文章上传至智慧蛋鸡平台，点击率在6000次以上，有效确保了养殖户随时随地学技术。

（二）拓展功能——农业非生产服务

1. 生态功能

农业是可持续发展的基础产业，它既有生态修复的作用，又为资源循环利用提供了可能。北京市现代都市农业发挥着调节大气、净化环境、水土保持、营造绿色景观与减轻城市热岛效应等生态功能。大力发展生态旅游、生态种植等产业，可进一步盘活自然资源，改善农业生态环境。例如，延庆区的“德青源”循环农业，实现了产业发展和生态建设有机统一、资源的最大化应用和保护，促进了人与自然的和谐统一。德青源养殖生态园是现代化的蛋鸡养殖基地，建设有高技术支撑的饲养生产体系、饲料供应体系、鸡蛋加工体系、疫病预警与监测体系，确保了产品质量，先后通过了ISO9000、14000质量环境体系认证和HACCP认证，所生产的“德青源”鸡蛋通过了全国无公害农产品认证和中国绿色食品发展中心绿色食品认证。只有产品优质、安全，适应了市场的需求、得到了市场的认可才能产生良好的经济效益，持续稳定地发展。

2. 观光休闲功能

人民生活日益富足、市区人民对农园进行休闲观光的需求日益增长，北京市依托得天独厚的自然生态环境和丰富的农业资源，发展都市型现代农业，满足市民对于农业休闲、观光的需求，实现农民增收愿望。北京市积极发展休闲农业，2018 年全市有休闲农业园区 1216 个，民俗旅游接待户 8363 户，全年接待游客 4337 万人次，实现收入 44.1 亿元。

（1）观光农业：延庆区通过盘活农村闲置资产，积极引入社会资本发展乡村民宿，推动“石峡 · 石光长城”“下虎叫 · 山楂小院”“大石窑 · 百里乡居”等 11 家乡村民宿发展。2018 年，被评为“全国民宿产业发展示范区创建示范单位”。

（2）采摘农业：大兴区依托每年 4—5 月举办的大兴西瓜节，打造“西瓜小镇”，为游客提供采摘、餐饮、参观、游乐的驿站，不但带动了西瓜产业的发展，同时推动了乡村美食、梨花村万亩采摘园、创意手工艺品和阳台盆栽菜等的发展。

（3）观赏农业：以延庆“四季花海”、房山“上方花海”等为代表的沟域田园景观，以及顺义万亩示范田、房山窦店高产示范方等代表的平原大田景观，都吸引了大批游客前往游览。

3. 文化教育功能

北京多功能农业建设休闲度假农园和教育示范园区，市民可以体验农耕生活，学习农耕文化，同时也达到了放松身心、怡悦心情的休闲目的。例如，位于黑庄户乡的农耕文化教育示范园，既能让人们感受到农耕文化，又能动手实践，尤其是对于孩子们来说，体验农耕文化，无论从人格养成还是综合素质提升上都有很大帮助。

4. 示范功能

北京多功能农业具有较高的科技含量，具有得天独厚的科技优势和国际合作资源，在农业现代化发展过程中起着示范作用。北京市超前发展精准农业、创意农业，围绕新品种、新技术和新机械的应用，推广和普及精准农业，节约资源，提供满足市场需求的高品质产品，目前北京市的许多农业科技园，如“北京顺义三高农业示范区”“小汤山农业园区”“北京锦绣大地农业股份有限公司”“蟹岛生态园”“世界花卉大观园”等，都是以现代科技和现代企业管理制度相结合支撑起来的现代农业示范窗口，在国内产生了良好的辐射带动作用。

第二节　面向多功能的北京农业社会化服务发展要求

在家庭承包经营基础上建设现代农业，必须把家庭承包经营与农业社会化服务有机结合起来，建设覆盖全程、综合配套、便捷高效的社会化服务体系。

一、都市农业高度集约化和市场一体化特点，要求服务主体联合发展

服务融合是指不同产业系统中的服务组织，在采取联合、并购、重组等方式互动的过程中，逐步向对方领域扩散，使得不同主体经营的业务向同一个方向汇合并最终融为一体的新服务业的动态发展过程。融合的结果是改变了服务组织之间的竞争和合作关系，提高了整个行业的服务效率。服务组织之间的融合，能有效提升服务供给能力，对培育新型农业经营主体，构建农业新型生产经营体制具有重要意义。课题组调研显示，目前各类农业社会化服务主体之间的联系，可归结为以下 4 种模式。

（一）横向联合扩大服务规模

为满足农户对农机、农资、技术等服务的需求，专业化的农业社会化服务组织之间联合开展农业社会化服务，壮大服务实力，扩大服务规模。在实践中，主要是成立专业的农业社会化合作社或联合社。合作社的成立是为了联合小农户，增强农业生产能力及市场话语权。然而多数合作社在发展初期，服务能力弱，往往“小而松散”，在对接收购、加工、种子等企业时，也容易产生无序竞争等行为，造成农民利益损失。合作社联合社的成立，从横向上实现了抱团经营，壮大了实力。横向联合的出发点就是从规模服务上要效益，壮大实力，弥补单个主体力量不足的缺点，推动服务组织从自我服务向社会化服务转变，进而实现服务的组织化和社会化。

相互合作的农业社会化服务组织拥有相对平等的市场地位，共同分享农业社会化服务收益，实现多方共赢。多个服务组织的整体市场议价能力提升，有利于实现服务的纵向联合。虽然横向联合服务规模比较大，但是所提供服务内容比较单一，多为环节作业。目前，较多的是农机合作社联合体，通过

整合大中小型农机手、耕种防收所需要的各类机械，扩大作业面积和拓展服务内容。横向联合必须要有“规矩”。服务组织之间联合是将竞争关系转变为合作关系，利益是黏合剂，成员之间的利益一旦分配不好，就会埋下矛盾隐患，影响可持续性合作和经营。因此，联合各方需要在实践中不断探索合理的利益分享机制和风险分担机制。

（二）纵向联合延长产业链条

农业社会化服务组织牵头，整合科研、农资、农机生产企业及粮食收储、加工、销售企业，以“农业社会化服务+研产（加）供销”的形式，将产前、产中、产后紧密衔接，推动农业经营组织化和产业化。在实践中，表现为农业产业化联合体、农业社会化服务联盟等。纵向联合以产出为导向组织生产，大多是龙头企业负责产业链前端和后端环节，农民合作社或村集体负责农户的组织协调和开展生产服务，通过优势互补实现“多赢”。纵向联合实现了农业产业链上下游的“跨界融合”，出发点是最大限度满足农业服务的多样化需求。纵向联合的出现具有一定的必然性，究其原因，农业生产的不可间断性和受限于生命节律的特征，以及生物信息的不规则、区位条件和立地条件的差异性等，均使得农业生产的中间品不如中间服务更广泛，单纯以扩大服务规模为目的的横向联合并不能满足农业服务的多样化需求。

这一方式，将农业生产的产前、产中、产后各环节纳入规范的生产和管理渠道，实现了农业生产标准化，在提高农业生产效率的同时，也提升了农产品质量。纵向联合充分发挥了“专业人干专业事”的优势，搭建了产供销对接通道，利于新技术新装备、资金、金融保险等要素顺利进入农业，大大降低了生产的不确定性和风险。农业社会化服务组织在公司技术、农资等支持下，服务面积不断扩大，收入稳定增加，其他主体也由此获得了稳定的粮源并确保了粮食质量。在理想状态下，纵向联合的服务组织利益具有一致性，为互惠关系。以市场为导向，实现集约化、规模化生产，并体现出专业化、区域化特征。然而在现实中，由于服务组织各自诉求不同，联合需要博弈，达成合作的难度比较大，加之市场信息不对称，将会对企业合作协议的达成和持续性造成影响。合作各方是围绕产业利润开展服务，盈利是核心，对于产业后端增值能力要求比较高。

（三）交叉联合提供全方位服务

交叉联合是横向联合和纵向联合的升级版，兼顾农业社会化服务的规模和效益。农业社会化的服务组织一方面通过横向联合，与其他服务组织建立农业社会化联合体扩大服务规模；另一方面与种子、肥料、农药、农机生产企业及粮食收购、储藏、加工企业纵向联合延长产业链条，并通过这种交叉联合提供全方位农业社会化服务。交叉联合主体更加重视科技、文化、人才等创新要素的融合，所以明确服务组织各自功能和定位是交叉联合网络系统有效运转的前提。在交叉联合的网络体系中，服务组织不仅要单独开展服务，还要与其他服务组织共同作为网络节点发挥作用，逐步形成以一个或少数几个农业产业化龙头企业为核心的发展格局，在集约化程度、经济效益、对农产品原料基地建设和农民增收的辐射带动作用等方面均有一定积极作用。

（四）线上线下搭建信息化资源共享平台

基于现代信息技术搭建综合资源共享平台，农业数据资源在平台上得到共享，线上线下结合，农业社会化服务组织借助于平台的力量实现组织化、可视化、实时化和全过程记录（见图 6-2）。搭建综合资源共享平台，有利于构建新的商业模式，打破农业社会化服务地域空间限制，解决信息不对称问题。综合资源共享平台使得农业社会化服务原来形成的直接交易关系，变成了间接交易关系，在服务组织与农户不直接见面的情况下，也可以完成服务工作。资源共享平台推动了新型雇用关系的变革，为那些拥有农机具、农资、经营管理能力的人员，提供了一个创新创业的机会。当前，资源共享平台主要面向农业服务组织，小农户对信息化工具的使用习惯和能力限制，还需要经纪人作为中介进行线下推广。

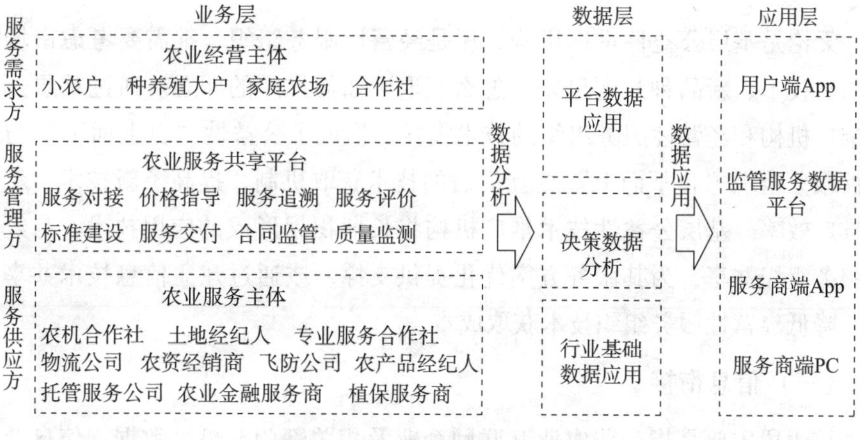

图 6-2　信息化资源共享平台

二、都市农业的公共物品特征，需要公益性与经营性服务有效衔接

不论是从都市农业生产经营的成果来看，还是从都市农业的功能来看，都市农业不仅向城市提供单一的食品性产品，还提供集生产、生活、生态为一体的复合性产品和服务。与一般农业相比，都市农业是一种较为纯粹的公共物品，具备了效用的不可分割性、消费的非竞争性和受益的非排他性等特征，具有巨大的外溢性。而如果投资者没有因外部性的产生而得到相应的补偿，就不利于投资者积极性的发挥。按照功能定位，北京市农业社会化服务主体分为公益性、准公益性和经营性 3 类。课题组调研显示，目前公益性与经营性服务主体的衔接，可归结为以下 5 种模式。

（一）人才衔接

基层公益性推广机构与经营性服务组织融合发展，以创新创业为核心，不断拓宽农业技术人才来源渠道。经营性服务组织在创新创业发展过程中，充分显示了挖掘推广人才的巨大潜力和能力。经营性服务组织将农资商人、承包大户、科技示范户等涉农力量，以及保险经纪人、互联网公司等新生力量集合起来，将其纳入推广服务队伍中。新生力量由原有技术服务人员“传帮带”进行培养，经过“干中学”，最终成为指导农民使用技术的行家里手，成为懂技术、爱农村、爱农民的新型职业农民，同时其新思维也推动了农技推广变革。

（二）技术衔接

无论是基层公益性推广机构，还是经营性服务组织，都需要考虑市场需要的新技术、新品种从哪里来、怎么获取、如何推广的问题。通过基层公益性推广机构和经营性服务组织的技术衔接，形成了公益性“自上而下”与经营性服务组织“自下而上”相互贯通的技术获取机制，提高了新技术、新成果推广效率。基层公益性技术推广机构将长期积累形成的应用技术，与经营性服务组织共享，为其服务方案优化提供支撑，或通过建立信息技术共享平台，降低经营性服务组织技术获取成本。

（三）信息衔接

该手段主要是指一些农业互联网企业及相关部门，借助数据、信息及渠道优势，提供生产所需要的农业科技信息。信息化手段一定程度上能够打破

农业技术传播的时间和空间限制，效率较高。基层公益性农技推广人员借助信息化手段成为整个农业服务链条的关键一环，并与经营性服务组织相互融合、互通有无，无须亲自到田间地头即可实现技术指导和监督。

（四）组织衔接

基层公益性推广机构借助经营性服务组织的优势，加快先进适用技术的普及推广，并对经营性服务组织进行引导、监督和评价，提升了其在体系中的地位和作用，实现了基层农技推广组织的融合和再造。合作社、家庭农场等新型农业经营主体，以横向、纵向和交叉联合的方式，在自我服务的基础上，开展对外经营，逐渐成为农业技术推广的重要载体。组织再造搭建了技术传播和反馈渠道，服务相关主体之间信息沟通比较顺畅。在服务链条上，经营性服务组织凭借市场优势将农资和销售“串珠成链”，提高了服务效率。

（五）利益衔接

农技推广的利益相关主体，通过探索建立了紧密的利益联结机制，实现了利益融合，使得基层农技人员凭借自身优势，获得了合理报酬，激发了其内生活力和动力。未来经营性服务仍然离不开公益性服务的支撑，与公益性推广机构借助于经营性服务组织实现组织再造相对应，经营性服务组织以公益性推广机构为手段，与农业经营主体建立了更稳定、更紧密的利益联结关系。

三、都市农业功能多元化发展特点，决定了服务内容和服务手段多样化

服务内容和服务手段既要面向小农户，又要面向新型经营主体。一方面，小农户仍是京郊主要的农业经营主体。北京种植业以小农户经营（经营 10 亩及以下的农户占比为 97%）为主，北京市农民户均承包土地 0. 3 公顷。2018 年经营规模在 0. 67 公顷以下（不含 0. 67 公顷）的承包地为 147333. 3 公顷，占承包地面积的 52%。另一方面，在林业、渔业、畜禽养殖业、农业服务业方面，新型经营主体则占据绝对主导地位，经营面积或规模在各行业占比超过 90%。从新型经营主体的角度来说，农业生产目的不一样，导致农业社会化服务的内容和手段不同。

第三节 北京农业社会化服务发展存在的主要问题

近年来，北京农业结构发生了重大变化，为之配套的农业社会化服务体系受到较大冲击，表现为服务体系结构不完整、服务市场“双散”问题突出、农业服务业发育整体滞后等。

一、服务体系结构不完整

（一）服务体系结构调整滞后

北京都市型现代农业发展得如此迅猛，必然要求服务体系及时进行调整优化，甚至超前谋划，以实现服务业对现代农业的引领作用。随着北京农业生产环境发生重大变化，本地农业规模大幅度缩减，大田作物播种占比大幅度下降，设施蔬菜占比大幅度上升。2008—2018 年，北京市农作物播种面积从 32.2 万公顷降低到 10.6 万公顷。蔬菜播种面积占比农作物播种面积由 21%上升至 34%，其中，设施蔬菜播种占蔬菜种植面积比重由 49%上升至 89.78%。由于农业社会化服务内容多，体系繁杂，牵扯部门多且分散，加之没有明确的考核指标，体系建设和发展重视不够，使得与农业产业发展相配套的服务体系结构调整相对滞后。

（二）蔬菜产业专业化技术服务缺乏

北京蔬菜机械化率远低于大田作物。2019 年，北京粮食作物机械化率为 100%，而蔬菜机械化率仅为 50%左右，其中，果类菜收获机械化率几乎为零。以粮食作物生产作业为主，大中型机械“半年闲”与设施蔬菜农机专业化服务缺乏的问题并存。蔬菜生产急需的土壤消毒、土壤替代品、水肥一体化等服务主体以及集约化育苗和专业化移栽等技术服务主体缺乏。

（三）蔬菜产业金融保险服务缺乏

农业保险存在保障范围窄、保障水平低且赔付不规范的问题。蔬菜等经济作物生产基础设施投入大，投资回收期长，资金需求量大，由于抵押担保政策不够完善，农民获得融资难度大，发展蔬菜产业所急需的老旧设施改造、设施维修等专业服务项目少。

二、服务市场“三散”问题突出

（一）农户需求散

农户需求不足、需求无法得到满足的问题普遍存在。与全国情况类似，北京农业经营是以家庭联产承包责任制为基础的，随着土地确权，京郊大部分土地分散到农户，农业生产建立在一家一户的小农经营模式上，农户开始自主购置农业机械，在这种情况下农业机械的使用效率大幅度降低。以日光温室为例，北京市日光温室蔬菜生产经营户众多，单户规模较小。据调研，每个农户生产经营面积仅有 2 亩左右，集体承包耕地面积仅为 20 亩左右，这种小规模的生产经营模式，不能充分发挥机械化作业的作用，严重限制了蔬菜产业机械化的发展。

（二）供给主体散

农民合作组织、产业化龙头企业、农资农机商等经营性主体服务能力不足。调查显示，很多蔬菜病虫害防治的专业化服务公司尚处于起步阶段。服务队伍年轻化，虽有创新勇气、干事创业的热情和学习的能力，但专业技术和实践经验缺乏，与农户沟通技巧、服务管理能力不足，学习培训渠道有限，使得服务公司发展举步维艰。农民合作组织、产业化龙头企业、专业服务组织等经营性服务主体数量少、规模小，农机作业服务“户多社少”，专业化、品牌化服务能力不足，大中型服务组织比重需要提升。以农机合作社为例，发展质量较好的大中型农机合作社数量为 15~20 家，占比约 15%。

（三）作业空间散

伴随农业规模的调减，农业适度规模经营水平未见明显提高，规模农业经营户占比不足 1%，规模经营面积只占耕地面积的 27.5%，小农生产仍是大多数。受种植习惯、农业比较效益不高等因素影响，小农户对购买服务需求不高。例如，购买病虫害专业化防治服务的通常是种植草莓、西兰花等高附加值作物的农户或是种植规模较大的农户，在病虫害防治技术高、增值效益明显的情况下，农户才愿意出资购买服务。种植其他作物或者规模较小的农户，习惯于采用传统的大剂量打药方式，对专业化防治模式半信半疑，不愿意购买服务。

三、农业服务业发育整体滞后

（一）服务内容单一

目前，农户对农业社会化服务需求最高的主要是信息服务、金融服务以及销售服务，而农业社会化服务的供给则主要集中在农技培训与指导、农产品销售以及农资购买等服务上。各类服务主体的服务能力有待提升，缺乏科学的管理机制，服务队伍整体素质偏低，面对各类新型农业经营主体的个性化服务需求或全程化服务需求不能得到有效满足。

（二）服务环节少、链条短

从服务环节看，单一环节专业性服务多，一体化全程式综合性服务欠缺。目前，大部分农机合作社均不同程度地开展托管作业服务，但规模较小的农机合作社开展了部分环节托管，尚未形成全程托管模式。从服务链条看，“重技术、轻市场”现象突出，农业社会化服务主要集中于产前和产后，对于农民急需的市场信息提供、金融保险服务、法律咨询、品牌创建、产销对接和农村电子商务等农业社会化服务不足。

（三）公益性服务与市场化服务衔接不足

一是公益性部门、管理部门条块分割，组织管理分散。政府对于服务体系发展的引导和重视程度不够，且乡镇农业技术推广体系不健全。多数镇乡无推广机构和专业技术人员，乡镇级分工不明确，工作渠道沟通不畅，平时联系不多。部分区推广部门的土样采集、调查工作等也仅与村级相关全科农技员有些沟通、联系。管理人员不足，尤其是乡镇、村级农产品质量安全监管人员少，多数为身兼多职，且监管人员专业性、规范性有待加强。二是具有一定外部性的经营性服务领域，公益性服务没有很好地发挥支撑作用。比如，农业废弃物资源化处理、动植物疫病防控体系投入使用成本较高，但其具有显著公益性和较强的外部性，需要公益性服务与经营性服务对接，提高服务效率的同时保障农产品安全和保护生态环境。

第四节　北京农业社会化服务发展面临的外部环境分析

一、有利条件

（一）都市农业的多功能化引致了较强的服务需求

从农业社会化服务所依附的产业链内部来看，都市农业对外部服务有更强的需求。都市农业在生产手段、经营目的等方面一开始就与传统农业有所区别，反映在农业的功能上，有生物农业、休闲农业、观光农业、度假农业、体验农业、生态农业、设施农业等多种提法。概括起来，其主要包括经济功能、生态功能、社会功能等三大功能。都市农业的多功能性带来了农业经营模式的转变，而这种转变也与社会化服务相互促进、相互影响。都市农业的生态功能促使种植和养殖的结构不断改善优化，都市农业注重环境的可持续发展，减少化肥、农药的使用量，减少动物粪便的排放，推广有机生态技术，发展可循环农业；都市农业的经济和社会功能促使农业资源不断整合，逐步形成具有当地特色的农业主导产业。例如，北京在发展都市农业的过程中，将生态旅游和文化创意产业融合进来，根据不同地区的资源特点，形成了休闲、观光、采摘、旅游等4个产业圈布局。

（二）都市农业的多功能性促使农业关联部门加快发展

多功能农业能否形成和发展，在很大程度上取决于农业关联部门的发展水平，也就是取决于为多功能农业提供服务和支撑的社会化服务业的发展水平。农业的多功能化拉长了农业产业链，引致了较强的社会化服务需求，创造了适合社会化服务业发育的市场化环境。农产品加工、农业科技推广、农业教育、农业信息咨询、农业生产资料供应、农产品物流、农村金融和农村旅游等农业关联部门，不仅为多功能的都市农业提供发展支撑，也在都市农业的发展过程中为了满足农业社会化服务的需求，不断调整、完善，形成了有都市农业特点的农业社会化服务业。

（三）现代服务业发育较成熟，政府转移支付力度大

从发展农业社会化服务的外部环境来看，都市农业具有先行发展农业社会化服务的条件。首先，在都市农业所依托的大都市经济圈内，市场机制发

育较为成熟，有完善的基础设施和配套齐全的服务产业，能够为农业生产提供专业化的服务。目前，中国农业社会化服务发展总体仍然处于初级阶段，生产过程中所需要的各种社会化服务基本上由第一产业内部提供，还没有形成一个外部的社会化服务市场。但是，大都市聚集了知识密集型和创新型产业，现代服务业的发展较为成熟，为发展农业社会化服务提供了良好的配套支撑，并引致了极大的需求。

其次，都市经济圈经济发达，人口众多、消费结构较高，高附加值农产品市场需求大。农业社会化服务的主要服务对象是高附加值农产品和具备第二、第三产业特征的生产活动。从这个方面来看，都市农业社会化服务的发展环境要远优于传统农业，能够克服农业社会化服务需求分散、需求规模小的弊端，具备企业化、产业化经营的市场条件。

最后，政府对发展都市农业的政策支持和转移支付力度大。在农业社会化服务业发育的初期，多数服务是作为公共产品投放的。这主要是基于将服务作为要素投入，达到调整农业产业结构、吸纳农村剩余劳动力就业的目的，短期的直接收益并非政府的目标。中国不同地区经济发展水平的差异较大，在农业社会化服务的组织结构、服务内容和服务方式上表现明显。在经济发达地区，集体经济组织和官方组织起主导作用，农民自办组织相对弱小；对社会化服务的综合性、配套性要求较高；服务费用一般由农村集体组织承担或由政府补贴，社会化服务甚至转变成为一种“生产福利”。而在经济发展水平不高和欠发达地区，农业的社会化服务在上述几个方面都存在明显的差别。大都市政府财力雄厚，财政转移支付力度大，农业社会化服务的内容更为丰富。

二、不利条件

（一）国际国内要素成本上涨，服务价格倒挂

北京市国际化大都市的区位特点，导致农村人力资本、土地和资金等服务要素被“外部市场定价”，农业的土地使用成本和机会成本、生产资料价格、劳动力成本等都在不断抬升，国际国内市场全面开放，北京农业面临的市场竞争将愈加激烈。农业社会化服务投入成本也随之大大增加，社会化服务业市场发展空间被制约，加之巨大革新技术和商业模式冲击，各类服务主体只有“抱团取暖”，探索新的社会化服务经营模式，才能在激烈市场竞争中

争得一席之地。

（二）农业空间狭小，服务难以形成规模

随着北京非首都功能疏解，北京市农业空间格局也在发生着巨大的变化，农业生产空间不断调减。而 2 万亩畜禽养殖、5 万亩渔业、70 万亩菜田、80 万亩粮田组成的“2578”格局成为北京农业的主战场，北京农业生产规模持续压缩。全市农作物播种面积自 2008 年以来持续下降（见图 6-3），其中，“十三五”期间从 177 千公顷下降到 106 千公顷，降幅达到 40.11%。在主要农作物中，蔬菜播种面积也出现了明显的下滑，从 2015 年的 54.3 千公顷下降至 2018 年的 36 千公顷，降幅达到 33.7%。面对北京农业规模大幅缩减的现状，农户种植规模小、地块分散、种植结构不统一，难以实现适度规模经营。加之，农机、农艺还无法实现深度融合，供需双方信息不对称，需求无法得到满足，导致社会化服务主体难以形成规模。

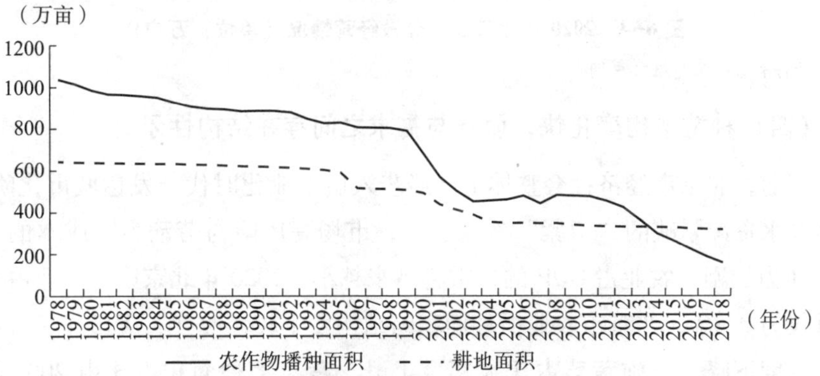

图 6-3　1978—2018 年北京市农业生产面积变化

资料来源：课题组农户调查。

（三）以分散化、小规模家庭经营为主，服务组织化成本高

在从事第一产业经营的农户中，经营耕地 10 亩以下的农户数为 129.7 万户，占比为 97.07%。其中，未经营耕地的农户数为 78.2 万户；经营耕地 10~30 亩的农户数为 3.4 万户，占比为 2.54%；经营耕地 30~50 亩的农户数为 0.27 万户，占比为 0.2%；经营耕地 50~100 亩的农户数为 0.14 万户，占比为 0.1%；经营耕地 101~200 亩的农户数为 0.06 万户，占比为 0.04%；而经营耕地 200 亩以上的农户数仅有 0.04 万户，占比为 0.03%（见图 6-4）。北京市农业生产“小散低”的现状是制约农户购买意愿的重要原因。一些菜

农、粮农长期习惯于亲力亲为的农业生产方式，而农业社会化服务不仅仅是为农户节省劳动力，其最终目的是通过专业化服务提高生产效率，提升农产品品质与质量，从而提高我国农产品质量整体水平，为生产者带来更高的效益，可见农户尤其是散户生产理念需要一个转变过程。

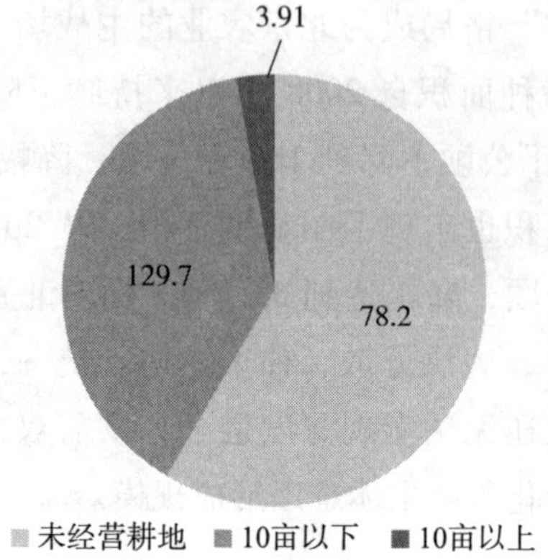

图 6-4　2020 年北京农户分散经营情况（单位：万户）

资料来源：课题组农户调查。

（四）种植结构变化快，服务与需求之间存在结构性矛盾

当前，北京市经济社会整体上已经步入后工业化时代与发达城市化阶段，土地及水资源紧缺的“双紧”约束加剧，市场高风险与劳动力高成本的“双高”压力加剧，农业占 GDP 的比重将越来越小，2020 年北京第一产业占 GDP 比重仅为 0. 3%。北京市农业播种面积与结构发生较大改变，大田作物播种占比大幅度下降，设施蔬菜占比大幅度上升。蔬菜播种面积占比由 2008 年的 21%上升至 2018 年的 34%，设施蔬菜播种面积占蔬菜种植面积比重由 2008 年的 49%上升至 2018 年的 89. 78%；粮食作物种植面积、占比分别由 2008 年的 22. 6 万公顷、70%下降至 2018 年的 5. 56 万公顷、52%，如图 6-5 所示。

面对这一结构变化，北京市社会化服务重点需要及时调整，否则会削弱社会化服务主体与被服务主体参与的积极性。大田作物需要精度低的大型机械，而设施蔬菜需要精度高的小型机械。设施蔬菜设施化程度较大田作物高，需要水肥一体化、温室大棚、防虫网等大田作物不需要的服务，大田生态与高效技术服务组织转型升级阻力较大，这对如何满足北京市设施蔬菜产业相关服务体系建设带来挑战。蔬菜产业品种较多，不同品种种植方式与技术存在较大差异，加之蔬菜种植空间分布极为分散，蔬菜社会化服务难以形成规模化。

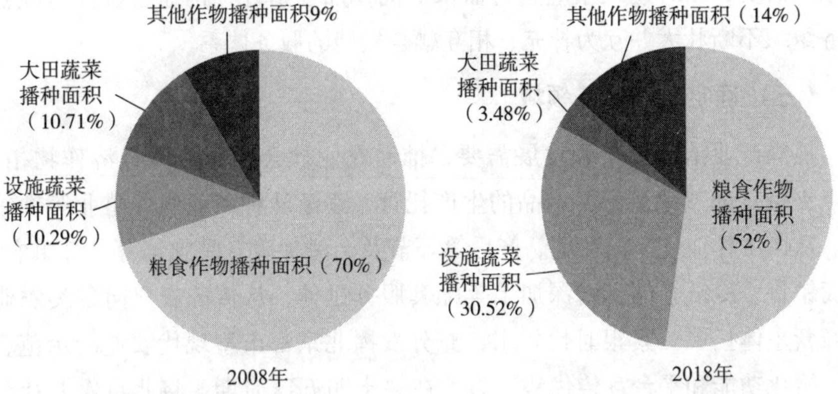

图 6-5　2008 年、2018 年北京市粮食作物与设施蔬菜播种面积变化

资料来源：北京市统计局。

第五节　对策建议

一、规划引领，优化调整服务体系基本架构

（一）转变观念，调整工作重心

最近，有学者在大量调查研究的基础上，发现土地流转的规模经营实践存在各种问题，不利于实现农业现代化，提出未来的农业发展应以健全农业社会化服务体系为主要方向。北京市农业社会化服务正处于优化调整的新阶段，需要各级政府重视农业社会化服务体系建设工作。进一步明确社会化服务组织管理部门，强化农业社会化服务的监测与跟踪评价。适时出台新时期农业社会化服务体系建设的意见，编制《“十四五”农业社会化服务体系建设规划》，为北京市新型农业社会化发展方向定好基调、做好指南。

（二）优化升级服务体系结构

鉴于北京农业由以大田作物为主转向以蔬菜、果品、畜禽等产业为主，其社会化服务也要由大田服务主导向蔬菜、林果、农业废弃物资源化利用等多元化服务转型。基于北京构建的九大农业社会化服务体系实际，结合国家《关于加快发展农业生产性服务业的指导意见》（农经发〔2017〕6 号）、《关于加快发展农业社会化服务的指导意见》（农经发〔2021〕2 号）等文件要求和未来需要，新时期北京应坚持需求导向，加强引导，构建公益性与经营性服务组织不断壮大并互为补充、相互融合发展的服务体系。

（三）确定重点服务领域

适应产业结构调整和发展需要，推动农业社会化服务向经济作物拓展，重点支持首都“菜篮子”产品的生产托管，逐渐从种植业向养殖业等领域推进。从产中作业环节向产前、产后等环节及金融保险、品牌培育、订单农业、电商销售、冷链仓储、精深加工等配套服务延伸，从传统农户向各类农业生产经营主体拓展。紧跟时代要求，充分发挥北京都市型现代农业的示范、引领、孵化功能和平台宣传优势，力争在“十四五”时期，将北京农业社会化服务体系打造为“北京样板”。

（四）分阶段有序推进

在培育初期，要强化政府的主导作用，在资金、政策方面给予服务参与方支持，无论是对生产者的补贴，还是对服务提供者的税收减免或资金支持，都应该是对生产环节的直接支持。在培育的中后期，服务市场已初具规模，要注重对市场机制的培育，政府转移支付的资金应该转移到那些无利和微利的项目中。

二、分类施策，结合农业功能定位及优势提供服务

（一）因“功能”制宜，创新农业社会化服务内容和手段

顺应农业供给侧结构性改革趋势，坚持以市场为导向，适应消费结构转型升级趋势，盘活农业资源，结合城市发展需求，打破农业产业界限，挖掘农业多功能性，发挥农业多元价值。结合北京市区域功能定位与比较优势，充分利用当地资源，合理布局农业产业结构，提升农业生产效率，保障农产品自给率和稳定供应。在提升农业生产功能方面，要满足消费者对农产品的安全性需求，围绕绿色优质安全农产品开展服务。在提升生态功能方面，要为农业维持城市生产平衡提供支持，提供绿色可循环技术、废弃物处理等服务。在提升生活功能方面，要体现农业文化的传承性、科普性和景观服务功能，为农业生产过程可控制、可观赏提供多样化、个性化服务。

（二）因地制宜，发挥食用农产品功能

充分利用北京市农业地理优势，解决远距离运输导致的成本增加和果蔬

品质降低等问题。同时，进一步鼓励设施农业发展，以减轻由农产品周期性、季节性特征导致的农产品集中上市或市场短缺的情况。通过源头把控，全程监管，质量追溯，实现绿色、安全、优质农产品供给，满足北京市民对绿色农产品的高端个性化需求。因地制宜拓展农业社会化服务的广度和深度：在耕地集中连片、农业产业规模较大的乡镇，侧重建设农业社会化服务中心、新型庄稼医院、智能配肥中心等生产服务平台，强化农资供应、测土施肥、统防统治、农机作业等生产服务功能；在粮食和鲜活农产品主产乡镇，侧重建设农产品烘干、冷藏、仓储、加工、交易等服务设施，强化商品化处理功能。

（三）因“业”制宜，挖掘非食用农产品功能

北京市都市农业有别于其他地区农业，农业的生产、生活、生态“三生”功能更加突出。北京的农业多功能拓展以休闲农业和乡村旅游、沟域经济、会展农业、创意农业为代表，并逐渐拓展到农田艺术景观、中小学校农业科普与农事体验、阳台农业、屋顶农业等其他新业态。在商贸集散地和人口集聚乡镇，侧重建设社区综合服务中心或乡镇经营服务综合体，强化商贸流通、电子商务、文体娱乐、养老幼教、生态养生等生活服务功能。

三、融合发展，拓展增值服务溢价空间

（一）加强资源整合

从长期来看，农业服务业发展最为关键的是能否在预期时间节本增效。面对弱质农业开展服务，首先要增强自身开发品牌、运营服务能力，奠定生存基础。在此基础上，通过多元服务主体融合发展，打通平台合作，强强联手，在资源、资金、人才等方面做到资源整合利用的最大化，以降低运营成本，增强发展潜力。资源整合离不开主体的发展壮大，需要按照主体多元、功能互补、竞争充分、融合发展的原则，加快培育各类农业社会化服务主体。

（二）加强主体功能定位

支持农村集体经济组织发挥组织优势和统一经营功能，直接服务或组织小农户接受各类社会化服务。鼓励服务专业户、农民合作社发挥贴近农户的优势，重点服务产中环节。发挥供销、邮政等系统的优势，强化为农服务职能。培育一批具有一定影响力并在市场上发挥重要作用的农业社会化服务龙

头企业，树立行业标杆和服务典型，发挥示范效应。探索建立农业社会化综合服务中心，引导各类服务组织之间，服务组织和具备条件的事业单位、科研院所、大专院校及行业协会等加强联合合作，发展服务联合体、服务联盟等，推动服务链条横向拓展、纵向延伸，打造覆盖全产业链的服务组织体系。

（三）加强要素协同

一方面，促进农业社会化服务与科技深度融合，健全通过社会化服务促进农业科技成果转化的激励机制，鼓励科研人员到农业社会化服务组织兼职并取得合法报酬。另一方面，提高农业社会化服务的信息化水平，充分利用互联网、大数据等信息技术，推广应用成熟的智能化设备，提高农业社会化服务的信息化、数字化和智能化水平。

（四）理顺各方的关系

完善的利益联结机制是构建可持续性服务体系的关键。在农业社会化服务的参与方中，农户、农企、农合组织、政府机构等参与主体具有不同的市场地位，农户无疑处于弱势一方，而政府机构基本为强势一方。要明确政府的协调和监管职能，即使在政府主导的转移支付项目上，也要避免管得过死，要在政府的协调和监管下让市场机制发挥作用。

四、改革创新，打造北京农业服务新模式

（一）挖掘产后服务潜力和能力

北京市多功能农业不仅需要社会化服务体系的生产性功能服务，更需要社会化服务体系为其提供品牌打造、产业融合等多方面的服务，与其他省份相比，北京在这方面更具优势。因此，服务北京市多功能农业的社会化服务体系是一个多功能的综合体。同时，社会化服务主体间需要系统全面的规划，发挥集合作用，共同打造适应北京市多功能农业的社会化服务体系。根据提升基层社会化综合服务能力，扶持壮大服务主体能力，扩大服务规模，推进服务主体融合发展。

（二）借鉴首都服务业发展经验

北京作为首都，服务业发达，2020 年服务业产值占 GDP 的 83.8%，对于农业服务体系建设有显著的理念、人才、技术、资金等资源优势。在未来发

展中，需要“跳出北京”发展农业服务业，参照国际标准，建设引领和带动京津冀区域乃至全国的服务体系。

(三) 尽快发展服务型规模经营

北京不可能在短期内通过流转土地或者股份合作搞大规模集中经营，也不可能走一些国家高投入高成本、家家户户设施装备小而全的路子。当前，最现实、最有效的途径就是开展服务型规模经营，将先进适用的品种、技术、装备和组织形式等现代生产要素有效导入小农户生产，帮助小农户解决一家一户干不了、干不好、干起来不划算的事，丰富和完善农村双层经营体制的内涵，促进小农户和现代农业有机衔接，推进农业生产过程的专业化、标准化、集约化，以服务过程的现代化实现农业现代化。

参 考 文 献

[1] Coase R. H. The Nature of the Firm [J]. Economic, November, 1937, 4 (16): 386-405.

[2] Coase R. H. The Problem of Social Cost [J]. Journal of Law and Economics, October, 1960, 3: 1-44.

[3] Williamson O. E. Hierarchical Control and Optimum Firm Size [J]. Journal of Political Economy, 1967, 75 (2): 123-138.

[4] Haraway D. J. Modest_ Witness@Second_ Millennium. FemaleMan_ Meets_ OncoMouse: Feminism and Technoscience [M]. New York: Routledge. Johnson-Eilola, Johndan, 1997.

[5] Rosenberg N. Technological Change in the Machine Tool Industry: 1840-1910 [J]. The Journal of Economic History, 1963, 23 (2): 414-446.

[6] Hacklin F. C. M. and F. Fahrni an Evolutionary Perspective on Convergence: Inducing a Stage Model of Inter-industry Innovation [J]. International Journal of Technology Management, 2010 (49): 220-249.

[7] Zeinab Z. Fisherman's Acceptance of Information and Communication Technology Integration in Malaysia: Exploring the Moderating Effect of Age and Experience [J]. Journal of Applied Sciences, 2014 (9): 873-882.

[8] Jitpaiboon T. and S. Sharma the Influence of Information Technology Utilization (ITU) on Supply Chain Integration (SCI) [J]. International Journal of E-Business Research, 2011, 7 (3): 19-43.

[9] Ceccobelli M., Gitto S., Mancuso P. ICT Capital and Labour Productivity Growth: A Non-parametric Analysis of 14 OECD countries [J]. Telecommunications Policy, 2012, 36 (4): 282-292.

[10] Namil K., et al. Dynamic Patterns of Industry Convergence: Evidence from a Large Amount of Unstructured Data [J]. Research Policy, 2015, 44 (9): 1734-1748.

[11] Andrews R., Entwistle T. Does Cross-sectoral Partnership Deliver? An Empirical Exploration of Public Service Effectiveness, Efficiency, and Equity [J]. Journal of Public Administration Research and Theory, 2010, 20 (3): 679-701.

[12] Nrews R., Van de Walle S. New Public Management and Citizens' Perceptions of Local Service Efficiency, Responsiveness, Equity and Effectiveness [J]. Public Management Review, 2013, 15 (5): 762-783.

[13] Grisorio M. J., Prota F. The Short and the Long Run Relationship Between Fiscal Decentralization and Public Expenditure Composition in Italy [J]. Economics Letters, 2015 (3): 113-116.

[14] Hiltner S., Romero-Canyas R., McCormick L., et al. Using Online Tools to Publicize Lead Service Line Locations and Promote Replacement [J]. Awwa Water Science, 2019, 1 (1): 1-15.

[15] Kaisara G., Pather S. The e-Government Evaluation Challenge: A South African Batho Pele-aligned Service Quality Approach [J]. Government Information Quarterly, 2011, 28 (2): 211-221.

[16] Kelly J. M., Swindell D. A Multiple-Indicator Approach to Municipal Service Evaluation: Correlating Performance Measurement and Citizen Satisfaction across Jurisdictions [J]. Public Administration Review, 2002 (62): 610-621.

[17] Khaleghian P. Decentralization and Public Services: The Case of Immunization [J]. Social Science & Medicine, 2004 (1): 163-183.

[18] Kong G., Jiang L., Yin X., et al. Combining Principal Component Analysis and the Evidential Reasoning Approach for Healthcare Quality Assessment [J]. Ann Operations Research, 2018 (271): 679-699.

[19] Lupo T. A Fuzzy Framework to Evaluate Service Quality in the Healthcare industry: An Empirical Case of Public Hospital Service Evaluation in Sicily [J]. Applied Soft Computing, 2016 (40): 468-478.

[20] Oh J. H., et al. Sooner or later? Health Information Technology, Length of Stay, and Readmission Risk [J]. Production and Operations Management, 2017, 27 (11): 2038-2053.

[21] Platz M., et al. Adaptive GUIs Tailored to Different user Groups for Public Health Service Delivery via Fuzzy Logic Membership Functions [C]. IST-Africa 2013 Conference Proceedings, 2014.

［22］Simon G.，Jonathan S.，Mihajlo J.，et al. High Out-of-pocket Health Spending in Countries with a Mediterranean Connection［J］. Frontiers in Public Health，2018（6）：145.

［23］Talen E.，Anselin L. Assessing Spatial Equity：An Evaluation of Measures of Accessibility to Public Playgrounds［J］. Environment and Planning A：Economy and Space，1998，30（4）：595-613.

［24］张五常．佃农理论［M］. 北京：中信出版社，2010.

［25］姜长云．日本的"六次产业化"与我国推进农村一二三产业融合发展［J］. 农业经济与管理，2015（3）：5-10.

［26］王学婷，何可，张俊飚，等．农户对环境友好型技术的采纳意愿及异质性分析：以湖北省为例［J］. 中国农业大学学报，2018，23（6）：203-215.

［27］胡伦，陆迁．贫困地区农户互联网信息技术使用的增收效应［J］. 改革，2019（2）：74-86.

［28］崔丽丽，王骊静，王井泉．社会创新因素促进"淘宝村"电子商务发展的实证分析：以浙江丽水为例［J］. 中国农村经济，2014（12）：50-60.

［29］章德宾，项朝阳，康国光．黄淮海设施蔬菜主产区农户决策效率研究［J］. 中国农村观察，2018（2）：88-96.

［30］张瑞娟，高鸣．新技术采纳行为与技术效率差异：基于小农户与种粮大户的比较［J］. 中国农村经济，2018（5）：86-99.

［31］麻礼念．基于产业融合理论的三网融合研究［M］. 北京：北京邮电大学，2010.

［32］郑明高．产业融合发展研究［M］. 北京：北京交通大学，2010.

［33］冯献，李瑾，曹冰雪．信息化应用对农民增收的影响效应分析——来自京津冀 353 个农户样本的证据［J］. 情报杂志，2019，38（4）：201-207.

［34］万宝瑞．我国农村又将面临一次重大变革："互联网+三农"调研与思考［J］. 农业经济问题，2015，36（8）：4-7.

［35］周冬．互联网覆盖驱动农村就业的效果研究［J］. 世界经济文汇，2016（3）：76-90.

［36］赵永如．基于产业融合模式的旅游型小城镇松鸣镇产业发展路径研究［D］. 兰州：兰州交通大学，2017.

[37] 李瑾，冯献，马晨，等．“互联网+”农业：产业融合机理、困境与出路 [J]．山西农业大学学报（社会科学版），2018，17（12）：53-59.

[38] 满明俊，周民良，李同昇．农户采用不同属性技术行为的差异分析：基于陕西、甘肃、宁夏的调查 [J]．中国农村经济，2010（2）：68-78.

[39] 郭美荣，李瑾，冯献．基于“互联网+”的城乡一体化发展模式探究 [J]．中国软科学，2017（9）：10-17.

[40] 崔凯，冯献．演化视角下农村电商“上下并行”的逻辑与趋势 [J]．中国农村经济，2018（3）：29-44.

[41] 高杨，牛子恒．农业信息化、空间溢出效应与农业绿色全要素生产率——基于 SBM-ML 指数法和空间杜宾模型 [J]．统计与信息论坛，2018，33（10）：67-76.

[42] 程名望，张家平．互联网普及与城乡收入差距：理论与实证 [J]．中国农村经济，2019（2）：19-41.

[43] 曾亿武，郭红东，金松青．电子商务有益于农民增收吗？——来自江苏沭阳的证据 [J]．中国农村经济，2018（2）：49-64.

[44] 刘进宝，刘洪．农业技术进步与农民农业收入增长弱相关性分析 [J]．中国农村经济，2004（9）：26-30.

[45] 高梦滔，姚洋．农户收入差距的微观基础：物质资本还是人力资本？[J]．经济研究，2006（12）：71-80.

[46] 孙敬水，于思源．物质资本、人力资本、政治资本与农村居民收入不平等：基于全国 31 个省份 2852 份农户问卷调查的数据分析 [J]．中南财经政法大学学报，2014（5）：141-149.

[47] 倪浩，刘志民．家庭农场互联网农业技术采纳行为及影响因素研究——以江苏省 9 市 270 户家庭农场为例 [J]．南京社会科学，2019（2）：34-40.

[48] 朱秋博，白军飞，彭超，等．信息化提升了农业生产率吗？[J]．中国农村经济，2019（4）：22-40.

[49] 芦风英，邓光耀．中国省域乡村振兴水平的动态比较和区域差异研究 [J/OL]．中国农业资源与区划：1-10 [2022-11-03].

[50] 曹海林，任贵州．农村基层公共服务设施共建共享何以可能 [J]．南京农业大学学报（社会科学版），2017，17（1）：51-59.

[51] 曾鸣．互联网使用与农村公共文化服务满意度 [J]．华南农业大学

学报（社会科学版），2018，17（4）：84-94.

［52］曾世宏，高亚林，邹凭佑．互联网普及促进公共服务消费升级的机理路径及其多重效应［J］．产业经济评论，2019（4）：88-108.

［53］程岚，文雨辰．不同城镇化视角下基本公共服务均等化的测度和影响因素研究［J］．经济与管理评论，2018，34（6）：106-115.

［54］方堃，李帆，金铭．基于整体性治理的数字乡村公共服务体系研究［J］．电子政务，2019（11）：72-81.

［55］高咏先，叶华．基于公共文化服务均等化的综合性区域图书馆联盟服务模式研究［J］．图书馆学研究，2016（1）：46-49.

［56］郭小聪，刘述良．中国基本公共服务均等化：困境与出路［J］．中山大学学报（社会科学版），2010，50（5）：150-158.

［57］和立道，徐磊．城乡社会保障公共服务均等化影响因素和路径选择［J］．贵州师范大学学报（社会科学版），2017（3）：82-89.

［58］胡翠．重庆市基本公共服务均等化水平测度的实证研究［J］．无锡商业职业技术学院学报，2019，19（1）：31-36.

［59］李红霞，陆悦．健康中国视角下财政转移支付对医疗卫生基本公共服务均等化的效应研究［J］．首都经济贸易大学学报，2020（3）：21-30.

［60］李林君，王莉娜，王海南．京津冀一体化进程中公共服务不平等累积性研究：1994—2015——基于增量供给与存量调整视角［J］．经济与管理研究，2018（10）：93-110.

［61］李林君，杨斌．公共服务增量供给不平等测度与分解［J］．数量经济技术经济研究，2013（10）：19-34.

［62］李娜娜．基于国情数据的基础医疗服务均等化研究［J］．地理空间信息，2019，17（8）：17-20，10.

［63］李燕凌，彭园媛．城乡基本公共服务均等化的财政政策研究［J］．财经理论与实践，2016，37（7）：56-61.

［64］李燕领．我国公共体育服务均等化指数实证研究（2011—2015 年）［J］．劳动保障世界，2018（30）：48-49.

［65］廖宏建，张倩苇．“互联网+”教育精准帮扶的转移逻辑与价值选择：基于教育公平的视角［J］．电化教育研究，2018，39（5）：5-11.

［66］骆永民．中国城乡基础设施差距的经济效应分析：基于空间面板计量模型［J］．中国农村经济，2010（3）：60-72.

［67］吕炜，张妍彦．城市内部公共服务均等化及微观影响的实证测度［J］．数量经济技术经济研究，2019，36（11）：101-120.

［68］梅正午，孙玉栋，刘文璋．公共服务均等化水平与公民社会公平感：基于CGSS 2013的分析［J］．财贸研究，2020（4）：63-74.

［69］缪小林，王婷，高跃光．转移支付对城乡公共服务差距的影响：不同经济赶超省份的分组比较［J］．经济研究，2017（2）：54-68.

［70］尚虎平，张婵娟．国内外基本公共服务均等化绩效评估研究的逻辑起点与演进趋势：基于WOS、CNKI数据共现知识图谱的可视化分析［J］．理论探讨，2019（6）：156-164.

［71］邵明昭，张念明．城乡一体化与基本公共服务均等化［J］．中共山西省委党校学报，2010（4）：71-74.

［72］田学斌，陈艺丹．京津冀基本公共服务均等化的特征分异和趋势［J］．经济与管理，2019，33（6）：7-15.

［73］完颜邓邓，王子健．我国公共数字文化服务区域均等化实证分析［J］．图书馆学研究，2020（5）：50-58.

［74］汪凡．中国教育公共服务均等化的区域差异、空间格局及其影响因素分析［D］．西北师范大学，2018.

［75］王法硕，王翔．大数据时代公共服务智慧化供给研究：以“科普中国+百度”战略合作为例［J］．情报杂志，2016，35（8）：179-184.

［76］王光飞．基本社会保障的省际差距及均等化路径［D］．华东师范大学，2016.

［77］王敬尧，叶成．基本公共服务均等化的评估指标分析［J］．武汉大学学报（哲学社会科学版），2014，67（4）：103-110.

［78］王亭雯，孔德馨．地级市基本公共服务均等化评价——以山东省为例［J］．山东工商学院学报，2018，32（4）：100-106.

［79］吴刚，米本家．基本公共服务均等化及其政府角色担当［J］．改革，2010（10）：57-62.

［80］吴江，申丽娟，魏勇．贫困地区公共文化服务均等化：政策演进、效能评价与提升路径［J］．西南大学学报（社会科学版），2019，45（5）：51-58，198.

［81］肖希明，完颜邓邓．以数字化促进基本公共文化服务均等化的实践研究［J］．图书馆工作与研究，2016，1（8）：5-10.

［82］徐欢云，胡小勇．信息化促进基础教育公平：图景、焦点与走向［J］．现代远距离教育，2019（6）：29-34.

［83］徐迅．基本公共服务均等化评价指标建模和方法研究［D］．武汉：武汉大学，2018.

［84］叶来恩，齐亚楠，任慧．内蒙古城乡基本公共服务均等化水平指标体系构建及评价研究［J］．内蒙古统计，2018（5）：27-30.

［85］叶懿安，陈婷，张磊，等．环境公共服务水平测度与差异化分析：以泰州市为例［J］．环境保护科学，2019，45（3）：40-44.

［86］原世伟，钟华，郝桐桐．基于关联性分析的公共体育服务均等化满意度评价指标研究——以苏州市为例［J］．体育科研，2018，39（4）：40-45，60.

［87］张金梦，程梦菲，于贞杰．基本公共卫生服务均等化评价指标体系的研究［J］．中国卫生统计，2018，35（5）：716-719.

［88］赵宁．京津冀基本公共服务均等化状况评价研究［J］．经济研究参考，2018（58）：52-61.

［89］朱丽琦．我国基本公共文化服务均等化评价与提升路径研究［D］．湖北大学，2018.

［90］焦文伟．北京急需加强公共文化设施建设：政协委员的呼吁［J］．北京政协，1996（12）：4-6.

［91］赵德文．重视文化建设投入促进文明村创建工作健康发展［J］．农村经济与管理，1994（2）：49-51.

［92］梁成林．“益民书屋”：加力助推北京新农村文化建设［J］．出版发行研究，2006（8）：40-42.

［93］卫星数字农家书屋造福八亿农民［EB/OL］．http：//scitech. people. com. cn/n/2013/0710/c1057-22138931. html，2019-07-10.

［94］姜凯．北京郊区农村民俗文化资源开发利用研究［J］．农村经济与科技，2009（5）：27-29.

［95］李国新．关于加强农村公共文化服务建设的思考［J］．中国图书馆学报，2019（7）：4-11.

［96］张祖群．北京农村公共文化服务现状与建议［J］．前线，2015（4）：81-83.

［97］高春凤．需求视角下城市社区公共文化资源规划研究［J］．经济研

究导刊，2014（1）：219-221，223.

［98］建设世界城市必须注重城乡文化协调发展：以北京市农村文化建设为例［A］//丁青，刘东．建设世界城市提高首都软实力：2010 北京文化论坛文集［C］．北京：北京市社会科学界联合会，2010.

［99］韩秋红．现代性的时间维度辩证法与空间维度辩证法［N］．中国社会科学报，2020-09-10（008）.

［100］熊若愚．高质量发展：通向现代化强国的必由之路［N］．学习时报，2018-03-16（001）.

［101］张军扩．高质量发展怎么看、怎么干？［N］．经济日报，2018-02-01（014）.

［102］胡志平．公共服务高质量供给与“中等收入陷阱”跨越［J］．学习与探索，2019（6）：64-72.

［103］赵剑波，史丹，邓洲．高质量发展的内涵研究［J］．经济与管理研究，2019（11）：15-31.

［104］姜晓萍，陈朝兵．公共服务的理论认知与中国语境［J］．政治学研究，2018（6）：4-17，28.

［105］常莉，胡晨寒．公共价值与公共服务：逻辑内化与现实偏离［J］．行政论坛，2020（5）：39-45.

［106］邹一南．从二元对立到城乡融合：中国工农城乡关系的制度性重构［J］．科学社会主义，2020（3）：125-130.

［107］高耿子．从二元分割到城乡融合发展新思路——中国农村经济高质量发展研究［J］．现代经济探讨，2020（1）：108-116.

［108］习近平．把改善供给侧结构作为主攻方向　推动经济朝着　更高质量方向发展［J］．紫光阁，2017（2）：7-8.

［109］陈振明，李德国．以高效能治理引领公共服务高质量发展［J］．人民论坛，2020（29）：61-63.

［110］曲延春．供给侧结构性改革视域下的农村公共产品供给［J］．行政论坛，2017（3）：114-118.

［111］李燕凌，高猛．优化农村公共服务　激活乡村振兴新动能［N］．湖南日报，2020-11-09（006）.

［112］陈朝兵．公共服务质量的概念界定［J］．长白学刊，2017（1）：63-67.

［113］顾严．关于发展基本公共教育的建议［J］．行政管理改革，2019（2）：23-27.

［114］顾严．“十四五”中度老龄化社会的挑战与对策［J］．中国国情国力，2019（2）：4-7.

［115］习近平．我国经济已由高速增长阶段转向高质量发展阶段［C］//习近平谈治国理政：第 3 卷［M］．北京：外文出版社，2020：238.

［116］数说新中国 70 年农业农村巨变［EB/OL］．（2019-11-14）［2020-11-05］．http：//www. moa. gov. cn/xw/zwdt/201911/t20191114_ 6331856. htm.

［117］习近平．关于《中共中央关于制定国民经济和社会发展第十四个五年规划和二〇三五年远景目标的建议》的说明［N］．人民日报，2020-11-04（002）.

［118］萨缪尔森．经济分析基础［M］．甘华鸣，等，译．北京经济学院出版社，1990.

［119］陈昌盛，蔡跃洲．中国政府公共服务：体制变迁与地区综合评估［M］．北京：中国社会科学出版社，2007.

［120］赵天航．“三农”政策执行弹性度的影响因素研究——基于 252 个“三农”政策文本的分析［J］．长白学刊，2019（2）：73-81.

［121］全国年度统计公报［EB/OL］．（2020-02-28）［2020-11-05］．www. 21jingji. com

［122］陈锡文．“十三五”城乡统筹“痛点”：公共服务不均等［N］．21 世纪经济报道，2015-10-21（005）.

［123］杨东平．教育蓝皮书：中国教育发展报告（2019）［M］．北京：社会科学文献出版社，2019：126.

［124］王亚茹，李萍．北京农业科技企业技术创新绩效评价研究［J］．科技与经济，2020，33（6）：41-45.

［125］张琛，黄斌，钟真．农业社会化服务半径的决定机制：来自四家农民合作社的证据［J］．改革，2020（12）：121-131.

［126］汤茜，丁圣彦．多功能农业景观：内涵、进展与研究范式［J］．生态学报，2020，40（13）：4689-4697.

［127］管珊．社会化服务的双重组织化：小农户与现代农业的衔接机制——基于土地模式的分析［J］．当代经济管理，2020，42（11）：37-42.

［128］郑碧莹，唐衡，刘仲妮，等．北京现代农业产业园发展特点及展

望［J］. 农业展望，2020，16（5）：48-51，64.

［129］杨高第，张露，岳梦，等．农业社会化服务可否促进农业减量化生产——基于江汉平原水稻种植农户微观调查数据的实证分析［J］. 世界农业，2020（5）：85-95.

［130］康杰，任卫娜．农业多功能视域下北京乡村旅游可持续发展的对策［J］. 太原城市职业技术学院学报，2020（4）：50-52.

［131］钟真，黄斌，李琦．农村产业融合的“内”与“外”——乡村旅游能带动农业社会化服务吗［J］. 农业技术经济，2020（4）：38-50.

［132］贾鸿笔．我国欠发达地区农业农村现代化路径研究——基于食品多功能价值视角［J］. 农业与技术，2020，40（6）：149-152.

［133］聂紫瑾，李琳．基于农田景观的北京休闲农业发展现状与对策研究［J］. 天津农业科学，2020，26（1）：54-58.

［134］沈兴兴，段晋苑，朱守银．农业绿色生产社会化服务模式探析［J］. 中国农业资源与区划，2020，41（1）：15-20.

［135］张龙，栗卫清，何忠伟，等．北京农业社会化服务体系发展趋势探析［J］. 农业展望，2017，13（6）：84-88.

［136］何秀荣．探索现代农业的发展途径［N］. 经济日报，2013-11-12（015）.

［137］史亚军，罗雪原，黄雷，等．北京都市型现代农业社会化服务体系农民需求研究［C］//第十三届中国科协年会第 17 分会场——城乡一体化与“三农”创新发展研讨会论文集．［出版者不详］，2011：85-95.

［138］黄映晖，孙世民，史亚军．北京都市型现代农业社会化服务体系创新模式研究［J］. 中国农学通报，2010，26（20）：444-447.

［139］陈俊红，尹光红．论北京构建都市型现代农业社会化服务体系［J］. 沈阳农业大学学报（社会科学版），2010，12（5）：523-526.